身体里的投资秘密

The Biology of Investing

U0890268

[美] 约翰·R.诺夫辛格　克里·A.尚克 著
John R. Nofsinger　Corey A. Shank

郝延伟　王　凡 译

SPM 南方传媒　广东经济出版社
·广州·

图书在版编目（CIP）数据

身体里的投资秘密 /（美）约翰 · R.诺夫辛格，（美）克里 · A.尚克著；郝延伟，王凡译. —广州：广东经济出版社，2023.8
书名原文：The Biology of Investing
ISBN 978-7-5454-8711-4

Ⅰ. ①身… Ⅱ. ①约… ②克… ③郝… ④王… Ⅲ. ①投资—基本知识 Ⅳ. ①F830.59

中国国家版本馆CIP数据核字（2023）第042074号

版本登记号：19-2023-013

责任编辑：刘亚平　赵　娜　曾常熠
营销编辑：李泽琳
责任校对：陈运苗
责任技编：陆俊帆

身体里的投资秘密
SHENTI LI DE TOUZI MIMI

出版发行：广东经济出版社（广州市水荫路11号11～12楼）
印　　刷：恒美印务（广州）有限公司
（广州市南沙经济技术开发区环市大道南路334号）

开　　本：730mm×1020mm 1/16　　**印　　张：**17.25
版　　次：2023年8月第1版　　**印　　次：**2023年8月第1次
书　　号：ISBN 978-7-5454-8711-4　　**字　　数：**238千字
定　　价：69.00元

发行电话：（020）87393830　　编辑邮箱：metrosta@126.com
广东经济出版社常年法律顾问：胡志海律师　　法务电话：（020）37603025
如发现印装质量问题，请与本社联系，本社负责调换

作者的话

将此书献给我的妻子，也是我的挚友，安娜。

约翰·R.诺夫辛格

献给我的爱人阿什利，感谢你愿意与我结为夫妻，让我梦想成真。
献给我的父母艾米和鲍比，你们的付出与牺牲让我难以报答。

克里·A.尚克

感谢汉娜·弗里尼耶和艾米·尚克对此书的审稿校对。

推荐序

这是一本令我激动不已且期盼已久的著作。

约翰·R.诺夫辛格与克里·A.尚克以最新的学术研究成果为基础，从生物的视角，探索个体风险投资行为，更宽泛地说，是探索与风险决策相关的人类经济与金融行为。谈到生物，就不能离开进化的话题，进而离不开时间维度，需要回望人类历史和展望人类未来；谈到风险决策，就离不开对个体风险决策一般性规律的探讨，需要从生物角度对现代金融理论进行批评；谈到投资，就离不开对投资实践的探究，价值投资、量化交易等丰富多彩的实践与理论世界大相径庭。恰好，我所在的西南财经大学中国行为经济与行为金融研究中心致力从心理、脑神经、激素与生理等角度研究人类的风险决策行为，作为发起人和负责人，我也努力将这些理论和实验研究成果与投资实践结合，基于生物、心理、行为这一逻辑脉络所提出的资本市场投资策略在实践中取得不错的业绩；至于历史的维度，也是我的个人兴趣之一。基于这样的缘分，我欣然接受了为这本著作作序的邀请，并从上述三个维度来谈谈我对这一话题的理解。

首先，风险投资贯穿了人类的历史与未来。

古罗马政治家西塞罗说：历史是时代的见证、真理的火炬、记忆的生命、生活的老师和古人的使者。历史视角有助于我们拉大尺度来审视风险投资在人类进化过程中的重要性。

从某种意义上来说，人类文明史就是一部风险投资史。

人类是进化的产物，生物面对风险的本能适应性成就了人类的祖先。大约在200万～100万年前，类人猿向现代智人进化期间，大脑进化出支持合作而共同面对风险的功能。大约从7万年前启动“认知革命”开始，人类作为一个整体就开始大规模地与风险和不确定性做斗争。从6万年前第一拨智人由东非跨过红海海沟到达阿拉伯半岛，到4万年前扩展到欧洲和亚洲，再到1.5万年前经由白令海峡狭窄陆桥抵达北美，1.2万年前抵达南美，最后到800年前踏上最适宜居住的大片陆地新西兰，智人的每一次迁徙都面临巨大的风险，都是一次风险投资，发现并占有一片陆地都可以被看成是作为一个整体的人类扩大了资产组合。狩猎采集阶段面对巨大的风险和不确定性，大约1.2万年前，人类开始了农业革命，开始种植农作物、饲养家畜，通过驯化做跨期配置，极大地降低了风险、提高了生活质量。

从1488年葡萄牙的迪亚士（Dias）发现好望角，1492年哥伦布发现“新大陆”，1498年达·伽马到达印度，到1519年麦哲伦开启第一次环球航行，伊比利亚半岛上的“两颗牙”（葡萄牙和西班牙）开启了人类的大航海时代，撇开殖民的血腥和暴力这样的规范判断不谈，大航海时代的开启第一次将地理隔绝的社会联通起来，成为人类文明史的里程碑之一。航海风险极高，如船只沉没、风暴袭击、海盗抢劫等，伊莎贝拉一世与斐迪南二世支持的哥伦布航海堪称人类历史上风险投资的典范，形成一个具有现代意义的风险投资合约，即哥伦布发现的土地的所有权归属西班牙，哥伦布被任命为新殖民地总督的同时，可以分享新殖民地税收的10%，并有权购买新殖民地公司1/8的股权。在葡萄牙、西班牙之后，荷兰、英国相继崛起，为更好地殖民和贸易，英国在1555年成立了世界上第一家股份公司（俄罗斯公司），1602年荷兰成立第一家发行股票的股份公司（荷兰东印度公司），在此基础上，1609年荷兰创立了第一个证券交易所（阿姆斯特丹证券交易所）。至此，大航海时代催生了人类应对风险的市场主体股份制公司和专门交易风险的金融市场。英国在荷兰金融创新基础上进一步创新，成立中央银行和跨国银行。在此基础上。1617年英国正式建立起保护创新的专利制度，一个多世纪后，人类进入轰轰烈烈的工业革命时期。所有这些，都需要资本家去应对技术革新和市场波动等各类风险。从1783年英国承认美国独立以来，美国在荷兰和英国金融制度的基础上进行了系统创新，逐渐形成发达的现代金融体系，除了银行、保险等体系外，资本市场、货币市场、外汇市场、衍生品市场等一应俱全。这些制度提高了人类应对风险的能力，推动了人类文明进步。

无论是历史还是未来，人类永远都无法消灭风险。随着科学技术的飞速发展和社会组织形式复杂化程度越来越高，一方面，人类面对的外部和内部风险本身不会降低；另一方面，金融科技、信息科技、人工智能、生物技术、外太空等领域的发展将使人类创造出越来越多应对风险的工具。

其次，生物视角有利于在理论上做出更好的解释和预测。

现代金融理论将有效市场理论（efficient market hypothesis，EMH）视为其基石和核心。所谓有效市场理论，是指金融市场上的价格反映了全部可获得信息的理论。以资本市场为例，有效市场理论假设投资者完全理性，能充分获取和利用所有公开信息和历史信息，新信息的出现会引来大量套利者，任何可预测的信息都会被迅速反映在市场价格中，进而没有人能够因信息优势而获得超额收益，使市场价格总体处于公平和有效的水平。有效市场理论曾被詹森誉为“社会科学中建立的最为完美的理论体系”。

有效市场理论的假设，如参与者完全理性、信息完全对称、市场具有完全的流动性等，历来被经济学家所诟病，面对这样的批评，这一理论的拥趸往往搬出弗里德曼提出的工具主义那样的方法论加以辩论，即假设不相关或者说假设是否真实并不重要，只要该理论推出的经验命题可以预测现实即可。事实上，从预测的角度来看，有效市场理论所推出的经验命题与真实的资本市场大相径庭，比如，在短期内资本市场剧烈波动是不争的事实，但在短期内上市公司的基本面不可能出现剧烈变化，席勒因从行为金融学角度分析市场的过度波动这个突出贡献获得诺贝尔经济学奖。关于假设，萨缪尔森针对弗里德曼工具主义所谓的"假设不相关"，用了一个批判性的专有名词"弗歪曲"，也就是说，建构理论时假设虽然需要抽象，但完全脱离现实一定是个误解，更不是"假设越脱离现实越好"。这就意味着，现代金融理论包括投资理论就需要建立在人首先是一个生物体，生物体就有其复杂性这一基本的事实基础上，这样才能增强理论的解释力与预测力。

如果说传统金融理论创立之初，人类对基因和大脑的结构和功能知之甚少，通过抽象的理性人假设建立理论情有可原的话，随着基因技术尤其是磁共振、近红外/脑电等脑神经影像技术的发展，研究人员可以研究特定基因与某类风险投资模式的因果关系，尤其是能研究个体风险投资决策与大脑中奖赏系统、风险评估和情绪处理等区域的协同活动，而且，风险决策受到社会因素和情绪因素的广泛影响，如资本市场的羊群效应、处置效应、日历效应、窄框效应和情绪传染现象，这些系统偏离传统金融理论的现象除了与社会结构和制度安排有关外，同样深深植根于人作为一个生物体的基因、大脑和激素等生物因素，只不过这些投资者的真实行为极具讽刺性地被传统金融学家称为"异象"。当下的金融与投资理论正进行着库恩所提出的"范式转移"，从这个意义上来说，这本著作无疑是这场范式转移的推动者。过去，投资学、金融学、经济学都被划入"软科学"的范畴；未来，随着人们对自身大脑和身体的密码越来越了解，这些学科获得生物学基础后将升华为名副其实的"硬科学"。

最后，理解人类生物性有利于在实践中提高投资业绩。

在投资实践中，认识到市场参与人尤其是自身是进化的产物非常重要。这一认识，尽管不是投资成功的充分条件，但据我的理解和实践经验，一定是投资成功的必要条件。人类进化并不完全。人类在进化过程中保存了很多原始的基因，我们与黑猩猩和倭黑猩猩的基因相似度超过98%，从动物分类学上，我们更像是第三类黑猩猩。人类大脑有着与其他哺乳动物、鱼类等相似的基本结构，与其他动物大脑的差别主要体现在新皮层尤其是前额叶上，前额叶主要负责计划、调节、控制和逻辑推理等，与高级认知和目的性行为相关，这点“微小”差别让我们成为万物之灵。但是，我们并未彻底摆脱动物性。而动物性有时被称为“动物精神”，如人类大脑中的杏仁核就与焦虑、恐惧、退缩、攻击等情绪性反应相关，其他动物大脑的杏仁核也表现出类似的特征，恰好是这些情绪性因素让我们投资失败。卡尼曼基于对大脑、心理与行为的认识，在其著作《思考，快与慢》（*Thinking*，*Fast and Slow*）中提出了“系统1”和“系统2”的分析框架，“系统1”的运行往往是无意识的，反应快，耗能少；“系统2”的运行往往是有意识的，反应慢，耗能多。显然，“系统2”更多需要人类前额叶区域的大脑皮层的参与，然而，人脑往往是一个极其“吝啬”的器官，总是习惯以耗能最少的方式去做出反应，于是，大多数人习惯在大脑中“偷懒”。从根本上来说，投资者的“动物精神”和“吝啬大脑”，让投资成功变得遥不可及。

真正取得成功的投资大师，无一例外都较好地控制了普遍存在的“动物精神”和“吝啬大脑”。最为典型的就是所谓的价值投资，从格雷厄姆到巴菲特和芒格，从邓普顿到林奇和马克斯，他们都对价值投资有独到的见解。我们以大家最为熟知的巴菲特为例，他的大量金句广为流传，如“别人恐惧我贪婪”“不想持有一个公司十年就别持有其十分钟”等，这充分反映出巴菲特是一个控制“动物精神”和“吝啬大脑”的高手，如果深入细致剖析其价值投资的核心思路，更能说明这一点。比如：①投资是买公司而非股票。也就是说，投资需要启动“系统2”去认真分析公司的商业模式、竞争格局、管理能力等基本面，而非主要关注其股价的变动。②“市场先生”很勤奋，但神经质。“市场先生”每个交易日都报价，但经常由于投资者的“动物精神”等导致价格偏离其内在价值，如当投资者浸泡在多巴胺、肾上腺素的海洋中时，“市场先生”表现出异常乐观和狂热，甚至导致巨大的资产泡沫。③投资须具备安全边际。投资者受大脑杏仁核的影响，再加上羊群效应，往往表现为集体悲观，股灾在所难免，市场剧烈波动也提供了买得便宜的机会，买得便宜是赚钱的不二法门。④扩大并坚守能力圈。与研究广度相比，投资者的研究深度显得更为重要，只有自己比其他投资者对某类知识有着更深入的理解时，这类知识才称为自己的能力圈，才更有可能去挑战共识而取得成果。除了价值投资，量化交易也往往是通过反人的动物性来取得成功的，美国著名的数学家西蒙斯就是其中的杰出代表。作为美国文艺复兴科技公司的创始人，西蒙斯创造了年化超过30%的超高收益，其核心便是利用统计学和数学建立大型量化交易模型，采用自动交易从根本上克服人的动物性，进而识别非随机游走模式来获取稳定的高收益。

人们常说，成功投资需要反人性。在我看来，这句话根本就是错误的，更精确的说法应该是，成功投资需要反人的动物性。这本著作将帮助你推开认识人体中隐藏的投资秘密的一扇大门，无论你是学者、学生、基金经理还是普通投资者。

雷震

教授、博导、西南财经大学中国行为经济与行为金融研究中心主任

2023年5月31日

译　序

相对于我们对周边世界的认知深度而言，我们对自己的了解还是太少；相对于我们对周边世界的改造能力而言，我们对自身的改造能力还是很弱。

社会科学的进展和自然科学的发展从来都不在同一个步调上。两千多年前的社会科学论述，尤其是对人性的研究，至今读来仍有所裨益。而两千多年前自然科学的水平也不过处于蒙昧时代而已。这不是说明社会科学的研究“早熟”，而是说其发展实在是缓慢。

经济学、金融学中关于个体行为的研究就是例证，关于“人性”的系列研究到了20世纪早期就基本上停滞不前了。从柏拉图到康德，从斯密到马歇尔，从米塞斯到哈耶克，从维克塞尔到凯恩斯，各家门派都根据自己立论的需要对人的行为进行研究。很多研究为了构建自己的理论体系，跳过了对“人”的研究，直接进行了假定，比如理性人假设，其目的是通过立论建立一个具有公理性的经济学体系——为了这一目的，经济学界几乎穷尽了社会科学领域中的所有工具：哲学、统计学、心理学、社会学、历史学等。

同时存在的另一个问题是，所有的研究都试图发现所有人的“共性”，而不是个体间的差异性。难道不同种族、地域、年龄、性别的人之间的行为差异，仅仅是因为文化、习俗、偏好、收入、预期等社会因素不同吗？很多时候，主流的经济学、金融学理论很难给出令人满意的解释。于我而言，中学时代瘦弱的自己，印象最深刻的就是那些生而高大强壮的同学往往具有侵略性。若是从文化心理角度而言，应该解释为“身怀利器、杀心自起”。但即便给我一把长刀，那个时候的我也未必想要去挑衅他们。关于“人”的解释，一旦脱离了生理性因素，都是巨大的缺失。

《身体里的投资秘密》这本书，如果用更加严肃的语言来命名，应该叫作《生理经济学导论》。这是将生物学、生理学、医学、（脑）神经学等领域关于“人”的研究与经济社会行为相结合的一个尝试，其研究方法不是传统的实证研究，而是更多采用了医学、生物学的一些研究方法，并且罗列大量代表性文献便于专业的研究者深入研究。

“天性还是教养”是这本书提出的一个主要问题。人的很多行为，究竟是先天遗传因素带来的，还是后天社会环境造就的？各自的影响权重有多大？当经济学向生理学延伸的时候，似乎开始找到了一个将人的自然属性和社会属性相结合的领域——至少比此前借鉴物理学范式要好一些。期待当代生理学、神经学的研究进展，能让经济学的研究焕发新的活力。

郝延伟

2023年春于北衡楼

前　言

Preface

在经济和金融活动中，为什么人们的偏好和行为会出现显著的差异？经济学家和社会学家已经发现，与后天“教养”（nurture）有关的社会因素、经济因素可以给出部分解释。自然科学家则发现，人类个体的生物“天性”（nature）也具有重要影响。本书将对与上述问题相关的自然科学的研究进行汇总，以解读人类的生物特性在金融决策中的作用。

遗传学家正在研究哪些基因标记（genetic markers）与金融和经济偏好有关。脑神经科学家可以初步解释大脑中哪些区域会进行金融决策以及个体差异如何形成，内分泌学家则发现人体内不同荷尔蒙的循环水平与金融风险承受能力的差异相关。还有学者正在探索心理学和周边的环境如何影响投资者的决策，以及不同的认知能力在成功的投资活动中扮演怎样的角色。这些令人兴奋和相互关联的研究，很多还没有被引入主流的金融学术界，也没有被介绍到金融实践领域。本书将首次尝试整合这些碎片化的研究，并展现以人类生物学解释金融行为的不同视角和不同方式。

本书对金融分析师、决策者、市场参与者以及行为金融学、行为经济学的高年级本科生和研究生具有极大的价值，将为他们研究投资者的决策过程提供更深一层的理解。

目 录

Contents

引　言

金融中的生物学和心理学

作为社会科学中最为活跃的领域之一，金融学始终处于高速发展之中。传统的经典金融学的研究范式基于人和市场完全理性的古典决策理论而建立，其潜在的假设认为：人们具有完全的信息，对信息的获取几乎没有成本，人们的大脑具有无限地处理信息的能力，因而所有人都具有主观上的一致性偏好，他们通过理性决策追求效用最大化。换句话说，当涉及关于金钱的决策时，人们可以做出无偏的（unbiased）决策以实现个体利益最大化，并且不同的人对风险和回报都会做出一致的判断，得出一致的结论。此外，市场中任何一个个体的错误行为都是随机发生、不可预测的，也不会影响到其他个体，从而不会冲击整个市场的价格。

这些假设显然都是无效的，因为人们经常会做出显而易见的非理性决策，尤其是在涉及金钱的情况下。就连全面阐释"供给–需求"原理的英国经济学家阿尔弗雷德·马歇尔（Alfred Marshall）也不得不承认，人类的经济行为经常会受到生理和心理因素的影响。他曾说，"从更大的视角来看，经济学是生物学的一个分支"。

数十年来，行为金融学的发展不断冲击着传统金融理论。行为金融学的研究认为，人们不可能达到传统金融学的"理性经济人"假设的基准。实际上，我们也确实可以预见，人们经常会重复别人曾经犯过的错误[1]。被设定为完全理性的理想中的投资者被替换为现实中的普通投资者[2]。传统金融理论在一系列假设前提的约束下“规定”了人们应该如何决策以实现财富最大化，而行为金融学则描述了现实中人们是如何追求财富最大化的。行为金融学尝试通过心理、认知和情绪方面的因素解释人们在实际决策中的决策偏差和非理性行为。正因为如此，行为金融学和行为经济学的研究已经逐渐成为当今主流的金融学研究范式。这个领域中的一些开创者获得了诺贝尔经济学奖，如2002年获奖的丹尼尔·卡尼曼（Daniel Kahneman）和弗农·L. 史密斯（Vernon L. Smith），以及2013年获奖的罗伯特·J. 希勒（Robert J. Shiller）和2017年获奖的理查德·泰勒（Richard Thaler）。

心理学家把人们出现群体一致性的错误行为的现象称为认知偏差（cognitive bias）。一种最常见的认知偏差是“从众效应”（bandwagon effect），它也被称作“群体迷思”（group think）或“羊群效应”（herd behavior），用来描述人们轻易地相信绝大多数人所持有的某种观点或信息。

还有一种认知偏差，被称为“禀赋效应”（endowment effect）。它表明，相较于自己没有的物品，人们倾向于对自己所拥有的物品给予过高的估价。典型的表现就是“宜家效应”（IKEA effect）——人们会对从宜家购买的、自己动手组装的家具给出更高的心理估价。

这些认知偏差运用到行为金融学领域，就是所谓的“投资偏差”（investment bias）。大量的研究文献表明，具有投资偏差的投资者往往会获得相对较低的投资收益，那些相对理性的投资者则收益更高。在这方面，行为金融学对投资者行为的解释能力显著高于传统金融理论。

然而，有一个重要的决策变量没有得到解释。为什么有的人容易受困于投资偏差而有的人却没有？为什么同一个投资者在面对相同的情况时却每次都做出不同的决策？尽管行为金融学为了发现这些投资偏差费尽心力，但关于投资偏差来源的解释仍是一片空白。为什么有的投资者倾向于运用逻辑推理的方式进行思考，有的投资者则主要受直觉的支配？行为金融学虽然发现人们有损失厌恶倾向，但又是什么驱动着人们增强或减弱他们的损失厌恶倾向？本书将提供行为金融学所无法提供的视角——生物学。

生物特征可以通过短暂、半永久甚至永久的方式影响人们的行为。那些短暂的生理性变化会对决策行为形成暂时性的影响，比如睡眠缺乏，荷尔蒙（如睾酮）水平的波动，情绪、心情或者环境的变化（如天气变化）等。例如，相对于获得充足休息的情况，人们更有可能在睡眠不足的时候做出前后不一致的金融决策，疲劳的投资者会提高他们的风险和损失厌恶水平。健康水平也会影响人们的投资决策，健康水平相对较低的投资者倾向于风险厌恶。由于人们的健康状态通常能保持较长的时间，所以健康水平对人们的影响不像睡眠程度或情绪水平那样容易波动。因而，身体上和心理上的健康水平半永久地影响一个人的经济决策，甚至会形成连续多年的影响。而很多生理方面的影响则是永久的。比如，人们的基因编码（如DNA构成或性别）会让他们受困于永久的、持续的认知偏差，而这是无法改变的。

为了展现这些前沿的研究，本书后面的章节分为三个主题：天性与教养、生理机能和认知能力。

天性与教养

人们的某些行为在多大程度上是先天带来的，又有多少是通过后天学习获得的？一个新生儿的心理特征是不是一张白纸，还是孩子一出生就通过遗传的DNA带着部分先天性的心理特征？人在做决策的过程中，主要受到哪些因素的影响，是基因组特征还是生活阅历？百年来，人们都在不断探寻这些问题的答案。

身体上的特征，比如眼球的颜色等确实是由特定的基因决定的（天性的部分）。一些行为上的特征，比如气质和性格则可能更多地受到人们成长经历的影响（教养的部分）。关于是天性还是教养的争论正被引入人们对金融风险的厌恶水平和投资决策的相关研究中。

一项有趣的研究测试了双胞胎的行为特征。不同类型的双胞胎在投资时有何不同？我们知道，同卵双胞胎共享了几乎所有的DNA，而异卵双胞胎则仅共享一半的DNA。通过对双胞胎金融决策的大样本调查，研究者可以将金融决策的原始驱动力分为先天基因（天性）、后天成长环境（教养）和成年后的独特人生阅历。另一项研究采用了不同的样本，对领养儿和亲生儿以及养父母和亲生父母的不同决策模式进行了对比分析。无论是采用双胞胎还是领养儿的样本，各项研究都以出生的初始条件作为基因的代理变量。

完全采用基因组的对比分析，理论上是可行的，但实际上，庞大的基因特征变量数据会让分析的过程极为复杂。但有一个显而易见的染色体差异是很容易识别的：男性和女性。因此，出现了大量的关于男性和女性在金融投资中的决策差异的研究。

我们能从双胞胎的金融决策中发现什么

第一章将会阐释关于双胞胎的金融决策的相关研究成果。双胞胎会有较多相同的DNA，并且大多数双胞胎是在相同的环境中成长的。引人瞩目的研究成果表明，相对于异卵双胞胎而言，同卵双胞胎会有更多趋同的决策偏好，比如他们对储蓄、购买房产、金融风险承担、行为偏差以及慈善捐赠活动等的偏好。特定的金融决策，都倾向于由天性（基因特征）、教养（后天的成长环境）和个体成年后独特的人生阅历共同决定。研究发现，对于特定的决策，双胞胎的天性（基因特征）因素具有1/5～1/2的解释力，个体成年后独特的人生阅历具有一半以上的解释力。令人惊讶的是，双胞胎后天的成长环境（教养）仅具有很小的解释力。后天的成长环境（教养）对双胞胎在成年早期的决策能力具有显著的影响。随着双胞胎年龄的逐渐增长，后天的成长环境（教养）的影响力则逐渐减弱，取而代之的是个体成年后独特的人生阅历。天性的影响则是终生的。

领养儿的投资行为与基因组

第二章将关于双胞胎的研究进一步拓展到领养儿和亲生儿以及他们的养父母和亲生父母之间不同的金融偏好比较。领养的小孩与他们养父母的亲生小孩之间没有相同的基因组特征，但具有相同的成长环境（教养）。这些研究发现，生物（基因）层面的差别在解释一个人的经济决策和金融决策时具有基础性的作用。更进一步的研究发现，对于金融绩效而言，天性的影响力接近于后天教养的50%（后天教养和成年后阅历的影响加在一起能达到2/3的解释力）。因而，基因学对人们的经济活动和金融活动具有1/3的解释力。这项研究还发现，在后天教养方面存在一种角色模型（role model）效应，母亲的经济绩效对女儿的经济绩效更具有影响作用，父亲的经济绩效则更多地影响儿子的经济绩效。

领养儿和双胞胎的行为研究采用的是以出生状态作为基因编码的代理变量。现在，人类基因组图谱的绘制已经基本完成，人们可以通过探索DNA的构成来研究文化、历史和健康缺陷。然而，已经被证实的是，将与行为相关的特定基因组分离出来是非常复杂和困难的。研究这一问题将牵扯到不同个体的无数基因组的比对分析。同样，试图从成千上万的样本中定位关于人们金融行为的基因组则更是不可能完成的任务。不过，社会科学家已经研发出一系列方法，通过对DNA不同的人群进行分类，来减少分析的复杂性。一个人与相关联的人群的特定的DNA组合被称为他们的“多基因评分”（polygenic score）。通过这一方法，科学家们发现了与受教育程度相关的基因组簇。并且，相同的基因组簇影响着经济结果和投资的特征，比如风险厌恶、股市参与程度和概率思维。多基因评分是研究基因组影响金融决策行为具体机制的第一步。

男人和女人的投资行为不一样

流行文化中有大量的言论探讨男性和女性在愿景、偏差和行为模式方面的差异。正如我们常说的“爷们点”和“像个娘们一样”，一个果敢的男性通常被认为是具有领导能力的，具有同样特性的女性则被认为是专横霸道的。正如约翰·格雷（John Gray）的书名——《男人来自火星，女人来自金星》[3]（*Men Are from Mars, Women Are from Venus*）。类似这样的关于男性和女性在行为模式上差异的说法大多来自社会的规范和人们的直觉，未必是真的。如果这种差异真的存在，那么，这种差异究竟来自生理差异还是社会惯例?

第三章开始探讨这一话题。大量的研究发现，男性和女性在金融决策上存在显著的差异。更重要的是，有强有力的证据表明，女性比男性更加不愿意承担风险，包括金融风险。男性更多地表现出过度自信且更有可能表现出刺激寻求（sensation seeking）的倾向，这将导致更多的冒险行为。如果考虑到男女在情绪反应、竞争性行为或金融素养方面的差异所引起的金融行为差异，问题就会更加复杂。更进一步的研究表明，社会惯例在塑造人的风险偏好水平方面也有着很重要的作用。总之，诸多研究都表明，性别的差异似乎对女性不利，但也有有利的一面。

生理机能

人的生理机能是指人体内的生物化学环境、身体素质以及身体器官的各项机能，包括大脑的各项机能、荷尔蒙水平以及身体的健康程度等。生理学家已经发现，生理状况影响着人们的行为。比如，大脑的外伤会引起人的判断能力下降并引发冲动性行为。甚至，哪怕是健康的大脑，其功能发生微小的变化，也会影响人们的行为。大脑自我修复的最常见方式是睡眠。因而，睡眠严重缺乏会直接影响大脑的功能并产生消极的情绪（如疲惫、焦虑或抑郁）。所以，一个人在疲劳时做出的决定会与他得到充分休息时做出的决定明显不同。同样，健康也会影响人们的行为。生病或不健康的人群与保持健康饮食且经常锻炼的人群有着不同的经济偏好和风险偏好。

本书中有专门的部分介绍生理机能的各个方面是如何影响人们的金融决策和投资偏好的。为了让这些研究更加条理化，我们将围绕大脑机能、荷尔蒙、睡眠和健康这四个话题展开。

大脑机能与金融决策

每个人的大脑机能略有不同。研究金融和经济决策过程中大脑的结构和机能的学科被称为“神经经济学”（neuroeconomics）。专家们可以通过功能性磁共振成像（fMRI）之类的设备，找到人们在做出不同决策时大脑中活跃区域的位置。他们发现，那些更加理性、自控的思考或决策过程通常表现为大脑额叶（frontal lobe）部分更加活跃。相反，大脑杏仁核（amygdala）部分的活跃通常是情绪化、恐惧的行动反应，这关联着非理性和冲动的决策。

本书的第四章将对比分析大脑中不同区域的活跃程度与金融决策质量之间的关系。在金融决策中，那些大脑杏仁核部分比较活跃的人通常会做出更加非理性的决策，比如逃避模棱两可的选择或者屈从于风险厌恶。同样，人们关于“风险-收益”的权衡是由大脑中伏隔核（nucleus accumbens）部分进行调节的，这里也是多巴胺的循环通道。所以，人与人之间先天基因的多样性很可能影响着大脑处理多巴胺和血清素（5-羟色胺）的机能。这些神经递质的存在又影响着人们的金融风险承担能力。

荷尔蒙对金融风险承担能力的影响

睾酮（testosterone）会促生野心、争强好胜以及自我崇拜，我们也知道，它属于雄性荷尔蒙，因为男性比女性的睾酮分泌水平更高。此外，皮质醇（cortisol）被认为是一种压力荷尔蒙，当人们压力增大的时候，皮质醇的分泌也会增多。这些荷尔蒙直接影响大脑中的化学环境，进而影响神经元收发信号的方式。

本书的第五章将展示荷尔蒙是如何影响人们的金融风险承担能力的。荷尔蒙会在两个不同的阶段影响大脑。第一个阶段，子宫中的胎儿的睾酮水平会影响其大脑机能以及身体构成，这将对他以后的一生产生持续的影响。第二个阶段，人们进行决策时，荷尔蒙在体内的分泌水平会影响人们的决策能力。研究表明，这两个阶段的荷尔蒙水平都与经济和金融决策中的风险承担能力具有正向关联性。皮质醇则与经济和金融环境中的风险厌恶有着直接关系。有趣的是，如果睾酮和皮质醇这两种荷尔蒙的分泌水平同时提高，往往意味着金融决策中的非理性程度在提高。

睡眠、咖啡与投资

睡眠缺乏会对一个人形成全方位的损伤：从身体活动到主观判断能力。低质量的睡眠会通过降低激活能力和神经系统功能直接影响身体的机能。

第六章将会呈现这方面的研究成果。被剥夺了睡眠的人会更加倾向于风险厌恶和损失厌恶。因而，他们会比平时更加不愿意承担金融风险——哪怕这会带来更高的回报。同时，缺乏睡眠的投资者不仅比平时更加厌恶损失，而且更倾向于做出非理性的决策。

也许缺乏睡眠的时候来一杯咖啡就好了？实际上，咖啡因并不会改变睡眠缺乏的影响。提神物（stimulant）可以让一个人感觉更加清醒，但不会改善金融决策的质量。

健康对金融决策的影响

众所周知，更富有的人负担得起更好的健康管理服务，这意味着财富和健康是正相关的。但是，健康状态也会影响人们关于财富的决策。在第七章中，我们会告诉大家，健康状况差的人更倾向于风险厌恶。他们会预期未来的高额医疗支出，因而倾向于远离高风险的投资活动。缺乏必要的锻炼和不合理的饮食是身体不健康的重要表现，研究发现，这些不健康行为也与较差的投资绩效相关联。有氧运动和改善饮食将会给人们的认知和金融决策带来直接且积极的影响。除了身体健康，心理健康也很重要，但这似乎对男性和女性在金融活动方面有着不同的影响。特定社区的人们的健康水平也会影响该地区企业的经营绩效，从而影响该地区企业家的收益。

另外，经济的整体状况也会影响人们的健康水平。比如，经济下滑往往会影响人们的精神状态以及使人们有更少的改善健康状况的选择。

认知能力

大脑的内容储备由知识和对观念的理解、阅历以及感知构成。认知的结果之一就是决策。从大脑的内容储备一直到形成认知，再到出现最终决策结果的整个过程，会经过情感、情绪和人格的过滤。人们的情感和情绪对投资行为的影响属于行为金融学的研究领域，对人格的研究则属于生理学和心理学领域。人格有很多不同的分类方式。一种普遍的方法是五大人格特质（big five personality traits）理论，它包含外向性（extraversion）、宜人性（agreeableness）、神经质性（neuroticism）、开放性（openness）和尽责性（conscientiousness）。研究者发现，人格的差异根本上是由大脑中不同区域的神经元总量的差异形成的。因而，人格的差异也可以被认为源于大脑结构的差异，具体的研究将在后面展开。

另一个话题是，智商（IQ）更高的人会做出更好的金融决策吗？研究者通过深入探索三种不同维度的智力水平来进行解释：流体智力（fluid intelligence）、认知性反思（cognitive reflection）和心智理论（theory of mind）。智商是对流体智力的测量，反映了人们的推理能力。认知性反思则是在思考时采用分析模式而不是直觉模式的倾向。心智理论是指推测他人意图的能力。

还有一个问题与认知能力相关：年龄会影响人们的认知能力吗？研究会告诉你，当我们变老时，我们会有更多的阅历，这将帮助我们做出更好的决策。然而，成年后，随着年龄的增长，我们的认知能力就会下降。正因为如此，解释认知、年龄对金融决策的影响是非常有意思的。

投资者的情感与情绪

传统的金融理论假设，当进行涉及金钱的决策时，人们会为了获得最大化的收益而理性决策。然而，这一表述并不适用于绝大多数人。情感和情绪显著影响着人们的行为。

第八章主要研究情感和情绪是如何影响人们的风险偏好和金融决策的。当出现某个投资机会时，更快乐的人会更加乐观以及具有更高的意愿承担风险，那些不快乐的人则会具有更强烈的批判性以及更低的投资意愿。情感和情绪可以在整个社会中蔓延并汇集起来影响股票市场。例如，研究者可以通过度量忧心忡忡的投资者在市场中来回踱步的强度来判断其情绪，研究者发现，当投资者变得更加焦虑的时候，市场倾向于下滑。情绪会影响投资结果，反过来，投资结果也会影响情绪。例如，越是反复查看自己资产组合收益情况的投资经理往往越容易增加因为情绪化造成损失的可能性。这种对收益和损失的情绪化反应会进一步导致非理性的行为。照此推断，一个公司首席执行官（CEO）的心情同样会影响到投资者对该公司股票的看法。总之，这些研究都说明，情感和情绪是金融决策和股票市场活动的重要影响因素。

环境因素与金融决策

外部因素会冲击人们对投资的看法和观点，特别是当外部因素影响到他们的心情和健康的时候。第九章主要讨论金融决策是如何被不同的外部环境因素影响的，如天气、空气污染和恐怖主义。

阳光普照往往能给人们带来好心情，人们可以承担更多的风险，投资者变得更加乐观，从而有助于股票市场上涨。天气的季节性影响同样存在，秋季和冬季日照时间减少，往往会引发人们的负面情绪，从而导致较低的风险承担能力和更多的消极观点。空气污染会给认知能力带来负面影响，进而影响到投资者。较重的空气污染会引起他们较差的金融决策绩效。甚至，花粉过敏之类的因素也会引发投资者的认知问题。在第九章的最后，人们会发现，诸如自然灾害或恐怖袭击这样的极端情况会加剧投资者的恐慌，从而引起更多的风险规避型投资行为。

人格与投资

是否有一种最适合投资的人格存在？很显然，某些人格特征和其他非认知能力的素质是更加适合金融投资的。其中一个最为关键的特性就是风险态度。如果一个人的风险厌恶很严重，那么，他不太可能选择购买高收益的资产，从而导致他一生始终处于较低的财富水平。

第十章解释了人格特征和其他非认知能力对金融决策的影响。研究发现，五大人格特质中的外向性特质和神经质性特质与金融决策的关联较为密切。前者是指以较积极的态度对外沟通的特性，后者则是指焦虑和抑郁的控制能力。医学家发现，外向的人有更高的多巴胺分泌水平，从而让他们更加快乐以及更加善于交际。相反地，神经质的人则具有较高的去甲肾上腺素和皮质醇分泌水平，这使得他们具有较高的焦虑程度。总之，大部分研究都得出了相对一致的结论：外向性的人格倾向于更加愿意承担风险，神经质性的人格则更倾向于风险厌恶。

对于什么样的人格有助于人们成为更好的投资者和什么样的人格使人们更容易被金融和商业行为吸引，研究发现，这中间还是有差别的。例如，过度自信和乐观主义会驱动人们不断努力进入更高的管理层级；这些特征也会使CEO做出非理性的决策，因为他们会高估自己的能力。难道你就从来没有想过你的老板是个自恋狂吗？你的想法可能是对的，因为研究表明，变态人格追求权力和地位成功的可能性是常人的4倍以上。这些变态性的特质经常会驱动个体为了地位的上升而不择手段。然而，这些变态人格特质以及其他人格黑暗面特质（马基雅维利主义和自恋等）也会对企业的经营绩效形成负面影响。

智力与投资绩效

第十一章研究了流体智力、认知性反思和心智理论对金融决策的影响。流体智力通常是通过IQ量表进行测度的。IQ水平高的投资者更有可能在股票市场投资，并且更有可能持有较好的资产组合。相反地，低智商的投资者则倾向于做出非理性的决策且有着更差的投资表现。

说到认知性反思，有证据表明，运用分析模式思考的投资者在市场环境多变的情形下更容易获得较好的投资收益，而运用直觉模式思考的投资者由于采用启发式的快速思考方式，因而多与非理性决策相关联。

根据心智理论，拥有更高水平心智能力的投资者更有能力分析和判断其他交易者的交易指令中所蕴含的有效信息，从而具有更强的投资预测能力。

因此，三种智力素质都对金融决策有着至关重要的影响。

认知年龄和决策力递减

年龄引起的认知能力下降从成年初期就开始了，认知能力缓慢下降将持续终生。然而，金融经验的积累是从青少年时期就开始的，到了中年时逐渐加速。这两种趋势共同作用的结果是，青少年时期通常会因为缺少经验而犯错，年龄增长以后，虽然阅历更丰富了，但会因为认知能力下降而犯错。因此，金融决策能力的高峰所对应的年龄段往往是40岁到50岁的早期阶段，而且这段时期的表现将直接影响70岁以后管理投资的能力。

第十二章则讨论了认知能力下降是如何影响金融决策的。中老年人通常能感觉到自身认知能力的下降，却仍对自己管理金融资产的能力保持不理性的自信，结果令人遗憾。研究发现，这会让他们更容易轻信金融骗局以及做出错误的金融决策。认知能力下降也会损害中老年人在金融决策过程中管理情绪和行为偏差的能力。

认知结果的变化对不同的群体还会产生很多后续的影响。同时，也会产生重要的社会意义。比如，美国的婴儿潮一代（baby boom generation）有近7 400万人，这一代人到了退休年龄时，平均每天就有1万人退休。由于年龄对认知的影响，他们的金融决策能力面临着越来越大的认知局限，但他们没有意识到这一点。由于这一代人曾经是历史上最富有的一代人，所以，他们的投资决策和偏差也将会对社会和整个经济带来持续的影响。

一个可能的未来

新技术和大数据的发展正在彻底改变人们的生活方式。基因测试已经可以及时告知人们遗传的健康风险，以帮助人们改变行为来降低患病的风险。那么，生物学的研究可以帮助投资者降低投资风险吗？

设想有一个人叫罗伯特，他全天戴着健康管理的手表以随时追踪自己的心率和运动水平。他的手机上也有健康管理App，以管理他每天的饮食、睡眠和体重。他的医生也可以定期为他进行体检和生化检查，并提供相关数据。罗伯特也有了自己基因测试的所有图谱。如果我们把这些生物学的数据和金融决策的制定连接起来，或许可以把健身、饮食、睡眠、健康、基因等生理数据和影响他情绪的因素（如最喜爱的棒球队的输赢、光照时间等）都综合起来，导入一个“生物–投资”（Bio–Invest）App，经过汇总运算以后告诉他，什么样的行为偏差会影响他的金融决策以及他应该什么时候进行金融决策，以此帮助他克服由DNA、健康状况、情感因素和情绪波动引起的行为偏差。通过克服这些行为上和生理上的偏差，或许可以让他更好地利用自身资源来实现他的财富最大化。

当然，这样的App现在还不存在，尽管所有的生理数据都是可得的。这仍是一个空白的领域，填补这一领域需要多个学科的交叉研究。好在现在已经有很多投资生物学的研究结果，未来或可期待。

注释

[1] John R. Nofsinger. The Psychology of Investing, 6e. New York: Routledge, 2018.

[2] Meir Statman. Normal investors, then and now. Financial Analysts Journal, 2005, 61(2): 31-37.

[3] John Gray. Men Are from Mars, Women Are from Venus. New York: HarperCollins, 1992.

第一部分

天性与教养

第一章

遗传基因的力量

1979年，吉姆·普斯林格（Jim Springer）已经39岁了。他的第一任妻子叫琳达（Linda），他给第一个孩子取名为詹姆斯·艾伦（James Alan），他还曾经给养的狗取名为托伊（Toy），他的第二任妻子叫贝蒂（Betty）[1]。就在这时，他突然发现自己有一个同卵双胞胎兄弟吉姆·刘易斯（Jim Lewis）。刘易斯的第一任妻子竟然也叫琳达，他也给自己的孩子取名为詹姆斯·艾伦，狗的名字也是托伊，第二任妻子也叫贝蒂！

事实上，两兄弟在39岁之前并不相识，因为他们出生后被不同的家庭收养，从未谋面。两人养父母的家都在美国俄亥俄州，两家相隔40英里（1英里≈1.609 3千米）。更神奇的是，兄弟俩还曾经做过同样的工作——在小镇上兼职副警长。两人在不同的地方长大，竟然有这么多离奇的相似之处。这仅仅是巧合，还是遗传基因在某种程度上促成了这些相似决策？“吉姆孪生兄弟”（Jim Twins）引发大量关于分开抚养的双胞胎行为的研究。

这对我们研究金融投资行为有何帮助？我们的投资决策更多是源于后天教育和抚养环境，还是被先天基因编码预先设定？几十年来，“天性还是教养”的话题始终不断地被科学家讨论。最近，研究者开始使用双胞胎行为数据测度遗传基因、童年回忆和成年后经历对金融决策的影响程度。双胞胎有着大部分相同的基因代码（天性），又有着相似的成长经历（教养），成年之后又面临不同的环境（独特阅历）。研究者希望通过巧妙的计量方法和大量的双胞胎投资决策数据，找出金融决策的原始驱动力。

双胞胎研究——天性、教养和独特阅历

几十年来，为探究在健康、社会活动、价值观念和宗教活动方面的相似性，社会科学领域一直在研究双胞胎的行为特征。异卵双胞胎来自两个不同的受精卵，遗传基因大概只有50%的相似度，两人的性别也可能不同，所以当前的研究主要针对同卵双胞胎——来自同一个受精卵，才能保证两人的遗传基因几乎完全相同。如果同卵双胞胎的金融决策比异卵双胞胎更加相似，那么，决策驱动力很可能源于基因设定，这也是研究双胞胎行为的潜在逻辑。

当双胞胎在同一个家庭长大时，他们有着几乎相同的教养环境，但是成年之后的阅历可能不同。同卵双胞胎和异卵双胞胎广泛存在，为天性、教养和独特阅历的研究提供了大量数据，研究者可以利用计量经济学的方法评估这三者对金融决策的影响权重。

在经济学领域，保罗·陶布曼（Paul Taubman）当属双胞胎研究领域的开创者，他研究了遗传基因对成年后收入的贡献[2]。他的样本数据源于1917—1927年出生的双胞胎，这些人是“二战”期间在美军服役并在战争中幸存的男性。保罗向他们发去问卷以询问他们的收入，通过问卷试图推断他们是同卵双胞胎还是异卵双胞胎。上述研究发现，大概在双胞胎50岁的时候，遗传因素对他们收入的贡献率占到18%～41%。由于这些双胞胎数据存在样本选择偏差，且参与者现大多已离世，所以近期的研究开始使用瑞典的双胞胎统计数据。

自1886年开始，瑞典政府就持续跟踪记录所有在瑞典出生的双胞胎，这也使其成为当前双胞胎研究最常用的数据来源。这些数据区分了数以万计的同卵双胞胎和异卵双胞胎，这些双胞胎需要通过电话、邮件和互联网完成一系列调查来完善与生活方式相关的人口统计信息。为了研究金融和经济决策，瑞典的研究者获取了访问这些双胞胎数据的权限，而且可以将其与军队、基金养老局（Premium Pension Agency）、税务局等的相关数据库合并进行综合分析。此外，还有一个较小的数据库来自美国明尼苏达州双胞胎与家庭研究中心。本章末尾对这些数据库、调查问卷以及相关实验研究进行了说明。

储蓄和房产

储蓄

即使人们的终身财富相同，不同的人在退休前后的财富比重也大不相同。经济学家对这一现象也感到困惑，因为这种变化并不能用资产配置或社会经济特性（如教育）来解释。退休后有较多财富的人，早早就开始存钱了，这也意味着他们年轻时的消费会相应变少。然而，为什么有些人年纪轻轻就开始存钱，有些人却不会？在经济学中，将“跨期消费选择”（save/consume choice）看作个人贴现率。个人贴现率简单刻画了个人对当期消费和储蓄之间关系的重视程度，个人贴现率越高的人当期消费就越多，反之消费就越少。这种贴现率认知框架的依据是什么？生物学能否解释部分的消费和储蓄的选择动机？

克朗奎斯特（Cronqvist）和西格尔（Siegel）研究了储蓄行为的原始驱动力[3]。在2006年之前，瑞典每年征收1.5%的财富税（wealth tax），除个人收入以外，每位公民都要向税务局申报所拥有的其他资产，因而瑞典税务局的数据库包含了每个人的资产持有情况。他们使用瑞典双胞胎数据与瑞典税务局数据库以及其他数据库进行了匹配合并，最终样本包含14 930对双胞胎，这些双胞胎均未退休且其净资产为正。在理想情况下，储蓄行为应该以收入中有多少用于储蓄来衡量。在实证中，该研究以个人可支配收入为标准，计算了2003—2007年剔除投资损益后的个人净资产变化。这两位学者使用计量经济学的方法，衡量了天性、教养和独特阅历三大因素对储蓄率差异的影响。该研究报告相关内容如下：

- 遗传基因的不同能解释个人储蓄率差异的1/3。
- 父母培养能力（教养）对储蓄率差异的解释力高度依赖年龄的分布。教养能解释年轻人储蓄率差异的1/2，对45岁中年人的解释力却连1/10都不到。
- 成年之后的独特阅历对储蓄率的影响会随着年龄的增长而越来越大。

遗传基因对储蓄行为是直接驱动还是通过相关行为间接影响？研究显示，收入增长、吸烟和肥胖是与遗传基因相关联的。因此，基因也可能会影响时间偏好和自我控制，进而影响储蓄和消费。

房产

除了储蓄和投资，房产是退休后财富的另一个重要来源。克朗奎斯特等人研究房产是否也受到生物学因素的影响[4]。他们将瑞典双胞胎数据与政府的各种房屋统计数据进行合并整理，得到26 876个涉及双胞胎的样本。该研究探究天性、教养和独特阅历对购置房产和购置多大价值的房产是否会产生影响。

该研究报告称，基因能解释购置房产差异的1/5，生物学因素能解释所购置房产价格差异的1/4，双胞胎的共同培养经历（教养）并不能影响购置房产的偏好和房产的购置价值，因而房产投资决策的主要驱动力源于成年后的独特阅历。进一步分析表明，共同培养经历（教养）确实会影响年轻人（低于35岁）购置房产的选择，但是对中年人和老年人的影响程度逐渐递减甚至为零。随着年龄的增长，独特阅历对这些决定产生了更大的影响。基因因素似乎对人的整个生命周期都会产生重大影响。

风险态度

风险厌恶在金融决策理论和应用中扮演着非常重要的角色。传统的风险规避观点是“风险-收益”模型中投资选择的重要组成部分，例如马科维茨（Markowitz）的“均值-方差”投资组合理论（mean-variance portfolio theory）。在传统经济学理论中，风险厌恶是由预期效用理论中的效用函数决定的，在这个框架下，人们只有在提供与风险对等的溢价时才会承担风险。

假如给你两个选择，一是有100%的概率拿到5 000元，二是有70%的概率拿到10 000元、30%的概率拿到0元，你更倾向于选择哪一个？

有趣的是，后者的预期回报是7 000元（$0.7 \times 10\,000 + 0.3 \times 0$），也就是比确定性选择的5 000元多出2 000元。这2 000元就是你承担风险的溢价，选择承担风险所带来的溢价大小代表了个人的风险厌恶程度。风险厌恶程度越高，承担风险所需的溢价也越高。假若有不同风险和回报水平的多个选择，人们也总是倾向于选择效用最大化的那一个。

行为经济学中的前景理论（prospect theory）对上述现象有另一番解释。

该理论认为，人们会受到认知偏差的影响，这种认知使得人们在面临获利时是风险厌恶的，在面临损失时却喜欢追求风险。

个人的风险偏好设定是上述两种经济学理论的重要基础。许多研究都检验了风险偏好对决策的影响，对风险偏好产生根源的研究却寥寥无几。遗传基因真的会影响个人的风险偏好吗？

塞弗（Zyphur）及其同事们利用明尼苏达州双胞胎样本数据研究了风险偏好的遗传因素，最终样本共有400人——包括111对同卵双胞胎和89对异卵双胞胎[5]。这些出生于1961—1964年且一起长大的双胞胎，被要求完成一项关于个人风险偏好问题的调查。这项调查按照一定的权重打分，通过三个问题来测度个人的风险偏好。

1. 假如给你以下三个选项，你更喜欢哪一个？

A. 直接给你2 000元

B. 赌一把，有50%的机会拿到5 000元，50%的机会什么都拿不到

C. 赌一把，有20%的机会拿到15 000元，80%的机会什么都拿不到

2. 如果再过15年你就退休了，现在请你为自己的退休计划进行投资，你更喜欢哪一项？

A. 投资货币市场基金或担保投资合同，虽然放弃了获得较大收益的可能性，但实际上保证了本金安全

B. 一半的钱投资债券型基金，一半的钱投资股票型基金，在多赚取一些收益的同时，也能有一些保障

C. 投资激进的成长型基金，其价值可能在未来几年有大幅波动，但从长期来看，有可能获得较大收益

3. 假如你供职于一家私企，该公司计划三年内上市，你的老板开始向员工发售股票。在公司上市之前，股票不能转售也不分红，但如果公司上市，股票价格有极大的概率会上涨。你会认购多少钱的公司股票?

A. 不买

B. 两个月的工资

C. 四个月的工资

该项研究的结论是，遗传基因在63%的程度上解释了人们的风险偏好差异，剩下的37%归因于独特阅历，而成长经历（教养）并没有产生作用。

切萨里尼（Cesarini）及其同事们邀请瑞典双胞胎登记处的双胞胎参加一项调查，以此来研究他们的风险偏好[6]。一共有460对双胞胎（141对同卵双胞胎和319对异卵双胞胎）参加了这项调查。研究采用货币激励的方式来衡量风险偏好，以此来评判风险厌恶和风险投资的水平。

为了测度风险厌恶水平，研究人员向双胞胎们提出6个问题，每个问题都有两个相同的赌注结果，一个是有50%的概率获得100瑞典克朗，另一个是什么都得不到。这6个问题如下：

1. 你更愿意获得固定的20瑞典克朗，还是有50％的概率获得100瑞典克朗?

2. 你更愿意获得固定的30瑞典克朗，还是有50％的概率获得100瑞典克朗?

3. 你更愿意获得固定的40瑞典克朗，还是有50％的概率获得100瑞典克朗?

4. 你更愿意获得固定的50瑞典克朗，还是有50％的概率获得100瑞典克朗?

5. 你更愿意获得固定的60瑞典克朗，还是有50%的概率获得100瑞典克朗?

6. 你更愿意获得固定的80瑞典克朗，还是有50%的概率获得100瑞典克朗?

注意，如果一个人在第三个问题中选择“获得固定的40瑞典克朗”，那么在随后的几个问题中也会继续选择“获得固定的50瑞典克朗”“获得固定的60瑞典克朗”“获得固定的80瑞典克朗”。这些问题也提供了一个转折点，在这个转折点上，一个人从选择赌一把到选择持续获得特定金额的回报，这个转折点就是风险厌恶的水平。为了避免赌一把，一个人愿意接受的确定性回报金额越低，其风险厌恶程度也就越高。

为了测度风险投资水平，研究还假定双胞胎们中得奖金100万瑞典克朗，他们可以将一部分奖金投资于风险资产，这样做有50%的概率使资产价值翻倍，也有50%的概率会血本无归，然后让他们选择自己想要投资的金额（0瑞典克朗、20万瑞典克朗、40万瑞典克朗、60万瑞典克朗、80万瑞典克朗、100万瑞典克朗）。选择的金额越大，风险偏好水平也就越高。

研究表明，同卵双胞胎的风险厌恶的相关系数是0.222，而异卵双胞胎的风险厌恶的相关系数是0.025，他们在风险投资中的相关系数分别是0.264和0.096。由于同卵双胞胎和异卵双胞胎的最大不同在于基因相似度，所以天性很可能在风险偏好中发挥着重要作用。在风险态度方面，研究报告表明，基因（天性）解释了风险厌恶的14%，而共同培养经历（教养）和独特阅历分别解释了7%和79%。在风险投资中，基因（天性）、共同培养经历（教养）和独特阅历的贡献率分别为19%、10%和71%。遗传基因在这两个方面的解释力（14%和19%）都比前文塞弗报告的63%低得多。

尽管如此，这两项研究都表明风险偏好是一种可遗传特性。

投资

股市参与

巴尼亚（Barnea）及其同事们将瑞典税务局统计的投资组合数据与3.7万多对双胞胎以及同等数量的非双胞胎对照组进行匹配[7]，并假定投资数据中的每项资产配置都是有意识地购买（非随机）的。他们从三个方面对投资组合数据进行了研究。第一，单个个体是否在股市投资？第二，在他们的投资组合中，股票的投资比例有多大？第三，按照波动率来衡量的投资组合风险有多大？然后他们用相关性分析比较了各类双胞胎与非双胞胎的投资组合特征。图1.1展示了不同类型双胞胎投资股市决策的相关性。

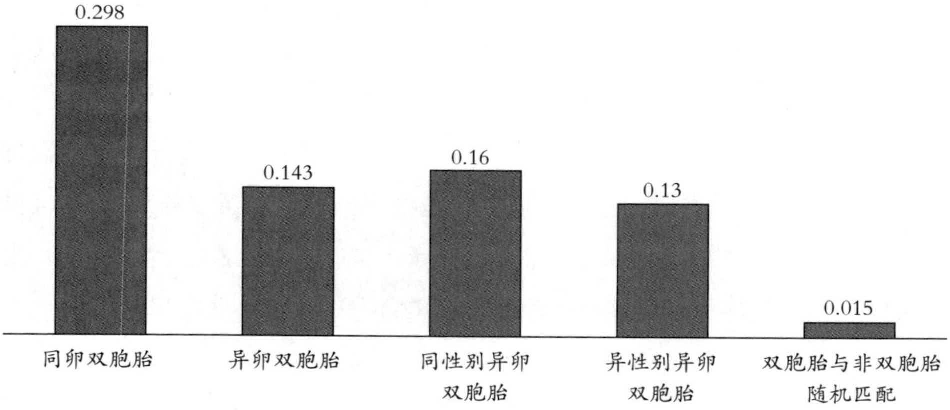

图 1.1　不同类型双胞胎投资股市决策的相关性

注意，同卵双胞胎和异卵双胞胎的培养经历（教养）是相同的。如果决策是由教养驱使的，那么双胞胎是不是同卵就不重要了，两类双胞胎的相关性也应该是相同的。正如我们在图1.1中所看到的，在股市参与决策方面，同卵双胞胎之间的相关性是异卵双胞胎的2倍。由于同卵双胞胎和异卵双胞胎最大的区别在于他们的基因相似度，这一结果也表明，天性是投资决策的重要驱动力。研究者在其他两个问题中也发现了类似的事实，同卵双胞胎在投资组合中投资于股市比例的相似性（0.307）及其风险的相似性（0.394）是异卵双胞胎（分别为0.150和0.181）的2倍。

从图1.1中可以看出，同性别异卵双胞胎和异性别异卵双胞胎的相关性存在区别：同性别异卵双胞胎的相关性更高，这也意味着他们的投资比异性别异卵双胞胎更相似。当然，这也表明在投资中是存在性别差异的，在第三章中，我们将对这一问题进行探讨。另外，请注意，正如大多数人猜想的那样，双胞胎中的一个人与随机匹配的另外一个人的相关性基本为零。

利用计量经济学原理，研究者探究了天性、教养和独特阅历在投资驱动中所占的比例。统计模型控制了年龄、收入、性别、财富、教育等个人因素后，发现遗传基因能解释投资决策差异的近30%。考虑到影响投资决策差异的其他个人特征，30%是一个非常大的比例了。有一句古老的投资格言："投资者投资股票的比例应该是100减去投资者的年龄"，因为股市的参与度很可能与年龄是负相关的。此外，财富值与股市投资额可能是正相关的。然而，研究表明，基因对股市决策的解释力比年龄、性别、教育和财富等个人特征的综合解释力还要大。研究者却意外地将共同培养经历（教养）这个原因排除在解释因素之外，得出的结论是：一个人的基因和独特阅历比成长方式（教养）重要得多。研究者通过进一步分析子样本，有如下发现。

- 年龄是投资的重要影响因素。对于年轻人（小于30岁）来说，遗传基因能解释是否投资股市的44.5%；而对于中年人来说，这一比例下降到19.2%；对于老年人来说，这一比例则更低。这是有一定道理的，因为人们会随着时间的推移获得更多经验，以此来驱动投资决策（独特阅历占比变高）。

- 在成年后继续保持密切联系的双胞胎会展现出更相似的投资决策。事实上，伦敦帝国理工学院的卡尔文特（Calvent）和挪威经济学院的索迪尼（Sodini）进行了一项类似的双胞胎研究，也得出了这样的结论[8]。
- 性别很重要。对于男性而言，遗传基因解释了参与股市决策的29.1%；对于女性而言，这一比例只有22.1%。
- 分开抚养的双胞胎参与股市决策归因于遗传基因的比例为38.5%，显著高于共同抚养的双胞胎的26.2%。这可能是因为分开抚养的双胞胎的教养不同。所以教养不能解释投资决策，归因于遗传基因的比例相应地变大。

养老金选择

2000年以前，瑞典公民的养老金统一委托瑞典基金养老局进行投资。2000年以后，政府将养老金投资业务的选择权给了每位公民，他们可以从新系统提供的近500只基金中进行投资选择，最多可以选择5只基金，每只基金的风险等级都用不同的颜色进行了区分。这也是瑞典公民第一次被迫亲自去管理养老金投资组合。

遗传基因会是他们决策的影响因素吗？切萨里尼及其同事们对这个问题进行了研究[9]。他们利用这次难得的机会调查了瑞典养老金投资方式改变后的双胞胎投资决策。分析当期的投资组合可能存在偏差，因为当一类资产的表现优于其他资产时，投资组合的权重可能会随着时间的推移而不断改变。如果投资者没有主动地定期调整资产配置，最初的投资选择的价值也可能会因为不同资产回报率的变动而变化。比如，如果投资者将50%的资产投资于股票，而且投资股票的表现优于投资债券和持有现金，那么5年后投资组合中的股票的价值可能占到70%。因此，该研究能够反映不同个体的资产配置选择。

对那些不想主动进行资产配置的人，政府为他们设置了一个默认选项，有约32%的人选择了该默认选项，剩余68%的人主动做出了投资决策选择。这一全国性的政策变化使诺夫辛格和尚克有天然的机会来研究天性、教养和独特阅历对投资决策的影响。通过一系列数据分析，诺夫辛格和尚克得出了很多有趣的结论。

- 遗传基因解释了风险承担水平的28%。
- 共同培养经历（教养）的解释力很小。
- 一些基金宣称自己是有社会责任感的基金。遗传基因能在很大程度上解释为什么大部分人（约60%）选择这类基金。
- 对基金投资决策的分析表明，有些基金近期表现好，此类基金的投资者就容易产生这类基金收益表现会延续的心理偏差。具体来讲，研究者确定了过去三年回报率排在前10%的基金，发现人们在选择这些基金时就会出现推断偏差。遗传基因能解释倾向于投资当前高回报基金决策的30%。

投资风格：价值与成长

很多投资企业和投资产品都是以其投资风格来区分的，最常见的就是价值型与成长型。投资者也相应地分为价值投资者和成长投资者。价值投资者寻求那些市场价格似乎低于其内在价值的股票，而成长投资者则寻找盈利额或销售量增长较高的公司。基金行业将许多基金宣传为价值型或成长型，晨星公司（Morningstar）也对基金的这些特点进行了评估。

学术界注意到了价值型股票和成长型股票之间的回报差异，并对两者之间的回报率差异进行了研究，以确定成长型股票溢价是异常现象还是对风险的补偿。但是，哪类人群更倾向于价值型投资，哪类人群又更倾向于成长型投资？这种偏好来自先天遗传还是后天经验？例如，本杰明·格雷厄姆（Benjamin Graham）被誉为“价值投资之父”，小托马斯·罗威·普莱斯（Thomas Rowe Price，Jr.）则被誉为“成长投资之父”。我们可能永远都不知道是不是遗传基因差异促使他们选择了价值或成长。然而，他们确实有着截然相反的成长经历。格雷厄姆自幼丧父，家境贫寒，他的母亲在1907年的股票市场恐慌行情中赔光了所有积蓄。普莱斯则家境殷实，他的父亲是一名著名的外科医生。

克朗奎斯特及其同事们决定利用瑞典的双胞胎数据来解释投资风格的来源[10]。该研究首先通过市盈率或市净率来衡量每只股票的价值或增长情况，再按照晨星公司的价值-成长打分来对基金进行分类，最后打造一个衡量投资组合价值与成长的标准，以此来评估个人对价值或成长的选择偏好。一旦能计算出每个人的价值-成长选择偏好，研究者就能找到这种偏好倾向的来源。研究认为，价值-成长风格的选择差异源自遗传基因或环境因素，遗传基因能解释选择风格偏好的25%。

那么，哪些教养和人生阅历会形成特定的风格偏好呢？研究报告指出了以下几点。

- 从小接受更多教育和成长于富裕环境中的人倾向于持有更高比例的成长型投资组合，如小托马斯·罗威·普莱斯。
- 出生且成长于社会底层的人具有更强的价值投资倾向，如格雷厄姆。
- 年轻的投资者更倾向于成长型投资。

- 在大萧条时期长大的人更具有价值投资倾向。
- 在经济衰退期进入劳动力市场的人更加注重价值导向。

行为偏差

现实中存在大量的行为偏差现象，这些现象可以通过投资者的交易行为和所选择的投资品类瞥见端倪，也可以通过调查问卷和特定实验进行评估。有两项研究调查了天性和教养在行为偏差中发挥的作用，而且用的都是瑞典的双胞胎数据，一项对双胞胎展开了问卷调查，另一项则调用了瑞典税务局统计的投资组合数据。

在第一项研究中，切萨里尼及其同事们向双胞胎们发出调查问卷[11]，虽然调查问卷作为一种研究工具有利有弊，但是最重要的是，它可以直接根据各种前提假设来设置所需变量的问题。这项调查最终收集到3 512对双胞胎的数据，并对以下7种心理偏差进行了探究：损失厌恶（loss aversion）、代表性偏差（representativeness bias）、控制错觉（illusion of control）、沉没成本偏差（sunk cost bias）、现状偏差（status quo bias）、拖延（procrastination）、急不可耐（time impatience）。研究者使用计量经济学方法分析发现，生物因素确实在解释心理偏差方面发挥了重要作用。

从图1.2中可以看出，遗传基因能解释偏差的约20%～40%。遗传基因解释力最强的是沉没成本偏差，此偏差可以用门票丢失后如何观看演出的问题进行测度；其次是代表性偏差，这个问题可以用三个涉及人们属于哪个群体的问题来衡量。

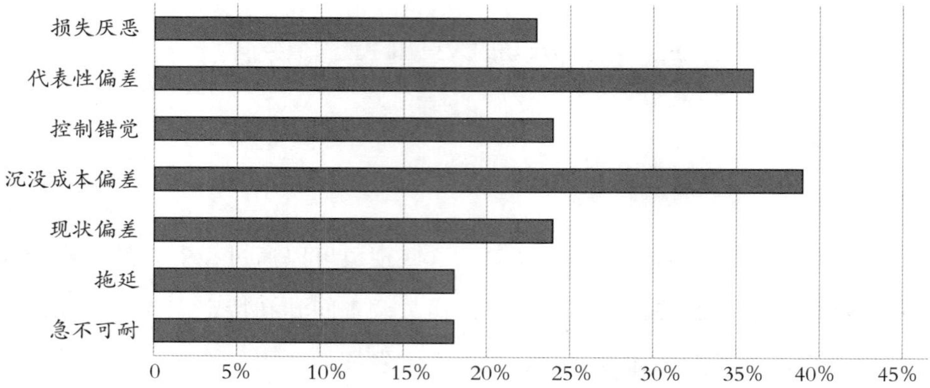

图 1.2 由遗传基因解释的部分心理偏差

人们为何屈从于损失厌恶、控制错觉和现状偏差呢？研究结论：遗传基因几乎能在25%的程度上解释这三种偏差。研究方法：用三个关于彩票的问题来衡量损失厌恶；控制错觉用“当给你折扣时，你是自主选择折扣还是随机生成折扣”进行测度；现状偏差则用“你是喜欢更便宜的服务还是更新的服务”来调查。

此外，研究显示，遗传基因对拖延和急不可耐的解释力最小（低于20%）。研究方法是通过延迟支付账单的频率来评估拖延，通过观察人们是否会为了优惠而延迟收款来衡量急不可耐的程度。研究者发现，对行为偏差解释力最强的当数独特阅历，而教养的解释力是较弱的。

在第二项研究中，克朗奎斯特和西格尔调用了瑞典税务局统计的投资组合年度数据来匹配瑞典的双胞胎数据[12]，通过相邻年度之间投资组合的比较，研究者可以推断其购买或出售资产的大体情况。通过对投资组合数据的分析，研究者衡量了三种投资偏差的程度，这三种偏差分别是多样化（diversification）、本土偏差（home bias）、倾斜偏好（skewness preference）。过度自信往往会导致投资多样化不足；当调查样本个体倾向于投资瑞典国内证券时，代表了本土偏差较大；倾斜偏好被认为是倾向于持有投机性较强股票（价格低且波动大）的行为，而且可以通过这类股票在总配置中的占比来衡量。

利用年度股票持有变动可以衡量出三种心理偏差：换手效应（turnover effect）、处置效应（disposition effect）和绩效追求（performance chasing）。过度自信容易产生频繁交易，而频繁交易可以用换手率（股票卖出数量除以股票持有数量）来衡量。风险厌恶容易引起处置效应，也就是过早卖出盈利股票和硬扛不卖出亏损股票。研究者进一步测度了投资者卖出（持有）上涨股票的已实现（未实现）盈利额，以及卖出（持有）亏损股票的已实现（未实现）损失额。当已实现的收益率大于已实现的亏损率时，就可以认为投资者具有处置效应。此外，人们经常将当前的股票表现作为推断未来股价走势的依据，这类代表性偏差促使投资者买入过去一段时间表现较好的股票；此类偏差的衡量方法是按照收益率将股票划分为10个等级，然后量化投资者现在持有的股票在以前年度的表现。

研究发现，在控制了年龄、教育和财富等基本特征之后，投资者行为的驱动力被分解为遗传基因、共同培养经历（教养）、独特阅历三个要素。但是，共同培养经历（教养）对这些偏差的解释力是稍弱的，偏差更多是由遗传基因和独特阅历推动的。

- 多样化：遗传基因占45.3%，独特阅历占51.6%，共同培养经历（教养）占3.1%。
- 本土偏差：遗传基因占45.2%，独特阅历占54.8%。
- 倾斜偏好：遗传基因占27.5%，独特阅历占72.5%。
- 换手效应：遗传基因占25.1%，独特阅历占74.9%。
- 处置效应：遗传基因占27.2%，独特阅历占72.8%。

- 绩效追求：遗传基因占31.1%，独特阅历占59.4%，共同培养经历（教养）占9.5%。

值得注意的是，这两项研究都考察了几种心理偏差，比如前者对损失厌恶和后者对处置效应的研究思路就非常相似。虽然这两项研究从数据来源和分析框架来看大不相同，但是对遗传基因影响损失厌恶的研究结论是一致的，即都能产生显著影响（影响程度分别为23%和27%）；而且遗传基因影响代表性偏差（第一项研究）与绩效追求（第二项研究）的程度都达到了31%。综合来看，独特阅历是最重要的影响因素，其次就是遗传基因。

幸福感：馈赠与快乐

馈赠

为了研究利他主义，切萨里尼及其同事们邀请瑞典双胞胎参加了一项实验[13]，该项实验研究了双胞胎的馈赠倾向。这些双胞胎参加了一个“独裁者游戏”（dictator game），这个游戏本来是要求参与者决定如何在自己和另外一个人之间分配一笔钱，经过改良后的版本则要求参与者在自己和慈善机构之间进行钱款分配。在这项实验中，每个参与者都要将15美元按自主决定的比例捐赠给慈善机构帮助无家可归的人，剩下的钱则自主保留。实验的研究结果显示，遗传基因解释了不同的人捐赠差异的28%，而共同培养经历（教养）和独特阅历的解释力占比分别是11%和61%。

快乐

经济学家正在试图找出个人幸福感与生活满意度的决定因素，其中有我们常见的经济社会因素：个人层面的收入、社会地位、婚姻、教育，以及社会层面的通货膨胀率和失业率等。其实这些因素只占我们幸福感的一小部分，而且影响时间比较短，每个人似乎总会回到幸福的基准水平上。这个基准水平因人而异，可能是由人的天性和遗传基因决定的。简而言之，人们在生理上确实存在一种悲伤或幸福感的基准水平，而这个基准水平也确实受到了遗传基因的影响[14]。

通过双胞胎数据，德内夫（De Neve）及其同事们利用“增加健康”（Add Health）项目的数据研究了基因是否会影响生活满意度[15]。“增加健康”本来是一项研究青少年与健康有关行为的项目，现在已被拓展应用于多个领域。1992—1994年，该项目首次对高中及以下学历的数万名青少年进行问卷调查。2008年，该项目又对约1.5万名学生进行了第二次调查。最重要的是，在第三次调查时，问卷设置了一个关于快乐的问题——“你对自己生活的整体满意度如何”，并设置了“非常不满意”“不满意”“一般”“满意”“非常满意”5个选项。同卵双胞胎对生活满意度的回答的相关系数为0.334，明显高于异卵双胞胎的0.132，这一差异表明遗传基因可能会影响幸福感水平。在分析幸福感的影响因素时，研究发现，33%可归因于遗传基因，67%可归因于独特阅历，而共同培养经历（教养）几乎没有贡献。

上述研究的补充分析使用了调查数据中的另外一个问题——“在过去的7天里，你有几天是快乐的”，在对同一人群连续三次的调查中，遗传基因对幸福感的贡献率分别为22%、33%和54%。这表明，随着年龄的增长，遗传基因在影响人的幸福感基准方面越发重要。

本章小结

孪生兄弟姐妹虽然年龄相同且在同一个家庭中长大，但是同卵双胞胎在储蓄、购房、行为偏差、馈赠和幸福感等方面表现出的相似性比异卵双胞胎要大得多。而且在这些方面的决策中，成长环境因素出人意料地只起到了很小的作用，遗传基因似乎可以在很大程度上解释金融决策的差异化行为。视具体决策的不同，研究发现，遗传基因可以解释决策差异化的20%～50%。天性比教养更能影响我们的决策。不同人决策的最大差异，则可以用独特阅历来解释。共同培养经历（教养）会对年轻人的决策产生一些影响，但是这种影响会随着年龄的增长而变得微不足道，而独特阅历对人决策的影响则越来越大。当然，遗传基因似乎影响着人的一生。

思考题

1. 在天性和教养的辩论中，有哪些基本的角度和问题值得探究？
2. 为什么对遗传基因影响的研究要从同卵双胞胎和异卵双胞胎角度入手？
3. 对于风险承担行为，我们能从双胞胎研究中得出什么结论？
4. 在投资偏差等非理性行为中，双胞胎研究如何发现原始驱动力？

注释

[1] Nancy Segal. Born Together—Reared Apart, The Landmark Minnesota Twin Study. Boston, MA, Harvard University Press, 2012.

[2] Paul Taubman. The determinants of earnings: Genetics, family, and other environments: A study of white

male twins. American Economic Review, 1976, 66(5): 858-870.

[3] Henrik Cronqvist, Stephan Siegel. The origins of savings behavior. Journal of Political Economy, 2015, 123(1): 123-169.

[4] Henrik Cronqvist, Florian Münkel, Stephan Siegel. Genetics, home ownership, and home location choice. Journal of Real Estate Finance and Economics, 2014, 48(1): 79-111.

[5] Michael J. Zyphur, Jayanth Narayanan, Richard D. Arvey, et al. The genetics of economic risk preferences. Journal of Behavioral Decision Making, 2009, 22(4): 367-377.

[6] David Cesarini, Christopher T. Dawes, Magnus Johannesson, et al. Genetic variation in preferences for giving and risk taking. The Quarterly Journal of Economics, 2011, 124(2): 809-842, and associated Online Appendix.

[7] Amir Barnea, Henrik Cronqvist, Stephan Siegel. Nature or nurture: What determines investor behavior? Journal of Financial Economics, 2010, 98(3): 583-604.

[8] Laurent E. Calvent, Paolo Sodini. Twin picks: Disentangling the determinants of risk-taking in household portfolios. Journal of Finance, 2014, 69(2): 867-906.

[9] David Cesarini, Magnus Johannesson, Paul Lichtenstein, et al. Genetic variation in financial decision-making. Journal of Finance, 2010, 65(5): 1725-1754.

[10] Henrik Cronqvist, Stephan Siegel, Frank Yu. Value versus growth investing: Why do different investors have different styles? Journal of Financial Economics, 2015, 117(2): 333-349.

[11] David Cesarini, Magnus Johannesson, Patrik K. E. Magnusson, et al. The behavioral genetics of behavioral anomalies. Management Science, 2012, 58(1): 21-34.

[12] Henrik Cronqvist, Stephan Siegel. The genetics of investment biases. Journal of Financial Economics, 2014, 113(2): 215-234.

[13] David Cesarini, Christopher T. Dawes, Magnus Johannesson, et al. Genetic variation in preferences for giving and risk taking. The Quarterly Journal of Economics, 2011, 124(2): 809-842.

[14] David Lykken, Auke Tellegen. Happiness is a stochastic phenomenon. Psychological Science, 1996, 7(3): 186-189.

[15] Jan-Emmanuel De Neve, Nicholas A. Christakis, James H. Fowler, et al. Genes, Economics, and Happiness. Journal of Neuroscience, Psychology, and Economics, 2012, 5(4): 193-211.

第二章

关于基因的更多探索

——领养家庭带来的影响与先天基因

行为模式是如何代代相传的呢？是通过父母的基因还是他们所提供的培养环境？从上一章我们知道，可以利用同卵双胞胎和异卵双胞胎之间的基因相似度差异，研究天性、教养和独特阅历对行为的影响。然而，这些研究也受到一些质疑，比如，同卵双胞胎和异卵双胞胎之间的很多差异都可归因于遗传学。此外，同卵双胞胎的沟通程度也可能远远高于异卵双胞胎，这是对研究结果产生疑问的另一个原因。因而，寻找其他角度和方法来继续研究天性和教养问题仍是必要的，这一章将探讨金融决策行为研究的其他方法。

第一种方法是探究从小被领养人群的行为。被领养人和养父母之间显然是不存在血缘（基因）关系的，但是被领养人被抚养的经历来自他们的养父母。因此，研究被领养人与亲生父母、养父母以及领养家庭的兄弟姐妹之间的经济偏好关系，有助于我们更全面地理解天性和教养的代际传递。

第二种方法是直接研究DNA中的遗传标记。21世纪初，人类基因组计划（Human Genome Project）初步完成，这就大大降低了绘制人体基因组结构图的成本。商业性基因测序公司（如AncestryDNA、23andMe、Genos和Veritas Genetics）可以为人们提供基因型检测，通过基因信息来追溯祖先和获知潜在的遗传性疾病。一些国家已率先将基因型信息纳入社会调查的范围，这为研究者检验基因对经济偏好的影响提供了更直接的方法。

领养

双胞胎研究在固定共同培养经历（教养）变量的影响后，便可利用基因差异来解释决策行为差异，进而对天性、教养和独特阅历的影响进行区分。一些关于领养的研究也使用过这种方法，还有一部分研究采用了不同的方法，比如，使用回归分析法来评估被领养人行为和亲生父母及养父母行为的相似度。这种方法虽然放松了对兄弟姐妹是共同培养的严格假设，但是假设养父母的家庭条件是随机的。

这种设定未必是真的，因为具备领养资格的父母往往更加富有，受教育程度也相对较高，所以，养父母的家庭条件通常比被领养人的原生家庭要优越得多。该项研究只是评估了基因作用和环境影响之间的关系，并没有将童年的培养经历和成年后的独特阅历区分开来。

无论采用何种方法，对领养的研究都证明，遗传基因对一个人的企业家精神[1]、投票行为[2]、寿命[3]、刑事犯罪[4]和受教育程度[5]等方面起着重要的影响作用。

领养研究：教育和收入

朝鲜战争之后，韩国的许多孤儿被美国等国的公民领养，美国的霍尔特国际儿童服务机构（Holt International Children’s Services）也为数万名儿童的领养提供了便利。领养过程中要对未来的父母进行大量审查，但领养的顺序是先到先得，因而这个过程是严格随机的。萨克多特（Sacerdote）通过调查被领养韩国孤儿的后续状况，来研究被领养的韩国孤儿与成长在原生家庭的美国儿童之间的异同[6]。调查详细统计了原生家庭以及重组家庭的成员收入、教育、健康状况等信息。这项研究借鉴了双胞胎研究中的方差分解法，衡量天性、教养、独特阅历对儿童做出决策等各种行为的解释力。虽然这并非针对投资决策做出的研究，但依然对此后的分析具有重要意义。

例如，从图2.1中儿童的身高变量来看，人们都觉得，他们的身高与亲生父母息息相关，而和养父母无关。事实确实如此：一个人的身高有86%可归结于遗传基因（天性）的影响，14%归结于饮食、环境等外界因素。

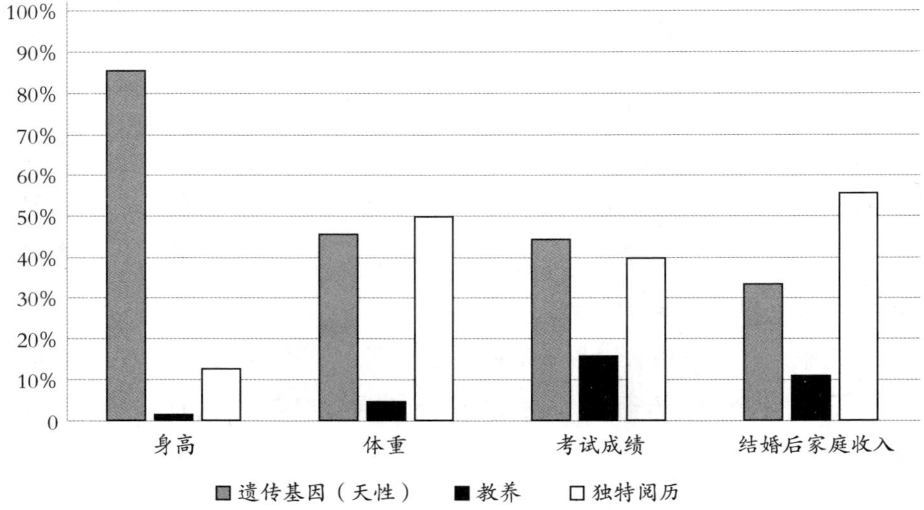

图 2.1　不同的因素对被领养人的影响程度

有趣的是，从体重来看，虽然遗传基因（天性）在起作用，但是发育时期的饮食和运动习惯以及成年后的独特阅历也都起着重要作用。统计结果显示，一个人的体重有近46%归因于遗传基因，4%归因于教养，50%归因于独特阅历。

那么，这些因素会影响考试成绩吗？研究者探究被领养人取得高分的原因时发现，遗传基因（天性）对取得高分的解释力达到44%，教养和独特阅历分别解释了16%和40%；这表明遗传的智力确实发挥着重要作用，但是被领养人的成长环境也非常重要（如在推动被领养人接受高等教育方面）。

图2.1的最右边展示了被领养人结婚后家庭收入差异的原因，遗传基因（天性）占33%，而教养和独特阅历分别占11%和56%。当然，后两个解释因素可能受到受教育程度和上一代家庭富裕程度的影响。

对身高和体重的分析为评估教育和家庭收入的影响因素提供了信心，遗传基因（天性）可能发挥着重要作用。

还有研究者使用不同的数据进行回归分析，进一步验证教育和家庭收入的影响因素。比约克隆德（Björklund）及其同事们通过瑞典被领养儿童数据库中1962—1966年被领养儿童名单来关注他们在1999年时的收入和受教育情况（1999年他们的年龄大概处于33岁到37岁之间）[7]。这份样本包含他们的亲生父母与养父母的收入与受教育水平等情况，也包含养父母的亲生子女的相关情况。

研究报告称，对于亲生子女来说，母亲和父亲的受教育程度对孩子的影响同等重要，父亲的收入是孩子收入的重要影响因素。需要注意的是，该项研究仅仅将解释因素区分为出生前与出生后，出生前的因素自然可以理解为遗传基因（天性），而出生后的因素便只能理解为教养和独特阅历的结合。对于被领养人的教育，生父和养父的受教育年限同等重要；但有趣的是，虽然生母和养母的受教育水平都很重要，但是生母的受教育水平比养母的更加重要。对于被领养人的收入，养父的收入比生父的更加重要。该项研究的结论可以总结为以下几点：

- 亲生父母的遗传基因（天性）很重要。
- 养父母的受教育程度对教养很重要。
- 母亲对子女受教育程度的影响更多体现在出生前［遗传基因（天性）］。

- 父亲对子女受教育程度的影响在出生前［遗传基因（天性）］和出生后（教养和独特阅历）同等重要。
- 养父的收入（出生后影响）对被领养人的收入很重要。

在后续的研究中，比约克隆德及其同事们按照家庭的区别将数据分为6组（不同的亲生父母与养父母的组合），来研究天性和教养的重要性[8]。这些类型包括：①由亲生父母抚养的儿童；②由生母一人抚养的儿童；③由生母和继父抚养的儿童；④由生父一人抚养的儿童；⑤由生父和继母抚养的儿童；⑥由养父母抚养的儿童。

①④⑤中的生父一直陪伴着孩子成长，①②③中的生母一直陪伴着孩子成长，而在其他家庭结构中，继父母或养父母也参与其中。这使得组际数据变化很大，样本量从181个（第5组）到26 956个（第1组）不等。

这项研究的结果值得我们注意。在父母抚养自己亲生子女的情况下（第1组），父母双方的教育均起到非常重要的影响作用。当母亲单独抚养孩子（第2组）或和继父一起抚养（第3组）时，母亲的教育起到重要作用是很容易理解的；但是这两种情况下生父的教育也和母亲的教育一样重要。将继父（第3组）与自己一人抚养孩子的生父（第4组）或和继母一起抚养孩子的生父（第5组）进行比较时发现，继父的教育并没有那么重要。此外，对由养父母抚养的孩子的样本（第6组）研究发现，生父的教育与养父的教育同样重要，而生母的教育也和养母的教育一样重要。总之，亲生父母的教育总是很重要，有时甚至比继父母或养父母的教育更重要。

上述三项研究采用韩裔美国人（朝鲜战争时期的孤儿）和瑞典被领养人的数据，并采用三种不同的分析方法，都得出遗传基因（天性）影响教育和收入的结论，进而我们可以推测出，遗传基因（天性）对金融决策也具有重要的影响作用。

投资决定

布莱克（Black）及其同事们将3 185名被领养人的信息与瑞典数据库中的亲生父母和养父母数据进行匹配，研究被领养人的投资选择与两组父母的相似度[9]。这项研究让我们能够探究在没有遗传基因（天性）作用的情况下，教养如何影响决策。与双胞胎研究类似，这些研究者使用了瑞典税务局的资产配置统计数据来确定一个人是否参与股票市场，并衡量其投资组合的风险。研究者又度量了成长在原生家庭的非领养人的投资决定与其父母的相似性，为主分析提供基准性参考。最终，研究者利用回归的方法衡量遗传基因（天性）和环境（教养与独特阅历）对投资决策的相对影响。

人们可能会担心养父母对领养子女与亲生子女区别对待，这也会影响其未来的投资决定。然而，该研究发现，亲生子女所接受的代际传递与领养子女接受的来自养父母和亲生父母的代际传递之和相同。因此，遗传基因（天性）和教养对投资倾向的作用，可能不会受到领养行为的影响。

从研究结果来看，遗传基因（天性）和环境（教养与独特阅历）深刻影响着个人对股市的参与度及其风险厌恶水平，但是生物因素（遗传基因）似乎并没有影响投资组合中股票的投资比例。环境（教养与独特阅历）对股市参与的影响是生物因素（遗传基因）影响的2倍，对风险厌恶水平的影响是生物因素（遗传基因）影响的4倍。另一个有趣的发现是，当研究按照性别进行区分时，女性的投资决策更多地受到养母的影响，而男性的投资决策更多地受到养父的影响。上述结果表明，环境（教养与独特阅历）可能比生物因素（遗传基因）扮演着更重要的角色。

法格伦（Fagereng）及其同事们利用另一个被领养数据库来研究财富和非遗传性风险厌恶水平的代际传递，这个数据库包含了挪威家庭1965—1986年收养的2 265名韩国婴儿的基本信息及其家庭财富、收入和资产配置等情况[10]。研究者通过分析被领养者及其父母的财富积累和金融风险程度，考察了影响股市参与决定和投资组合中股票投资比例的相关因素。研究发现，成长环境具有非常重要的影响，被领养者的风险承担水平与其养父母的风险承担水平呈正向相关关系。

由于这份数据缺乏被领养者亲生父母投资行为的情况，为了与双胞胎研究进行对比，研究者将被领养家庭的兄弟姐妹（养父母亲生）纳入了研究范畴。与双胞胎研究相似，该项研究采用方差分解法估计了天性、教养和独特阅历对净资产、金融资产、投资组合中股票配置占比、受教育程度等的影响。表2.1展示了这些因素的影响力。

表 2.1　被挪威家庭收养的韩国婴儿长大后的决策影响因素①

项目	遗传基因（天性）	教养	独特阅历
净资产	57.6%	36.5%	5.8%
金融资产	52.3%	24.6%	23.1%
投资组合中股票配置占比	−5.5%	14.1%	91.4%
受教育程度	49.2%	5.9%	45.1%

研究发现，独特阅历对净资产的影响较小，遗传基因（天性）和教养对净资产和金融资产都有很大的影响［遗传基因（天性）在这两者中的影响力都超过了50%］。但是遗传基因（天性）在投资组合中股票配置占比方面并没有扮演重要角色，独特阅历在其中的影响权重为91.4%。这不无道理，因为初始投资组合中股票配置占比受到决策前股票市场运行情况的影响，这也是代表性偏差理论表达的主要观点。由于被领养者、养父母以及兄弟姐妹需要在不同的时间节点上做出初始投资决定，代表性偏差也会影响他们做出不

① 因四舍五入，表中各数相加可能与总数略有出入。——译者注

同的投资选择（我们默认股票市场是波动的），因而独特阅历的影响力自然比遗传基因（天性）和教养大得多。此外，受教育程度归因于遗传基因（天性）的比例近半，而归因于教养的比例则较小。总的来讲，放开双胞胎模型的相关设定后，大部分现象的主要影响因素都从独特阅历转移到遗传基因（天性）和教养上。

基因组

人类基因组计划成功绘制了人类的DNA图谱，且确定了构成人类DNA的核苷酸碱基对序列，明晰了基因组中所有基因的位置和功能。由此来看，我们似乎具备了将人按照基因进行分类的能力，进而将基因构成与投资特征进行对比分析。

随着基因分型成本的持续下降，越来越多的研究者开始将目光转向基因与金融行为的关系研究。然而，基因分型成本只是需要克服的障碍之一，我们仍面临着巨大的困难。

一个人的基因组由23对独特的染色体组成，每对染色体都分别来自父亲和母亲，每条染色体被分割为成百上千个功能区，这些功能区就是基因。每个基因可能包含着数百万个核苷酸对，所以一个人大概有30亿个核苷酸对。遵循传统的思路进行分析，想要确定哪些基因组合影响金融决策几乎是不可能的。幸运的是，99.6%的人都是存在遗传变异的，因此，研究者可以通过人们的遗传差异来探究基因对金融决策的影响。即便如此，这些差异仍涉及数百万个遗传标记。我们将由单个核苷酸的变异引起的DNA序列多态性称为单核苷酸多态性（single nucleotide polymorphism，SNP）。科学家们试图将这些“基因片段”与外在行为特征相联系。由于SNP的数量远远超过普通研究中的样本数量，在最初的研究中，统计能力的低下导致很多无效或虚假的分析结果。

虽然早期关于SNP和行为的研究存在很多缺陷，但是科学家们确实发现了DNA差异导致身体差异（如眼睛颜色）的证据，其中一些差异就可能与大脑的运行方式有关。因而，我们可以推测，其可能影响金融决策和其他行为。更多关于大脑运行方式的相关内容将在第四章进行阐述。此外，研究者还将单个人的SNP量化成一个多基因分数，根据多基因分数对决策行为进行评估。

全基因组关联研究

全基因组关联研究（genome-wide association studies，GWAS）对每百万个SNP进行单独测试，通过相关对照以对比关联特定行为。这个过程能确定与特定行为相关的基因变体，每个基因变体也都能通过DNA位置名称来识别，例如，ZNF169指的就是锌指蛋白169——协调锌离子来稳定DNA序列的折叠。一个特定的行为可能涉及几个甚至数百个基因变体，这些基因变体被证明在决定该行为方面非常重要；一些基因变体对该行为起到的可能是积极作用，而另外一些基因变体很可能起到的是消极作用。研究者利用此理论逻辑确定了与许多人体性状相关的基因变体，如ZBTB7B、ACHE、RAPGEF3、RAB21、ZFHX3、ENTPD6、ZFR2、ZNF169、MC4R、KSR2等基因与肥胖有关，其中MC4R基因占近15磅（约6.8公斤）[11]。同样，15号染色体包括的α5、α3、β4尼古丁受体基因簇与吸烟有关[12]。

全基因组关联研究将所有变异的影响综合为一个数字，这个数字就是相关行为或性状的多基因分数。每个人都会有一个多基因分数，此分数衡量了变体的具体基因以及此变体影响行为的方式，研究者便可以利用此分数来研究基因对特定经济决策结果的影响[13]。例如，有74个SNP与受教育程度相关[14]，研究者利用这些SNP为每个人的受教育程度设定一个多基因分数，一个人的受教育程度多基因分数越高，这个人便越有可能达到更高的受教育水平。我们也可以利用这种基因组合方法研究基因是否作用于其他现象，如对劳动力市场的影响[15]。

值得注意的是，全基因组关联研究也有其局限性，它不能将天性和教养的影响区分开来。一个人从父母那里继承了遗传基因，但是其教养也是在父母塑造的环境下形成的。因此，受教育程度的多基因分数不仅反映了生物特征差异，也与其作用于教育的环境因素有关。使用全基因组关联研究的研究者试图通过增加父母受教育程度、父母资源、兄弟姐妹经济成就等变量来控制环境，然而天性和教养的影响仍然不能像带有遗传标记的数据那样泾渭分明。

投资

巴特（Barth）及其同事们使用健康和退休研究（health and retirement study）中的分子遗传数据来确定财富获得、风险偏好和股市参与的影响因子[16]，根据教育成就SNP评判样本中每个人的多基因分数。由于此研究使用与前文不同的样本来设计全基因组关联研究，所以经济决策结果的多基因分数是样本外预测（根据估计的模型对未来进行预测）。

健康和退休研究是一项跟踪50岁以上美国人的固定连续样本研究，开始于1992年，此后每两年进行一次。该项研究在2006年以及随后的四次调查中收集了人们的基因信息，将范围限定在完成调查且有基因分型的退休人员后，形成了4 729个家庭的15 670条数据。

巴特及其同事们将受教育程度的多基因分数与健康和退休研究数据库中的家庭财富进行了匹配，发现多基因分数越高，获得的财富值相应地越大；而且变动幅度非常大，多基因分数每增加一个标准差，财富值就会增加33%。当在分析中加入一些常规控制变量（如性别、年龄等）时，财富值的增加幅度仍在30%以上。当然，受教育程度的多基因分数是基于受教育程度的，其本身就可能对财富获得有影响，因而，该项研究加入受教育程度和收入水平等控制变量之后，虽然影响力下降了2/3左右，但是多基因分数仍发挥着重要作用。

如果受教育程度和收入水平并不能完全作为对遗传基因和退休后财富值关系的解释角度，那么还有其他的解释吗？一个可能的答案就是投资决定。一个人在其生命周期内如何投资将对他退休后的财富值产生很大的影响。承担金融风险可能会比一味地厌恶风险更能促使投资增值。该研究使用了关于劳动收入的风险厌恶问卷、股市参与以及企业所有权来评估健康和退休研究数据库中人群的金融风险态度，其中问卷提出了一系列看似相同实则不同的问题。问卷的具体问题如下：

1. 有两份工作供你选择：第一份工作可以保证你目前的家庭总收入不变；第二份工作可能报酬更高，但收入不太稳定，有50%的概率会使你一生的总收入增加1倍、50%的概率使你的总收入减少10%。你会选择哪一份工作?

2. 有两份工作供你选择：第一份工作可以保证你目前的家庭总收入不变；第二份工作可能报酬更高，但收入不太稳定，有50%的概率会使你一生的总收入增加1倍、50%的概率使你的总收入减少20%。你会选择哪一份工作?

3. 有两份工作供你选择：第一份工作可以保证你目前的家庭总收入不变；第二份工作可能报酬更高，但收入不太稳定，有50%的概率会使你一生的总收入增加1倍、50%的概率使你的总收入减少30%。你会选择哪一份工作?

4. 有两份工作供你选择：第一份工作可以保证你目前的家庭总收入不变；第二份工作可能报酬更高，但收入不太稳定，有50%的概率会使你一生的总收入增加1倍、50%的概率使你的总收入减少50%。你会选择哪一份工作?

5. 有两份工作供你选择：第一份工作可以保证你目前的家庭总收入不变；第二份工作可能报酬更高，但收入不太稳定，有50%的概率会使你一生的总收入增加1倍、50%的概率使你的总收入减少75%。你会选择哪一份工作?

一个人的风险厌恶程度是用他在上述一系列问题中拒绝赌一把的最小收入损失百分比来表现的。健康和退休研究数据库中还包括每个家庭是否投资于股票市场以及是否拥有企业的情况。研究者在研究受教育程度的多基因分数与风险厌恶程度之间的关系时发现：

- 受教育程度的多基因分数和劳动收入风险厌恶之间存在负相关关系，这表明受教育程度较高的人更愿意承担风险。
- 受教育程度的多基因分数与企业所有权之间呈现正向且微弱的关系。
- 受教育程度的多基因分数与股市参与之间存在着正向且稳健的关系。

要成为一个成功的投资者，除了学会规避风险之外，还要学会克服行为偏差，尤其是大部分人都很难准确评估极端事件发生的概率。健康和退休研究中有一项是调查参与者对宏观经济风险的评估，他们被要求为下列三件事提供概率：

1. 若你此时购买跟踪道琼斯工业平均指数的被动型基金，到明年此时，价值增值的可能性有多大？

2. 你认为美国经济在未来10年出现大萧条的可能性有多大？

3. 你认为美国经济在10年内通货膨胀率出现两位数的可能性有多大？

1963—2010年，标准普尔500指数在一年内增值的概率是74%，每年发生经济严重收缩的概率是4.4%，因而，美国在10年内出现经济大萧条的概率为36%。1958—2015年，每年出现两位数通货膨胀率的概率为3.4%，这意味着10年内美国经济有29%的概率出现通货膨胀率为两位数的情况。研究者根据真实情况将参与者回答的偏差与受教育程度的多基因分数进行对比，有如下发现：

- 对于上述三个问题，受教育程度的多基因分数较高者的回答与客观概率的偏差较小。
- 对于上述三个问题，受教育程度的多基因分数越低的人越容易回答极端概率（比如0或100%）。

这项研究表明，人们的遗传基因可能会通过风险厌恶和概率评估来影响他们的金融决策。具体来看，受教育程度的多基因分数较高的人更有可能去承担风险（也就是风险厌恶较低）、投资股票或创办企业，并且有能力避免对宏观经济事件的概率做出极端评估。

风险厌恶

本杰明（Benjamin）及其同事们采用多种方法探究了遗传结构对经济偏

好的影响[17]。瑞典双胞胎登记处对一部分子集做了基因分型，这使得研究者既可以使用双胞胎方差分解法也可以使用遗传标记法来进行研究。研究者最终对整理出的9 617人样本数据进行了风险态度分析。

除了在研究中使用方差分解法估计双胞胎们的天性对经济态度的影响外，研究者还使用了SNP数据来研究风险厌恶在多大程度上可用SNP进行解释。其实这个过程是由全基因组关联研究衍生的。全基因组关联研究的批评者指出，其缺陷在于，只有在第一步回归中显示出显著性的SNP才会被纳入第二步的遗传分数估计中，其他不显著的SNP可能在相关组合中才有意义，而不是单独具有意义。此次研究者使用的新的研究方法被称为基因组相关系数矩阵限制最大似然法（GREML），它可以估计出遗传性贡献的下限。GREML假定，对于不在同一家族的个体，环境因素是互不相关的。研究者通过直接从遗传数据中估计出家庭关系来契合上述假定，并设定更大维度的遗传基因相似度，而不仅仅是完全相同、50%相似和完全不同这三层关系。

为研究基因对风险态度的贡献，首先通过三个维度的风险调查来测量风险厌恶水平，随后整合为一个风险厌恶水平指标。这个调查的问题其实与其他调查具有一定的通用性，包括一般风险、金融风险和就业风险[18]。问题如下：

- 你是一个对风险承担有十足准备的人，还是一个极力规避风险的人？请在下面的量表上打钩。数值1表示“不愿意承担风险”，数值10表示“完全准备好承担风险”，中间数值依次递增。
- 你是一个对金融风险承担有十足准备的人，还是一个极力规避金融风险的人？请在下面的量表上打钩。数值1表示“不愿意承担金融风险”，数值10表示“完全准备好承担金融风险”，中间数值依次递增。

就业风险厌恶水平的衡量来自三个问题，类似于前文提到的劳动收入风险的提问方式。问题如下：

1. 假如你是家里唯一的收入来源，你可以在两份好工作中进行选择：工作A在你的余生中会为你提供每月2.5万瑞典克朗的稳定收入，工作B有50%的机会提供每月5万瑞典克朗的收入、50%的机会提供每月2万瑞典克朗的收入。你会选择哪个工作?

2. 假如你是家里唯一的收入来源，你可以在两份好工作中进行选择：工作A在你的余生中会为你提供每月2.5万瑞典克朗的稳定收入，工作B有50%的机会提供每月5万瑞典克朗的收入、50%的机会提供每月2.2万瑞典克朗的收入。你会选择哪个工作?

3. 假如你是家里唯一的收入来源，你可以在两份好工作中进行选择：工作A在你的余生中会为你提供每月2.5万瑞典克朗的稳定收入，工作B有50%的机会提供每月5万瑞典克朗的收入、50%的机会提供每月1.7万瑞典克朗的收入。你会选择哪个工作?

研究使用标准的双胞胎方差分解法发现，大约30%的风险厌恶是由天性决定的，这与其他经济偏好问卷调查得出的结果相似。使用GREML估计发现，天性对风险决策的解释力大约是双胞胎方差分解结果的一半（15.8%），这为遗传基因对风险偏好的影响提供了一个估计的下限水平。该研究基于分子遗传学的方法测试经济偏好的遗传性，部分验证了前人针对双胞胎研究的结果。

本章小结

遗传基因（天性）是否会影响投资决策？前一章从双胞胎遗传变异的视角研究了这个问题，并得出结论：所有金融和经济决策中的1/5～1/2可以归因于生物因素。本章利用被领养者及其父母（亲生父母或养父母）和兄弟姐妹的相互作用以及遗传变异来继续探讨遗传基因（天性）的影响。从研究被领养者的文献来看，生物因素在经济决策方面确实发挥着重要作用。一些研究表明，教养和独特阅历的影响合力是遗传基因（天性）的2倍，这也意味着遗传基因（天性）可以解释人与人之间经济决策差异的1/3，当然出生后的因素（如教养与独特阅历）也扮演着重要角色。从这个角度来看，性别差异也会起到一定的作用。母亲对女儿的经济决策影响更大，而父亲则对儿子的经济决策影响更大，因此，在培养方面也存在着榜样效应。

随着技术成本的下降，基因分型越来越流行。自从能够绘制人类基因组图谱以来，包括遗传标记的数据样本也越来越多。然而，由于人类基因组的规模庞大，找到驱动经济决策的遗传标记的难度远远超出我们的预期。因而，社会科学家创造了一些方法来降低研究难度，比如，通过SNP来衡量不同人之间的DNA差异。研究者根据一个人的具体SNP组合衡量多基因分数，发现与受教育程度相关的多基因分数显著影响经济决策和投资特性（如风险厌恶水平、股市参与度以及对极端事件的概率估计）。上述这些也都仅仅是遗传标记影响决策机制的第一步，未来仍有很多工作需要做。

思考题

1. 对被领养人的研究是如何考察遗传基因对行为的影响的？
2. 对被领养人的研究有哪些可以解释遗传基因对金融决策的影响？

3. 使用DNA数据进行研究的困难在哪里？研究者是如何克服困难的？
4. 利用人类基因组进行的研究对投资者的金融决策有何启示？

注释

[1] Matthew J. Lindquist, Joeri Sol, mirjam Van Praag. Why do entrepreneurial parents have entrepreneurial children?. Journal of Labor Economics, 2015, 33 (2): 269-296.

[2] David Cesarini, Magnus Johannesson, Sven Oskarsson. Pre-birth factors, post-birth factors, and voting: Evidence from Swedish adoption data. American Political Science Review, 2014, 11: 1-17.

[3] Mikael Lindahl, Evelina Lundberg, Marten Palme, et al. Parental influences on health and longevity: Lessons from a large sample of adoptees. NBER Working Paper No. 21946, 2016.

[4] Randi Hjalmarsson, Matthew J. Lundquist. The origins of intergenerational associations in crime: Lessons from Swedish adoption data. Labour Economics, 2013, 20 (1): 68-81.

[5] Erik Plug, Wim Vijverberg. Schooling, family background, and adoption: Is it nature or is it nurture?. Journal of Political Economy, 2003, 111 (3): 611-641.

[6] Bruce Sacerdote. How large are the effects from changes in family environment? A study of Korean American adoptees. The Quarterly Journal of Economics, 2007, 122 (1): 119-157.

[7] Anders Björklund, Mikael Lindahl, Erik Plug. The origins of international associations: Lessons from Swedish adoption data. The Quarterly Journal of Economics, 2006, 121 (3): 999-1028.

[8] Anders Björklund, Markus Jäntti, Gary Solon. Nature and nurture in the intergenerational transmission of socioeconomic status: Evidence from Swedish children and their biological and rearing parents. The B.E. Journal of Economic Analysis & Policy, 2007, 7 (2): 1-23.

[9] Sandra E. Black, Paul J. Devereux, Petter Lundborg, et al. On the origins of risk-taking in financial markets. Journal of Finance, 2017, 72 (5): 2229-2278.

[10] Andreas Fagereng, Magne Mogstad, Marte Rønning. Why do wealthy parents have wealthy children?. Working Paper, University of Chicago, Department of Economics, 2019, July.

[11] Valérie Turcot, Yingchang Lu, Heather M. Highland, et al. Protein-altering variants associated with

body mass index implicate pathways that control energy intake and expenditure in obesity. Nature Genetics, 2018, 50 (1): 26-41.

[12] Laura Jean Bierut. Convergence of genetic findings for nicotine dependence and smoking related diseases with chromosome 15q24–25. Trends in Pharmacological Sciences, 2010, 31(1): 46-51. Thorgeir E. Thorgeirsson, Daniel F. Gudbjartsson, Ida Surakka, et al. Sequence variants at CHRNB3 CHRNA6 and CYP2A6 affect smoking behavior. Nature Genetics, 2010, 42(5): 448-453.

[13] Jonathan P. Beauchamp, David Cesarini, Magnus Johannesson, et al. Molecular genetics and economics. Journal of Economic Perspectives, 2011, 25(4): 57-82.

[14] Aysu Okbay, Jonathan P. Beauchamp, Mark Alan Fontana, et al. Genome–wide association study identifies 74 loci associated with educational attainment. Nature, 2016, 533(7604): 539-542.

[15] Nicholas W. Papageorge, Kevin Thom. Genes, education and labor outcomes: Evidence from the Health and Retirement Study. NBER Working Paper No. 25114, 2018, September.

[16] Daniel Barth, Nicholas W. Papageorge, Kevin Thom. Forthcoming. Genetic endowments and wealth inequality. Journal of Political Economy.

[17] Daniel J. Benjamin, David Cesarini, Matthijs J. H. M. van der Loos, et al. The genetic architecture of economic and political preferences. PNAS, 2012, 109(21): 8026-8031.

[18] Daniel J. Benjamin, David Cesarini, Matthijs J. H. M. van der Loos, et al. Supporting information: The genetic architecture of economic and political preferences.[2012–05–03]http://www.pnas.org/content/suppl/2012/05/03/1120666109.DCSupplemental.

第三章

男女之间存在投资差异吗

事实证明，女性在喝酒、超速驾驶、打架、赌博、性活动等方面承担风险的意愿要比男性小[1]。在上述情境中，回避风险可以保障生命安全。同时，女性对待金融风险的态度比男性更加谨慎。主流的金融理论认为，风险承担能力与盈利能力成正比。例如，股票账户的资金风险远远大于储蓄账户，但是相应地，其取得高收益的可能性比较大。随着时间的推移，股票市场的回报可能会高于储蓄账户。如果女性相较于男性在其整个生命周期中始终保持更小的风险偏好（其他条件相同的情况下），那么女性积累的财富很可能要比男性少。因而，男女之间的投资差异会产生非常不同的结果。

性二态（sexual dimorphism）指的是针对男性和女性之间行为差异的性别研究。虽然“性别”（gender）和“性”（sex）这两个术语在一般情况下可以互换，但是针对两者的研究存在明显的差别。性的差异是指男性和女性之间的生理差异，比如女性有两条X染色体，而男性有一条X染色体和一条Y染色体；类似的还有睾酮、雌性激素、黄体酮等方面的差异。性别差异是指男性和女性在社会或文化规范、社会角色和社会关系等方面的不同，这些性别差异往往是从环境中学习产生的。由此可以看出，无论性研究还是性别研究，都认为男女之间存在非常明显的差异，本章将对男性和女性的经济行为差异进行探索。

性别差异的决定因素

研究性别问题的学者考察了性别差异是来源于生物学基础还是萌发于社会和文化的互动中，继而产生了类似天性和教养的思辨性研究。社会或文化规范不断影响着人们的学习和生活，在内在生物学差异的影响下，也必将在男女之间产生不同的反应。

性别生物学

不同的激素水平造成了性别方面的明显差异。比如，男性的睾酮水平通常是女性的4倍左右。睾酮是一种与冒险行为相关的重要激素（详见第五章），因而这也解释了冒险行为的性别差异。此外，女性会经历为期28天的月经周期，德雷尔（Dreher）及其同事们认为，这会调节女性与奖励有关的神经功能，影响女性在月经周期内的行为变化[2]。市野（Ichino）和莫雷蒂（Moretti）发现，女性缺勤（请病假）的概率比男性高，并认为这是与月经周期有关的连锁反应。这也有助于解释性别收入差距[3]。

男性和女性之间也存在着神经方面的差异，神经学方面的研究者很早之前就已经发现，男女在下丘脑的功能上并不相同，而下丘脑具有调节性激素的功能[4]。最近的研究开始探究男女之间大脑其他区域的差异。比如，英格哈力卡（Ingalhalikar）及其同事们通过对428名男性和521名女性的大脑样本进行研究，发现女性的大脑在不同神经区域之间存在互联模式（包括左右大脑互联）的程度明显比男性更强，由此认为，相较于男性，女性大脑的内部协调性更强[5]。

社会性差异

与性别的生物性差异不同，学习型社会行为并不具备持久性，其受环境因素的影响，随着时间的推移而不断变化。比如，高跟鞋最初是为男性设计的，粉红色在20世纪初也是属于男性的颜色。从当前的社会潮流对比来看，性别差异的社会规范在不断变化。千禧一代（millennial generation）、婴儿潮一代和大兵一代（GI generation）①的家庭性别角色存在着显著差异，这些性别社会规范会对行为产生巨大影响。当社会规范认同男性把控家庭财务时，女性的金融知识储备便可能处于较低的水平[6]。这种金融知识上的差异或许有助于解释为什么男性和女性会做出不同的金融决策。里克尔梅（Riquelme）和里欧（Rios）还发现，基于性别的社会规范差异能够促进女性用户使用手机银行，因为她们喜欢手机银行的操作界面，同时还能得到手机银行其他用户的认可[7]。

此外，女性在科学、技术、工程和数学（STEM）领域以及金融领域的杰出代表的数量较少。相关理论认为，这是由男女偏好不同、能力差异以及性别歧视引起的职业选择偏差。亚当斯（Adams）及其同事们探究了特许金融分析师（CFA）证书持有者中女性只占18%的原因，并得出以下结论[8]：

- 与持有CFA证书的男性和不持有CFA证书的女性相比，持有CFA证书的女性不太注重传统，也不太关心家庭和宗教习俗。
- 与持有CFA证书的男性和不持有CFA证书的女性相比，持有CFA证书的

① 千禧一代，一般是指美国出生于1981—2004年的一代人。婴儿潮一代，一般是指美国出生于1946—1964年的一代人。大兵一代，一般是指美国出生于1904—1945年的一代人。——译者注

女性不会从众，也不怎么注重按照规范行事。

- 与持有CFA证书的男性和不持有CFA证书的女性相比，持有CFA证书的女性更注重成就，更关心自己的成功和成就。

亚当斯及其同事们认为，受到社会规范的限制，女性在工作之外面临着比男性更多的家庭义务，这使得女性更难以从事与金融相关的职业（通常工作时间较长且灵活度较低）。类似地，格林（Green）及其同事们研究了性别差异在华尔街的体现[9]。尽管1995—2005年华尔街对女性从事金融行业的偏见持续减少，但是金融分析师中女性的占比仍下降了2%。研究者还发现，与男性分析师相比，女性分析师覆盖的股票范围较小，且对收益的预测精确度也相对较低。尽管在这些指标上表现较差，但是女性分析师综合素质占优，更有可能成为各方面表现较为均衡的“明星分析师”。

金融行为实验

杰特（Jetter）和沃克（Walker）通过一档名为《危险》（*Jeopardy*）的游戏节目中的嘉宾的表现考察了儿童、青少年和大学生等不同群体之间的行为差异[10]。研究者发现，女青少年和女大学生在两场连赌玩法（须在一天内的两次比赛中获胜才算赢的赌法）中下的赌注比男性少7%，这也验证了女性倾向于承担更少风险的观点。

鲍威尔（Powell）和安西克（Ansic）就性别对风险承担的影响开展了两个不同的实验[11]。

在第一个实验中，受试者需要做出12个各自独立的保险决策，每个决策都要考虑参保金额、保费费率以及资产发生损失的概率。研究者在实验中发现，女性比男性更有可能购买保险，这也证明了她们有更强的风险厌恶态度。

在第二个实验中，受试者每人分得100欧元，他们可以将其换成美元以享有美元利息，最终再兑换成欧元。然而，欧元与美元的汇率会发生变化，这种变化将导致美元重新兑换成欧元时可能会折损一部分价值。为了避免在实验结束时美元兑换回欧元产生汇率波动风险，受试者可以选择任意时间兑换。实验结果表明，女性将欧元兑换成美元进行增值的比例较小，而且就算是投资于美元，女性在美国市场上停留的时间也非常短，表现出较高的风险厌恶水平。

布鲁克斯（Brooks）和赞克（Zank）研究了男女之间在风险厌恶和刺激寻求方面的行为差异[12]。

在这个研究中，49名学生参加了96次不同的实验，每次实验学生都可以从装有12个彩球的袋子里选择一个球。有的颜色的球抽到了有奖励，有的颜色的球抽到了会带来惩罚。在每次抽取开始时，他们会被告知袋子里球的颜色和相应的数量，奖惩的范围是从获得15美元奖励到受到10美元惩罚。在前48次实验中，总收益的期望价值大于总损失的期望价值，比如一次抽取中获得9美元的概率和损失1美元的概率各占一半。在后48次实验中，总收益的期望价值小于等于总损失的期望价值，比如获得5美元的概率和损失10美元的概率各占一半。研究者主要关注受试者在哪些实验中会选择抽取以及在哪些实验中会放弃，前48次实验测量了风险厌恶，而后48次实验测量了刺激寻求。

研究者发现，有73%的女性表现为风险厌恶，9%的女性表现为刺激寻求；在男性群体中，风险厌恶的比例为44%，刺激寻求的比例为37%。这表明在风险厌恶和刺激寻求方面存在明显的性别差异。

查尼斯（Charness）和格尼茨（Gneezy）为了研究同一投资任务中性别差异的影响，对来自不同国家的15个实验进行了回顾汇总[13]。在这些投资实验中，受试者在实验开始之前会收到一定金额的资金，然后自行决定投资盈亏概率已知的风险资产与无风险资产的资金比例。研究者发现，女性投资于风险资产的资金比例整体小于男性，这表明女性在金融决策方面更倾向于风险厌恶。这些实验还表明，女性对金融风险的厌恶可能会对金融知识的积累产生潜在影响，这也会对其退休后的生活方式产生一定程度的影响。

退休账户

平均来看，女性在职场中获得的报酬少于男性，即使女性和男性做的是同样的工作。男女之间收入的差距加上投资风险厌恶水平差异，使得女性在退休后的储蓄明显少于男性。女性的平均寿命高于男性，她们在退休后的资金花费年限更长，每年的花费额度也就进一步变小。因此，男性和女性之间的投资决策差异研究便显得非常重要。

考察金融风险承担的一个简单方法是考察投资组合中股票与债券投资的比例（控制年龄和财富这些常规变量）。伯纳塞克（Bernasek）和史威夫（Shwiff）利用科罗拉多州五所不同大学的聘任教员调查数据，研究了退休计划中投资的性别差异[14]。研究者发现，与男性相比，女性在退休投资组合中的股票配置占比为12%。加纳科波罗斯（Jianakoplos）和伯纳塞克（Bernasek）使用1989年消费者财务调查数据研究了性别对风险厌恶的影响[15]。研究者发现，与单身男性和已婚夫妇相比，单身女性更倾向于规避股票等风险资产的投资，这也可能是女性的财富水平低于男性的原因之一。同样地，阿格纽（Agnew）及其同事们利用20世纪90年代中后期的401（k）退休计划的数据，研究了性别与投资行为的关系[16]。研究者发现，男性在此退休计划中的投资组合中股票配置占比为42%，而女性的股票配置占比为33%。其他研究者的类似研究，比如桑登（Sunden）和苏雷特（Surette）对1992—1995年固定缴费型养老金计划的性别差异性的研究，结论也是一样的[17]。

费希尔（Fisher）和姚（Yao）将家庭财务调查的数据更新到2014年，对上述分析进行了进一步剖析[18]。该调查对金融风险容忍度进行了度量，问题如下：

下列哪项最符合你或你的配偶（或伴侣）在储蓄与投资时的风险承担水平描述?

1. 承担巨大的金融风险，以期获得巨大回报。
2. 承担高于平均水平的金融风险，以期获得高于平均水平的回报。
3. 承担平均水平的金融风险，以期获得平均水平的回报。
4. 不愿承担任何金融风险。

研究者发现，与男性相比，女性明显更有可能选择承担平均水平风险或者不承担风险，这也解释了为什么女性的退休投资组合中股票配置比例更低。

交易行为

我们在前文的研究中考察了实验环境中随机受试者或退休账户中的风险规避行为。有人会质疑上述研究中的受试者并非金融领域专家，风险厌恶行为很可能是缺乏金融知识的结果。因此，研究专业投资者与普通个体投资者的交易行为差异便十分有意义。

贝克曼（Beckmann）和门克霍夫（Menkhoff）对美国、德国、意大利和泰国的649名专业基金经理进行了调查，其中包括125名女性和524名男性[19]。

为了评估基金经理的风险厌恶程度，调查问卷设计了以下问题［要求从六点式李克特量表（Likert scale）角度回答］：

1.“在投资决策方面，我主要采取……”，选择范围从非常厌恶风险到很少厌恶风险。

2.“在投资组合中出现亏损头寸的情况下，一般会等待价格反弹而不是卖出这些证券”，选择范围从完全赞同到完全不赞同。

3.“当遇到意外流动性需求时，我更愿意卖出获利头寸而不是清仓亏损头寸”，选择范围从完全赞同到完全不赞同。

研究者发现，在德国、意大利和泰国，从事金融业的女性更偏好风险（问题1）、更厌恶损失（问题2）、更倾向于处置效应（问题3）；而在美国没有这种现象。研究者还发现，此类风险厌恶水平的差异并没有受到投资者自信程度的影响。

研究者进一步研究了在锦标赛设定（tournament setting）下的风险承担行为（金融业中经常发生）。在调查研究中设定了基金经理业绩高于基准或低于基准的情景。根据投资表现，基金经理可以选择坚持或者改变他们之前的投资策略，如果他们投资表现不佳也可以选择改变承担风险的水平，表现出色则可以提前锁定收益或冲击更高水平的收益率（意味着承担更多风险）。研究发现，意大利和泰国的女基金经理在业绩超过基准的情况下，更倾向于改变投资策略，以此来减少风险，这意味着风险厌恶行为的存在；美国的女基金经理在业绩不佳时则倾向于降低投资组合的风险。然而，研究还发现，德国和泰国的女基金经理在投资表现不佳的情况下，更有可能改变她们的投资策略并承担更多的风险，这表明在风险承担方面仍存在着尚未完全探明的性别差异。

前文研究的缺陷在于：人们的实际交易行为可能并非与参与问卷调查所回答的情况完全一致。德怀尔（Dwyer）及其同事们研究了近2 000名购买基金的散户投资者的投资决策，他们主要关注的是：投资者持有比例最高的基金是什么，是低风险投资的货币市场基金还是高风险投资的股票型基金？研究结果如图3.1所示。

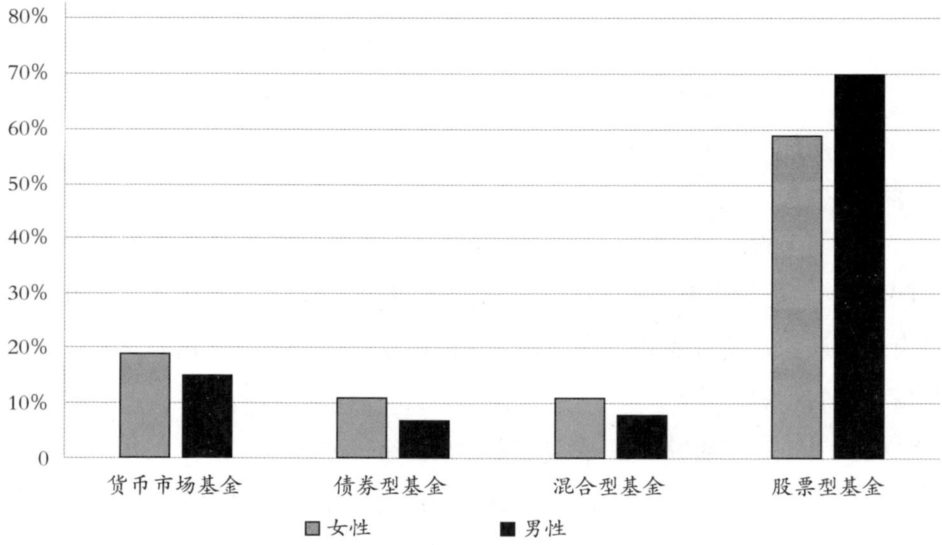

图 3.1　性别与共同基金选择

从图3.1中可以看出，30%的女性将其资产配置在低风险投资领域，比如货币市场基金或债券型基金。相比之下，只有22%的男性将其资产配置在低风险投资上，70%的男性将股票型基金作为他们持有的基金类型，而女性的这一比例只有59%，这显示出女性一贯的风险厌恶态度。研究者还发现，货币市场基金或债券型基金是很多女性所持有资产中风险最大的类型。

说起金融行为中的性别差异研究，最著名的当数巴伯（Barber）和奥迪恩（Odean）的研究。他们在3.5万名散户投资者的投资组合中研究了性别对交易决策的影响[20]。通过投资组合的波动率和β值来考察投资风险，发现男性的投资组合风险大于女性。此外，研究还假设，男性会比女性更频繁地进行交易，频繁交易是过度自信的一种表现。由于会产生额外的交易成本，频繁交易反而会降低投资组合的收益。研究发现，女性每月的投资组合换手率为4.4%，这表明女性平均每月会将自己资产配置的4.4%进行交易；相反，男性每月的投资组合换手率为6.4%，这表明男性交易活动活跃度比女性高45%。因此，男性似乎更容易表现出过度自信。当只研究单身男性和单身女性时，发现男性的投资组合换手率比女性高3个百分点；而且换手率较高也导致男性的投资组合收益率低于女性，此差异与女性风险厌恶程度较高或投资意愿低无关。

在另外一项针对散户投资者的研究中，格林布拉特（Grinblatt）和科罗阿路（Keloharju）利用芬兰投资者的投资组合数据研究了刺激寻求和频繁交易的影响[21]。研究发现，芬兰男性比女性的交易量更大，这也从不同国家的角度验证了巴伯和奥迪恩的结论。该研究认为，交易频率较高可能是由过度自信和刺激寻求造成的，这是男性相比女性而言非常显著的一个特征。研究者将投资组合数据与驾驶数据相匹配来研究刺激寻求是否可以解释投资交易换手率的性别差异，最终从男性更容易收到超速罚单这个角度侧面验证了男性刺激寻求水平普遍高于女性。还有研究者使用芬兰武装部队心理档案的数据进一步完善刺激寻求和过度自信的解释。研究发现，投资者每多收到一份超速罚单，交易量就会增加10%；通过军队档案的信心得分发现，除了刺激寻求，过度自信在投资者行为的性别差异中也起到关键作用。总之，女性的交易量总体低于男性，并且表现出较低水平的过度自信和刺激寻求倾向。

公司绩效与性别比例

男性投资者和女性投资者之间似乎存在着行为上的差异，那么，性别多样性在公司内部又会有什么影响呢？卡特（Carter）及其同事们研究了性别多样性对美国财富1 000强公司董事会的影响[22]。研究发现，董事会中女性数量的增加会提高公司的整体价值，任职的女性人数越多，公司的价值越高。研究还发现，董事会中的女性人数与公司的企业社会责任（CSR）得分之间存在正相关关系[23]。与此类似，坎佩尔（Campbell）和明戈斯-贝拉（Mínguez-Vera）使用西班牙公司的数据研究了董事会中的性别多样性问题[24]。

巴鲁阿（Barua）及其同事们研究了公司首席财务官（CFO）的性别差异是否会导致财务报表中应计项目的处理差异[25]。研究者认为，由于女性通常更厌恶风险、更有道德底线而且并不过分自信，因此由女性担任CFO的公司比由男性担任CFO的公司对应计项目的计提更为谨慎。当然，这也意味着女性CFO不太会为了抬高股价而利用盈余管理技术平滑每股收益。实证结果与研究假设一致，研究者发现，女性CFO会提升财务信息质量，降低会计科目计提错误风险。

按照同样的思路，弗朗西斯（Francis）及其同事们通过检验当公司CFO从男性变为女性时，公司的财务报告会有何变化来研究上述问题[26]。研究者发现，由女性担任CFO的公司，无论诉讼风险、违约风险还是系统性风险都显著较低。此外，虽然公司的股权型报酬（equity-based compensation）和股息支付都相应较低，但具有长期稳定性。

天性还是社会规范?

前文已经证明，无论风险承担还是金融决策都存在显著的性别差异，然而，上述研究对差异的源头性解释力不足。这些行为是由生物学意义上的差异导致的，还是由社会规范和环境驱动的?

女性化和男性化

为了探索天性和社会规范的问题，克罗斯（Cross）及其同事们使用朱克曼（Zuckerman）的刺激寻求量表（sensation seeking scale）进行性别差异的荟萃分析（meta-analysis）[27]。这项调查研究了刺激寻求的四个组成部分：寻求刺激和冒险的倾向、去抑制能力、无聊敏感度、寻求体验。从历史经验来看，男性在上述四个项目中的得分普遍比女性高。值得注意的是，男女之间的生理差异不会随着时间的变化而变化，但社会规范并不是维持不变的，因此，该研究考察了随时间变化的刺激寻求行为。如果基于性别的行为差异随着时间的推移而改变，那么社会规范很可能会驱动这些差异；或者说，如果行为的差异不随时间的变化而变化，那么对其影响更深的可能是生物学因素。研究发现，除了寻求刺激和冒险的倾向方面，其他的性别差异在数十年间是稳定且趋于缩小的。总体而言，生物学因素确实在促成男女金融决策差异方面发挥了强有力的作用。研究者认为，寻求刺激和冒险的倾向的调查结果也会随着社会规范的变化而变化。

另一些研究文献表明，女性对寻求体验的情绪反应比男性更强烈，埃里克森（Eriksson）和辛普森（Simpson）便沿着这一思路研究了在“赌一把”的风险承担态度中，情绪反应是否具有性别差异[28]。研究者向受试者提出如下问题：

1. 假如你花35美元买了一张彩票，有1/19的概率赢得1 000美元，结果一分钱都没赢到。用0（没感觉）到5（极度糟糕）来形容你对此次失败的感觉。

2. 假如你花35美元买了一张彩票，赢得1 000美元奖金。用0（没感觉）到5（极度高兴）来形容你对此次中奖的感觉。

3. 假如你得到保证，这是一次完全公平公正的博彩机会（有1/19的概率赢得1 000美元奖金），你愿意支付35美元买彩票吗?

研究者发现，女性对这些选择有着更强烈的情绪反应。也就是说，女性可能会在前两个问题上给出更高的分数；如果输了，她们会更加难过，如果赢了，她们会更加开心。此外，研究者还发现女性更不喜欢购买彩票，并认为这是因女性输赢情绪较为强烈而产生的规避行为。

性是一个生物学术语，是从男性和女性角度进行区分的。从社会角度来看，性别更像是女性化和男性化的连续统一体。拜姆（Bem）的性别角色量表试图将人们按照性别进行分类，一些男性可能会被评判为更女性化，而一些女性则可能会被评判为更男性化，这就是所谓的性别表达（gender expression）。那么到底是性别二分法还是性别的角度能够更好地解释男女之间的金融决策差异呢？梅尔-佩斯蒂（Meier-Pesti）和彭兹（Penz）研究了性和性别对金融风险承担的影响，测试受试者的投资组合风险承担问题以及未来投资倾向[29]。当使用生物性别的二分法时，研究者发现，男性承担的金融风险明显更高。然而，在考虑到性别表达也就是社会意义的性别定义时，研究者并没有发现风险承担的明显差异，这表明风险承担的差异可能是社会规范造成的。

内德尔勒（Niederle）和维斯特伦德（Vesterlund）研究了男性与女性的竞争行为[30]，受试者被要求在不使用计算器的情况下努力写出5个两位数的和

（如21+35+48+29+83），写出并算出结果的组数越多越好。在任务1中，他们有5分钟的时间来完成这个问题，并根据正确答案的数量获得相应的奖金。任务2则采用比赛方式，只有写出正确答案最多的人才能得到奖金。这两项任务为受试者的数学能力建立了一个基准。在任务3中，受试者会被问及是否想在无竞争环境（如任务1）或竞争环境（如任务2）下做任务，也就是衡量受试者承担参与竞争风险的意愿。如果在任务3中选择了竞争环境，那么在任务4中，受试者可以使用任务1或任务2中的成绩来进行竞争。

研究者发现，在任务1和任务2中，正确答案的数量并不存在性别差异。尽管在能力上不存在性别差异，但是在任务3中只有35%的女性选择参与竞争而有73%的男性选择参与竞争，这强烈地证明了女性对竞争的回避。为什么女性倾向于回避竞争呢？该研究提出以下解释：

- 男性比女性更自信，且他们认为自己在任务中计算出了更多的正确答案（解释了27%的竞争偏好性别差异）。
- 女性比男性更厌恶风险（解释了30%的竞争偏好性别差异）。
- 剩余43%的竞争偏好性别差异来自女性回避竞争的意愿。

金融知识

男性和女性在承担金融风险方面的差异也可能是金融知识差异的结果。直观来看，金融知识匮乏的人会倾向于回避不熟悉的风险状况，因而金融知识储备不足是所有人都面临的一个重大问题。美国的国家金融能力调查通过询问以下5个简单的金融问题来考察公民的金融素养[31]：

1. 假设你的储蓄账户里有100美元，每年的利息为2%，5年之后，你的账户金额是多少?

A. 超过102美元

B. 正好102美元

C. 少于102美元

2. 如果你的储蓄账户年利率为1%，通货膨胀率为2%，1年后，你账户里的金额和现在相比如何?

A. 比现在多

B. 一样多

C. 比现在少

3. 如果利率上升，债券的价格会如何变化?

A. 上升

B. 下降

C. 保持不变

D. 没有关系

4. 15年的抵押贷款通常有着比30年的抵押贷款更高的月供，但是在贷款期间的总利息更少。

A. 对

B. 错

5. 购买单只股票通常会比购买股票型基金或交易型开放式指数基金（ETF）获得更加安全稳定的收益。

A. 对

B. 错

对上述问题的评价标准：如果一个人能正确回答不少于4个问题则为合格，否则为不合格。2009年，美国的不合格率为58%；2012年，不合格率提升到了61%；在随后的2015年和2018年，不合格率进一步上升到63%和66%，这说明问题变得越来越严重。此外，在2018年的调查得分中，男性得分比女性多出1/2，这说明在金融知识方面存在较大的性别差异。

阿尔门贝里（Almenberg）和德雷贝（Dreber）利用瑞典金融监管局提供的消费者调查数据，研究了金融知识和性别对股市参与的影响[32]。研究者发现，女性金融知识得分较低可以解释部分股市参与的性别差异，风险承担偏好的不同可以解释金融决策的部分差异。

类似地，哈尔科（Halko）及其同事们研究了芬兰人在风险资产投资组合持有中存在的性别差异[33]。研究者调查了投资顾问、金融学专业学生、投资者等人群的风险态度、投资知识储备和基本身份信息。研究发现，在控制了风险厌恶水平和投资知识储备的影响后，在资产配置上并不存在性别差异；这反过来说明了男女之间的性别差异主要体现在风险厌恶和投资知识方面。

巴尼耶（Bannier）和施瓦兹（Schwarz）利用德国的金融行为调查数据，研究了实际和感知的金融知识对股市参与的影响[34]。调查发现，男性在金融知识方面的得分较高，这也解释了股市参与和未来退休计划方面的性别差异。此外，研究者还发现，男性对自己的金融知识过于自信，女性则表现出缺乏自信。研究者认为，与实际的金融知识相比，金融知识感知中存在的性别差异在金融决策中发挥着重要作用。

泰勒（Taylor）和沃兹尼亚克（Wozniak）做了一个实验来观察男性和女性获取金融信息的方式[35]。

受试者每人被分配150美元来进行信息获取和投资。在实验期间，受试者要对投资于基金（风险资产）或收益率为2%的货币市场（安全资产）的合意性做出决定。受试者在做出决定之前得知了基金上一年的回报率，并且可以以每人0.5美元的价格购买其他信息。可以选择的信息包括：①证券投资基金名称；②证券投资基金类别；③回报率标准差；④股息率；⑤上一年的市场回报率；⑥基金评级；⑦基金经理任期；⑧基金费用比率；⑨换手率；⑩两年的相对回报率。上述信息并非同等重要，通过研究哪些信息被受试者购买可以确定受试者的金融知识丰富程度。

研究发现，男性在金融知识方面得分更高，比女性更愿意购买证券投资基金的信息。

克（Ke）研究了性别规范对家庭金融决策的影响[36]。研究者发现，与妻子具有较高金融知识水平的家庭相比，丈夫的金融知识水平较高的家庭参与股市的概率更大；此外，家庭处在传统的性别规范约束下时（如孩子小的时候母亲为全职家庭主妇），此对比结果会更加显著。这些都从社会规范的角度对金融决策中的性别差异进行了解释。

周围人的性别

本章已经讨论了性别对金融决策的影响。然而，金融决策也有可能受到与你关系密切的人的性别的影响。有两项有趣的研究表明，当一个男人成为女儿的父亲时，他的金融决策就有可能发生变化。

克朗奎斯特和余（Yu）研究了有无女儿对公司CEO决策的影响[37]。研究发现，有女儿可以促使男性CEO做出对整个社会更有益的决定，而不是简单地追求股东价值最大化。研究者继续研究了有女儿和无女儿的CEO在企业社会责任相关政策上的差异，发现如果CEO有一个女儿，公司的企业社会责任得分会高出12.5%，从而支持了本节开头的假设。这种“CEO–女儿”效应在企业社会责任多样性方面的促进作用是最强的，同时还增加了如解决环境问题和改善员工关系的亲社会倾向。

普格瑞娜（Pogrebna）及其同事们对得知孩子性别之前和之后的准父母做了一项实验，以此探究生女儿对父母金融风险承担的影响[38]。此实验要求父母参与一项风险偏好测试，他们需要在低风险低收益和高风险高收益之间做出选择。该研究结果如图3.2所示。

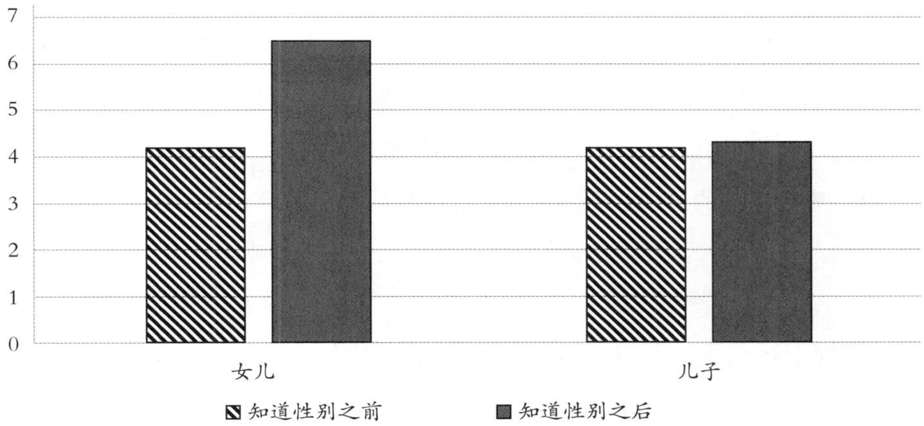

图 3.2　父母的风险厌恶分数

图3.2显示，在父母知道他们的孩子的性别之前，风险厌恶分数大约是4；在他们发现自己的孩子是儿子时，风险厌恶分数略微上涨到4.25；然而，在他们发现自己的孩子是女儿时，风险厌恶分数跃升至6.5。上述结果表明，从知道孩子性别的那一刻起，生女儿的事实就开始影响着父母的金融决策。

此外，布斯（Booth）和诺伦（Nolen）研究了环境对人们冒险行为的影响[39]。他们认为，受社会规范的影响，当男性陪伴在女性身边时，女性的冒险倾向明显降低。为了验证这一理论，他们进行了一项实验，这项实验的受试者是英国八所公立学校的学生（平均年龄低于15岁）。在这八所学校中，有四所是单性别学校，另外四所是男女混合学校。学生们被分为四人一组，这四个人可能全是男生，也可能全是女生，还可能是男女混合。分组完成后，每个小组成员都被要求解出尽可能多的纸质迷宫问题。学生们可以选择解题成功后的奖励方式。一个选项是解完一个迷宫问题奖励50美分；另一个选项是选择“搏一把”，每个小组中解题最多者，解出一个迷宫问题可获得2美元。该研究的结果如下：

- 来自男女混合学校的女生选择“搏一把”的概率比男生少36%。
- 来自女校的女生选择“搏一把”的概率与男生一样大。
- 当一个小组全是女生时，她们更有可能选择“搏一把”。
- 来自男校的男生和来自男女混合学校的男生选择“搏一把”的概率几乎一样大，且不会受到小组其他成员性别的影响。

出现上述结果的原因可以解释为：社会规范可能会对女性形成压力，迫使其符合性别角色定位。

本章小结

性别似乎对金融决策有着重大影响，因为在多种环境下都存在强有力的证据证明：女性承担风险的能力确实比男性小。这种风险承担的性别差异不仅存在于普通人之间，也存在于投资者之间。与男性投资者相比，女性投资者的资产配置中股票的占比明显偏低，且女性投资者的交易频率也明显低于男性。许多研究者认为，这是因为女性在投资中倾向于承担较少的风险，且不会表现出过度自信，也不太喜欢刺激寻求。然而，也有研究者从其他角度进行阐述：金融行为的差异受情绪、竞争行为或金融知识储备的影响，社会规范在塑造个人风险偏好方面也发挥着重要作用。此外，周围关系密切的人的性别也会影响个人行为，有女儿的父亲会比有儿子的父亲做出更少的风险决定。综上所述，本章证明了男性和女性在金融决策方面的差异，有一些是对女性有利的，有一些则可能起反作用。

思考题

1. 生物学上的性与社会规范层面的性别有什么区别？这与天性和教养之间的差异有关系吗？
2. 前文的研究对男性和女性之间的风险规避差异得出了什么结论？
3. 男性和女性在退休计划的投资决策上有什么不同？
4. 男性和女性的投资方式有何不同？对此，研究者们又做何解释？
5. 男性高管与女性高管之间存在哪些差异？会产生什么影响？
6. 男性和女性在金融素养层面存在什么差异？

注释

[1] James P. Byrnes, David C. Miller, William D. Schafer. Gender differences in risk taking: A meta-analysis. Psychological Bulletin, 1999, 125(3): 367-383.

[2] Jean-Claude Dreher, Peter J. Schmidt, Philip Kohn, et al. Menstrual cycle phase modulates reward-related neural function in women. Proceedings of the National Academy of Sciences, 2007, 104(7): 2465-2470.

[3] Andrea Ichino, Enrico Moretti. Biological gender differences, absenteeism, and the earnings gap. American Economic Journal: Applied Economics, 2009, 1(1): 183-218.

[4] Seymour Levine. Sex differences in the brain. Scientific American, 1966, 214(4): 84-92.

[5] Madhura Ingalhalikar, Alex Smith, Drew Parker, et al. Sex differences in the structural connectome of the human brain. Proceedings of the National Academy of Sciences, 2014, 111(2): 823-828.

[6] Andrea Hasler, Annamaria Lusardi. The gender gap in financial literacy: A global perspective. Global Financial Literacy Excellence Center, The George Washington University School of Business, 2017, July.

[7] Hernan E. Riquelme, Rosa E. Rios. The moderating effect of gender in the adoption of mobile banking.

International Journal of Bank Marketing, 2010, 28 (5) : 328 - 341.

[8] Renee B. Adams, Brad M. Barber, Terrance Odean. Family, values, and women in finance. Available at SSRN 2827952, 2016.

[9] Clifton Green, Narasimhan Jegadeesh, Yue Tang. Gender and job performance: Evidence from Wall Street. Financial Analysts Journal, 2009, 65 (6) : 65 - 78.

[10] Michael Jetter, Jay K. Walker. Gender differences in competitiveness and risk-taking among children, teenagers, and college students: Evidence from Jeopardy! 2017. https://ssrn.com/abstract=3092525.

[11] Melanie Powell, David Ansic. Gender differences in risk behaviour in financial decision-making: An experimental analysis. Journal of Economic Psychology, 1997, 18 (6) : 605 - 628.

[12] Peter Brooks, Horst Zank. Loss averse behavior. Journal of Risk and Uncertainty, 2005, 31 (3) : 301 - 325.

[13] Gary Charness, Uri Gneezy. Strong evidence for gender differences in risk taking. Journal of Economic Behavior & Organization, 2012, 83 (1) : 50 - 58.

[14] Alexandra Bernasek, Stephanie Shwiff. Gender, risk, and retirement. Journal of Economic Issues, 2001, 35 (2) : 345 - 356.

[15] Nancy Ammon Jianakoplos, Alexandra Bernasek. Are women more risk averse? . Economic Inquiry, 1998, 36 (4) : 620 - 630.

[16] Julie Agnew, Pierluigi Balduzzi, Annika Sunden. Portfolio choice and trading in a large 401 (k) plan. American Economic Review, 2003, 93 (1) : 193 - 215.

[17] A. E. Sunden, B. J. Surette. Gender differences in the allocation of assets in retirement savings plans. American Economic Review, 1998, 88 (2) : 207 - 211.

[18] Patti J. Fisher, Rui Yao. Gender differences in financial risk tolerance. Journal of Economic Psychology, 2017, 61 (8) : 191 - 202.

[19] Daniela Beckmann, Lukas Menkhoff. Will women be women? Analyzing the gender difference among financial experts. Kyklos, 2008, 61 (3) : 364 - 384.

[20] Brad M. Barber, Terrance Odean. Boys will be boys: Gender, overconfidence, and common stock investment. The Quarterly Journal of Economics, 2001, 116 (1) : 261 - 292.

[21] Mark Grinblatt, Matti Keloharju. Sensation seeking, overconfidence, and trading activity. Journal of Finance, 2009, 64 (2) : 549 - 578.

[22] David A. Carter, Betty J. Simkins, W. Gary Simpson. Corporate governance, board diversity, and firm

value. Financial (Review), 2003, 38 (1): 33-53.

[23] Stephen Bear, Noushi Rahman, Corinne Post. The impact of board diversity and gender composition on corporate social responsibility and firm reputation. Journal of Business Ethics, 2010, 9 (2): 207-221.

[24] Kevin Campbell, Antonio Mínguez-Vera. Gender diversity in the boardroom and firm financial performance. Journal of Business Ethics, 2008, 83 (3): 435-451.

[25] Abhijit Barua, Lewis F. Davidson, Dasaratha V. Rama, et al. CFO gender and accruals quality. Accounting Horizons, 2010, 24 (1): 25-39.

[26] Bill Francis, Iftekhar Hasan, Jong Chool Park, et al. Gender differences in financial reporting decision making: Evidence from accounting conservatism. Contemporary Accounting Research, 2015, 32 (3): 1285-1318.

[27] Catharine P. Cross, De-Laine M. Cyrenne, Gillian R. Brown. Sex differences in sensation-seeking: A meta-analysis. Scientific Reports, 2013, 2486. doi:10.1038/srep02486.

[28] Kimmo Eriksson, Brent Simpson. Emotional reactions to losing explain gender differences in entering a risky lottery. Judgment and Decision Making, 2010, 5 (3): 159-163.

[29] Katja Meier-Pesti, Elfriede Penz. Sex or gender? Expanding the sexbased view by introducing masculinity and femininity as predictors of financial risk taking. Journal of Economic Psychology, 2008, 29 (2): 180-196.

[30] Muriel Niederle, Lise Vesterlund. Do women shy away from competition? Do men compete too much?. The Quarterly Journal of Economics, 2007, 122 (3): 1067-1101.

[31] Marco Angrisani, Arie Kapteyn, Annamaria Lusardi. The national financial capability study: Empirical findings from the American life panel study. FINRA Report, 2016, November.

[32] Johan Almenberg, Anna Dreber. Gender, stock market participation and financial literacy. Economics Letters, 2015, 137 (12): 140-142.

[33] Marja-Liisa Halko, Markku Kaustia, Elias Alanko. The gender effect in risky asset holdings. Journal of Economic Behavior & Organization, 2012, 83 (1): 66-81.

[34] Christina E. Bannier, Milena Schwarz. Skilled but unaware of it: Occurrence and potential long-term effects of females' financial underconfidence. Econstor, 2017, February.

[35] Matthew P. Taylor, David Wozniak. Gender differences in asset information acquisition. Journal of Behavioral and Experimental Finance, 2018, 20 (12): 19-29.

[36] Da Ke. Who wears the pants? Gender identity norms and intra-household financial decision making. Gender Identity Norms and Intra-Household Financial Decision Making, 2018, August 4.

[37] Henrik Cronqvist, Frank Yu. Shaped by their daughters: Executives, female socialization, and corporate social responsibility. Journal of Financial Economics, 2017, 126(3): 543-562.

[38] Ganna Pogrebna, Andrew J. Oswald, David Haig. Female babies and risk-aversion. IZA Discussion Paper No. 10717, 2017, May.

[39] Alison Booth, Patrick Nolen. Gender differences in risk behaviour: Does nurture matter?. The Economic Journal, 2012, 122(558): F56-F78.

第二部分

生理机能

第四章

大脑机能与金融决策

我们所采取的每一项行动、做出的每一项决策（包括金融决策），都来源于我们的大脑。神经科学（neuroscience）是对大脑机能与结构的研究，而神经经济学则是神经科学的一个分支，研究经济和金融决策过程中大脑的结构和运行。从传统经济学角度出发，我们假设所有市场参与者都是理性的，因而每个人的神经化学反应也都应以相同的方式表现出来。但是，当人们对某种神经递质（如多巴胺）的敏感性不同时，人们的决策并不是完全相同的。例如，医学研究发现，精神病患者的杏仁核和前额叶皮层在结构和功能上与正常人存在差异，而这两个区域是大脑调节情绪和做出决策的关键区域。上述差异不仅导致精神病患者有持续性反社会行为、悔恨积累和缺乏同情心等表现，也会导致其做出与常人不同的行为决策（包括金融决策）。当然，未必只有精神病患者才会做出不同的金融决策，每个人的神经系统都存在敏感性和功能性差别，金融决策也会产生相应的差异。

大脑

大脑的解剖结构

人们对大脑结构的认知主要来源于大脑的区域分工以及边缘系统。图4.1展示了大脑的区域划分，从中可以看到，大脑的四个主要脑叶分别是额叶、顶叶、颞叶和枕叶。额叶主要负责运动功能、问题解决、计划、记忆、冲动控制和社会行为，这些功能对于做出合理的金融决策至关重要。顶叶具有处理感觉、知觉信息和解释视觉信息的功能，也负责处理语言和数学信息。许多金融行为偏差的出现都是个体自身决策框架内的信息处理受到情绪和感知的干扰，因而此偏差可能源于顶叶。颞叶负责处理听觉、记忆和语言信息。枕叶负责处理视觉信息。其他大脑结构包括小脑和脑干，脑干由中脑、脑桥和延髓组成。小脑和大脑下方的脑干负责大脑和身体之间的通信，并控制呼吸、心率、眼球运动、协调、语言等基本身体机能。

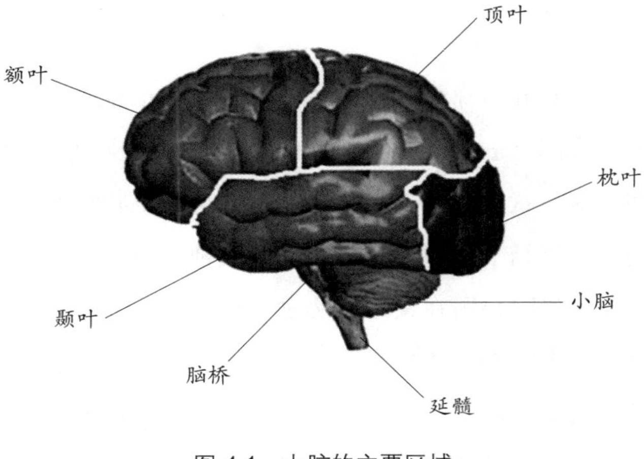

图 4.1　大脑的主要区域

边缘系统是参与动机、情感、学习和记忆等过程的神经网络复杂系统。如图4.2所示，边缘系统由扣带回、丘脑、杏仁核、海马体和穹隆组成。扣带回负责处理有意识的情感经历和进行行为调节。丘脑在大脑各叶之间传递感觉信号。杏仁核在经济决策中起着重要作用，因为它负责情绪，特别是恐惧、觉醒以及一般性情绪刺激。海马体则与记忆有关，特别是长期记忆。穹隆连接着边缘系统的各个部分。表4.1详细介绍了这些区域的功能。

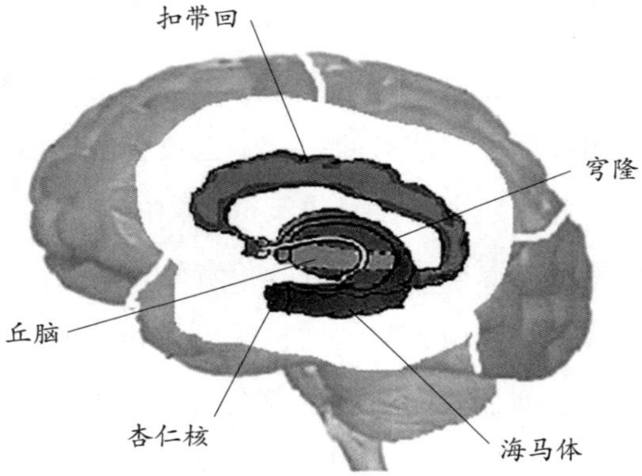

图 4.2 边缘系统

除了主要的脑叶和边缘系统，纹状体对于决策也至关重要，它是奖励系统的一个重要组成部分。纹状体由位于前脑的一小群皮质下结构组成，分为背侧纹状体和腹侧纹状体两部分，背侧纹状体包含尾状核和壳核，而腹侧纹状体包含伏隔核和嗅结节。背侧纹状体是基底神经节的一部分，促进自主运动；腹侧纹状体和伏隔核因在快乐、奖励、反应强化和强迫行为中的重要作用而被广泛研究。腹侧纹状体也是成瘾机制的主要组成部分之一，当一个人参与或预期参与已知会产生快乐的活动时，腹侧纹状体就会处于活跃状态。伏隔核则被认为在奖励处理中起着中介作用，也就是说，当我们决定是否参加一项任务时，伏隔核会对可能产生的快乐或痛苦进行权衡。此外，岛叶是一个小区域的结构，它与边缘系统相连并向其发送信号。岛叶的主要作用是产生自我意识、认知功能和与情感相关的人际关系体验，它也常常与回避行为有关。

表 4.1　大脑的区域和功能

大脑区域	功能
主要脑叶	
额叶	运动功能、问题解决、计划、记忆、冲动控制、社会行为
顶叶	处理感觉、知觉信息，解释视觉信息，处理语言和数学信息
颞叶	处理听觉、记忆和语言信息
枕叶	处理视觉信息
脑干及小脑	
脑桥	呼吸、心血管功能、眼球运动、平衡
延髓	人体关键机能，如心率、呼吸和血压
小脑	运动
边缘系统	
扣带回	处理意识性情感体验，进行行为调节
丘脑	感觉传导接替站
杏仁核	情感、学习、记忆
海马体	记忆
穹隆	把海马体和大脑边缘系统的其他部分连接起来

神经递质

神经递质是由神经元（神经细胞）释放的化学物质，在神经元之间传递信息。当一个人做可能会产生快乐或痛苦的事情时，产生的多巴胺（神经递质）就会激活腹侧被盖区，这些神经元会被投射到伏隔核并使其激活——伏隔核是多巴胺通路的重要组成部分。例如，如果有人拿到一块美味的比萨，大脑就会释放多巴胺，伏隔核不仅会辨析出吃比萨的益处，也会辨析出其潜在的健康影响。因此，类似多巴胺这类神经递质会激活纹状体和伏隔核，进而影响多种类型的决策（包括金融决策）。

血清素是一种神经递质，在食欲、情绪、认知和自律等神经功能中起作用。此外，它在情绪平衡、焦虑和幸福感方面也起着关键作用。血清素水平低与抑郁症有关，尽管目前仍不清楚到底是血清素水平低导致抑郁症，还是抑郁症导致血清素水平低。鉴于血清素对情绪的影响，人们认为，血清素也会影响金融决策。

决策过程的类型

神经科学不仅是为了确定特定行为中神经活动的位置，它的真正目的是通过大脑区域活动差异来研究大脑组织和功能，进而了解大脑的运行机制。希夫林（Shiffrin）和施耐德（Schneider）首先提出了自动过程和受控过程之间的区别[1]，李（Lee）及其同事们称其为“经验”和“理性”差异[2]。这就构成了主流研究者所采用的双系统模型。

串行处理（serial process）是一个循序处理的逻辑过程，这意味着人们面对结果所做出的选择可以由之前的一系列过程解释。例如，如果有人问你是如何开车的，你可以带着他经历上车、把钥匙放入点火器、启动汽车等步骤来展示整个开车行为过程，这是一个受控过程（理性）。而自动过程（经验）则与受控过程相反，决策是在潜意识中做出的，相对不费力。自动过程（经验）最容易理解的例子就是运动员的肌肉记忆，当篮球运动员打算投篮时，他就会在不知不觉中同时做出其他行为，如观察球场上所有其他球员以确定他们是否有空位、将球从运球位置移动到投篮位置、跳起、投篮等。虽然运动员也能带领你完成这些步骤，但他并不能准确地说明他的肘部与手腕的角度、他跳离地面的高度，或者他投篮动作的力度，所有这些都是随着时间推移和动作进行而做出的潜意识行为。另一个自动过程（经验）的例子是情绪，它可能导致个人的非理性行为。

受控过程通常发生在大脑的额叶，而自动过程则发生在大脑的杏仁核和下丘脑（边缘系统）、枕叶、顶叶和颞叶。神经经济学主要关注的是人们为什么会有非理性行为。研究者想查明人们是在受控过程中单纯地判断失误，还是在自动过程中潜意识地做出非理性决策。

最常用于检查神经活动的工具是功能性磁共振成像、正电子发射断层成像（PET）和脑电图（EEG）。最新和最精确的工具当数功能性磁共振成像，它使用强磁场和无线电波来创建大脑活动的详细图像。正电子发射断层成像则通过扫描测量大脑中的血流来观测神经活动。脑电图通过放大记录脑部的自发性生物电位来获得相应的图像。

经济决策与大脑结构

金融风险和回报

尤尼奥尔（Júnior）及其同事们使用脑电图做了一项实验，研究审计师和分析师在评估公司持续经营能力过程中的神经活动[3]。研究结果显示，审计师和分析师使用了大脑的不同部分，分析师比审计师更多地使用额叶内侧皮质，但是他们的评估结果是相同的。因此，利用大脑不同区域的功能并非一定会导致不同的决策或判断。

气球模拟风险任务（balloon analog risk task，BART）是一项经济测试，

受试者每次按下按钮给气球充气都能获得收益。然而，有一个未知的阈值，一旦充气超过这个阈值，气球就会爆裂，受试者就会失去在那一轮中的所有收益。因此，每一次给气球充气都会增加受试者的收益总额，但同时也增加气球爆裂的风险。如果你顺利给气球充了几轮气，并且赚到了45美元，你是否会冒着气球爆裂的风险再次给气球充气？研究者对气球模拟风险任务中的受试者使用了功能性磁共振成像，发现大脑的腹侧和背侧纹状体、前岛叶、背外侧前额叶皮层和前扣带回/内侧前额叶皮层负责评估风险[4]。当受试者计算其下一步决策的风险和回报时，腹侧纹状体处于活跃状态，前岛叶也被激活以避免气球爆裂的痛苦。此外，研究还发现，受试者大脑的理性部分（额叶）可以用来评估气球爆裂和失去收益的风险。

人们应对模糊性或不确定性的反应机制一直是经济学探究的基本问题。有一个关于不确定性的有趣案例：

在一项实验中，受试者从两个桶里拿球，拿到一个红球奖励50美元，拿到一个黑球奖励25美元。A桶里有50个红球和50个黑球，但是B桶里的红球和黑球的数量未知。在这种情况下，大多数人都会从A桶里拿球以消除不确定性。

利用功能性磁共振成像进行研究，发现从具有较高不确定性的B桶中拿球的人外侧前额叶皮层较为活跃，而这个区域具有抑制冲动行为的功能；从确定性较高的A桶中拿球的人更多地利用他们的后顶叶皮层[5]。由此可见，更理性（前额叶）和更少冲动的人更有能力去处理模糊性决定。

徐（Hsu）及其同事们做了另外一项实验，受试者须在两副各20张的牌中进行抽牌[6]。

在第一副牌中，有10张红牌和10张蓝牌，第二副牌中红牌和蓝牌的分配数量是未知的。受试者猜测所抽牌的颜色，如果猜对了将获得10美元奖励，猜错了则没有奖励，受试者也可以选择不参与竞猜而获得3美元。

研究结果显示，在做出不确定性较高的决定时，眶额皮层、前额叶皮层和杏仁核更加活跃；而当风险的概率已知时，纹状体更加活跃。这意味着模糊性降低了冒险的预期回报。

说起模糊性决策，在股票市场的决策可以被认为是最典型的现象之一，因为股票在未来的收益或回报几乎是未知的。安东尼乌（Antoniou）及其同事们发现，股票市场的模糊性阻碍了家庭投资股票市场[7]。从前文的分析可以看出，投资者在选择股票时主要利用大脑的理性部分（前额叶）和情感部分（杏仁核），但是利用前额叶的人和利用杏仁核的人很可能会选择不同的股票。

自2008年以来，金融领域讨论最多的话题之一是市场泡沫。史密斯（Smith）及其同事们进行了一项实验[8]。

受试者可以在50个交易时段进行6种资产的交易。在每个时段，受试者可以选择赚得0.4美元或1美元股息，两者的概率各为50%（预期股息收益为0.7美元）；也可以选择赚得5%的资本利得。设定无风险利率为5%，那么股票的理论均衡价格为14美元（0.7美元÷5%）。因此，如果股票的交易价格超过14美元/股，那么该股票可能处于泡沫状态。实验期间的股票价格中位数为64.30美元，表明股票存在较大程度的泡沫，且在实验期间股票价格确实最终回归到14.13美元。

研究者利用功能性磁共振成像发现，伏隔核在跟踪股票价格时较为活跃，因为它正在计算股票的潜在回报，并预测未来的价格变化和泡沫破灭的可能性。此外，他们还发现，前岛叶皮层活跃与赚钱后卖出意愿较高有关，这表明它可能发挥了警示信号的作用。

房屋所有权问题也为金融决策的研究提供了案例。塞勒（Seiler）和沃尔登（Walden）对位于美国西南部某个中型城市的20个背负住房抵押贷款的房主进行了调查[9]。这些房主需要阅读一份学者编制的抵押贷款细则清单，并回答他们在不同的财务条件下有多大可能会策略性违约（即使有能力偿还仍选择违约）。例如，假如当初你用1万美元的首付购买了一套售价为10万美元的房子，现在你还欠8.5万美元的抵押贷款。如果你的房子目前的价格只有5.5万美元（净资产为-3万美元），你会策略性违约吗？考虑另一种情况，你当初以28万美元购买的房子，如今净资产为-18万美元，你会怎么做？

研究者在比较了不同的首付和净资产规模后并没有任何神经学上的发现，这表明上述房主并没有受到沉没成本谬误的影响。他们还从认知失调理论的角度解释了上述案例，即使在净资产为负时策略性违约是有利的，人们仍然会避免违约，因为道德和伦理的制约会让人们在违约后产生心理不适。研究发现，当受试者遇到他们的房贷剩余偿还额大于房屋市值的情形时，前扣带回皮层会被明显激活，这表明大脑的这个区域负责发出道德方面的反对意见。研究还发现，当房主最终选择违约时，他们大脑的舌回和运动皮层会被激活。其他的一些研究也发现，当人们在进行代入式思考并最终选择违约时，上述神经区域会被激活，这表明人们确实在想象自己处于这种富有挑战的情景中[10]。

脑损伤的证据

众多神经经济学家的研究聚焦于金融决策中的神经活动，然而，为了更全面地理解大脑各部分在决策中的作用，有必要探究大脑结构受损的人是如何做出金融决策的。如果一个人有脑结构受损的极端情况，他是否会做出不同的决策？

历史上曾经出现过一个有名的案例，一名叫S.M.的女性患有十分罕见的遗传病——双侧杏仁核损伤，这导致她失去了体验恐惧的能力[11]。S.M.在许多学术研究中都有被提及：她对蛇和蜘蛛以及恐怖电影没有任何恐惧。尽管她非常外向、友好、调皮，但是她并不能识别来自他人的负面暗示。她一生遭遇过很多创伤，甚至被人用刀和枪指着，在一次家庭暴力中还差点被杀死，但是她丝毫没有表现出抑郁、绝望或其他相关行为反应的迹象。缺乏恐惧感也可能抑制了她对潜在威胁的察觉。虽然我们对她的金融和经济决定知之甚少，但是可以确定的事情是：受损的杏仁核抑制了她的恐惧，并显著影响了她的整体决策。

病变也是脑损伤的一种形式，病变后结疤会影响大脑该区域的正常运转。贝查拉（Bechara）及其同事们研究了在爱荷华博弈任务①（Iowa gambling task）中外侧前额叶皮层受损和杏仁核受损的群体之间的差异[12]。

在爱荷华博弈任务中，受试者必须从四张牌（A、B、C和D）中选择一张牌，每张牌不是赢钱就是输钱。A和B有50%的概率赢得100美元、50%的概率失去250美元，C和D有50%的概率赢得50美元、50%的概率失去50美元。这项任务试图观察受试者是否有相应的神经过程来意识到A和B是不利的，进而避免从中选择。

结果显示，内侧前额叶皮层或杏仁核受损的人在该项任务中无法意识到A牌和B牌是不利的，他们会继续选择风险较大的A牌和B牌。

马蒂诺（De Martino）及其同事们对杏仁核受损的受试者和杏仁核非受损的受试者进行了风险厌恶的对照实验[13]。

在这个实验中，受试者得到了50美元，并被要求接受或拒绝一系列赢亏的概率各占50%的博弈。这些有风险博弈的收益和损失从20美元到50美元不等。

研究结果显示，两组受试者都具有对博弈结果预期值变化的正常反应能力；杏仁核受损的人表现出较少的损失厌恶，因为他们受之前博弈结果的情绪影响较少。

希夫（Shiv）及其同事们利用大脑部分病变的人来研究损失厌恶问题，这

① 爱荷华博弈任务是一种模拟现实决策情景的实验室任务，是一种伴随着相应奖励和惩罚的模糊情景下的决策任务，涉及风险采择和概率学习两个因素。——译者注

些病变部分（杏仁核、眶额皮层、右侧岛叶皮层）的原本功能对处理情绪至关重要[14]。为了实现对比，研究者又找到大脑病变部分与情感处理无关的人以及大脑没有病变的人进行实验。

在实验中，研究者为受试者提供20美元，让他们参与20轮投资决策，他们可以冒1美元成本的风险来赢得2.5美元（50%的机会）或输掉1美元（50%的机会），当然也可以直接选择不下注。

研究结果显示，与输掉之后厌恶风险的受试者相比，与情绪有关区域脑部病变的受试者更有可能继续博弈。此外，大脑中对处理情绪至关重要的脑神经发生病变反而有助于赢得更多的钱，因为他们对博弈并没有产生损失厌恶。

行为金融学的生物基础

虽然我们似乎已经了解很多影响投资决策的心理偏差和认知错误，但是我们现在才开始渐渐明白这些偏差和认知的来源。库宁（Kuhnen）和克努森（Knutson）设计了一个使用功能性磁共振成像的实验，通过研究风险寻求错误（受试者承担他们不应该承担的风险）和风险规避错误（受试者在应该承担风险时不承担风险），找到偏离理性风险承担的神经基础[15]。

在这项实验中，受试者必须从两只股票和一只债券中选择一个来投资。投资之后，一只股票的表现会一直优于另一只股票，债券则会一直获得无风险的1美元；在看到实验结果后，受试者再选择其中一种资产重新投资。此过程共重复20次。每次投资决定都可能是最佳（理性）决定或犯三种类型的错误（风险寻求错误、风险规避错误和混淆性错误）。风险寻求错误表现为在债券是最佳投资选择的情况下选择了股票；风险规避错误表现为在股票是最佳投资选择时选择了债券；混淆性错误表现为当其中一只股票是最佳投资选择时却选择了另一只股票。

实验结果显示，与管理风险和回报有关的伏隔核在风险选择或出现风险寻求错误时都很活跃；此外，有助于调节情绪和回避行为的前岛叶在出现风险规避错误时很活跃。上述研究表明，受试者因情绪化而错误地选择了规避风险。

与此类似，布雷特（Breiter）及其同事们进行了一项实验，研究产生收益和损失时的神经反应[16]。

这项实验是一个转盘游戏，一共有三个转盘：第一个转盘无论转到哪里都能获得收益（机会均等），收益分别为10美元、2.5美元和0美元；第二个转盘无论转到哪里都会产生损失（机会均等），损失分别为6美元、1.5美元和0美元；第三个转盘是“中性”的，有同等的机会获得2.5美元收益、1.5美元损失和0美元。在这项实验中，设计损失总是小于收益以符合前景理论。受试者被随机分配到三个转盘的任意一个并重复该实验19次。

结果表明：受试者无论是盈利还是亏损都会有情绪反应（杏仁核和下丘脑被激活），且与奖赏处理相关（伏隔核被激活）。

框架效应（framing effect）也是一种认知偏差，即个人会根据问题提出方式的不同做出不同的反应。例如，马蒂诺对大学生进行了一个实验[17]。

先给学生们50英镑，然后要求学生们必须在确定性选项和博弈选项之间进行选择。确定性选项是在两个不同的框架中呈现的，其“收益”框架表述为赢得50英镑中的20英镑，“亏损”框架表述为失去50英镑中的30英镑。这两个选项表达的实际经济意义其实是完全相同的，然而由于框架效应，当确定性选项被写在“收益”的背景下时，学生们更有可能选择确定性选项。博弈选项则是单一的表述：要么以40%的概率赢得50英镑，要么以60%的概率失去所有的钱。博弈选项和确定性选项的预期收益是完全相同的。

研究发现，人们在做出框架一致的选择时，杏仁核就会被激活，例如，在亏损时寻求风险，在获得收益时规避风险。这是可以理解的，因为杏仁核与恐惧和焦虑相关，杏仁核被激活表明人们正在做出情绪化的决定。

情绪似乎一直是损失厌恶的重要影响因素。索科尔-赫斯纳（Sokol-Hessner）及其同事们做了一项实验，受试者必须用两种不同的认知策略做出投资选择[18]。

每个受试者被告知要孤立地考虑每个决定（这个选择是你将做出的唯一决定），这被称为“参加处理”（attend treatment），然后在更大的背景下考虑每个决定（每个决定是决定组合的一部分），这被称为“调节处理”（regulate treatment）。调节处理需要将之前的结果或总体收益列入考虑范围，这样做是为了鼓励受试者调节自身情绪。两种认知策略下做出的投资选择所产生的盈利率是随机变化的。

研究结果显示：情绪调节可以修正投资策略，并缓解损益情绪刺激的生理反应。具体来讲，调节效应可减缓损失厌恶感，大脑中杏仁核和纹状体区域的反应也相应地变弱。研究认为，我们可以通过后天学习和自身主动调节来做出非情绪化决定，成为一名理性的投资者。

另一个实验也研究了框架效应。不同的是，这个实验的受试者从100分开始，必须在保留80分的选项A和失去20分的选项B之间做出选择。研究结果表明，背侧前扣带回皮层在框架不一致的选择过程中会被激活，比如损失后的风险规避和收益后的风险寻求，因为大脑的这个区域与自我控制和冲突监测相关[19]。此外，李（Li）及其同事们做了一个实验[20]。

在这个实验中，受试者获得40美元的启动资金，他们必须在两个选项中进行选择。A选项：保留确定性的30美元，或参与博弈——有75%的机会保留全部资金、25%的机会失去全部资金。B选项：确定性地损失10美元，或参与博弈——有75%的机会保留全部资金、25%的机会失去全部资金。

研究结果表明，选择框架中的非理性策略受颞脑神经（如后扣带回皮层）——不是与情绪相关的神经（杏仁核）——的高度影响。这是一个重要的研究发现，因为大多数研究都认为非理性行为主要受情绪影响。上述研究还发现，个人通过自身努力（如发挥主观能动性来达到理性）仍能在框架不一致时产生理性选择。

经济学上有一个争论：人们更重视自己的财富水平，还是更重视自己相较于他人的财富水平？卡里·弗里德曼（Cary Frydman）对大脑如何看待个人财富的绝对水平和相对水平非常感兴趣，由此设计了一项实验来研究人们在选择投资组合时的神经活动[21]。

在这项实验中，受试者每人拥有100美元初始资金，这笔资金既可以投资于无风险资产也可以投资于风险资产（可以看到过去200个交易日的历史收益率）。在制定完投资策略并实施后，受试者可以看到每种资产的实际收益和投资组合的市场价值。最重要的是，受试者还会被告知同伴的投资组合配置，以此来研究其是否会受到其他人投资组合配置的影响。

研究发现，当受试者自身财富增加时，腹侧纹状体会变得活跃，但是当得知同伴的财富增加时，腹侧纹状体的活跃程度又会降低。这意味着，人们自身财富增加时自身效用增加、同伴财富增加时自身效用降低的理论假设，确实存在着生物学基础。研究还发现，受试者对落在后面的同伴出头会更加敏感，人们更加看重的其实是相对财富而不是绝对财富。

禀赋效应是指我们对自身所拥有的物品会赋予其更高价值的倾向。卡蒙（Carmon）和阿里利（Ariely）做了一项实验，实验对象要么拥有假设的全国大学体育协会（NCAA）四强赛门票并试图出售，要么没有门票并试图购买[22]。研究发现，受试者试图以同等门票市场价格的14倍来出售自己所拥有的门票，这是禀赋效应的一个典型例子。

克努森及其同事们设计了一项实验，该实验利用功能性磁共振成像探索禀赋效应的生物性解释[23]。

在这个实验中，有三种产品——iPod、2GB闪存盘和数码相机，分配给受试者20美元现金，用来购买其中一种产品，剩余两种产品被指定为潜在的销售产品。在赋予初始禀赋（20美元现金）之后，受试者要经历“购买”“出售”“选择”三个过程。在“购买”和“出售”的实验中，受试者可以以18种可能的价格之一购买或出售这两种产品中的一种。在“选择”实验中，受试者看到了两种产品中的一种和18种可能的价格中的一种，并被要求在该产品或相关现金之间做出选择。因为“选择”和“出售”的情景设定产生了相同的结果，即收到钱或产品，所以他们反应的不同会引起框架效应。

研究发现，在购买和出售过程中，伏隔核都被激活，但与禀赋效应无关。此外，研究还发现，前额叶皮层在购买时被激活，右侧岛叶在出售时被激活，这表明这两个神经区域与禀赋效应的非理性决定有关。

另一个心理偏差是处置效应，即过早卖出盈利股票、保留亏损股票的非理性决定。研究表明，处置效应会损害收益率，因为卖出的股票价格还在上涨，而保留的股票则一直表现不佳。弗里德曼使用功能性磁共振成像检查处置效应较为强烈的受试者的神经活动[24]。研究发现，在风险回报的决策分析中，外侧前额叶皮层和腹侧纹状体很活跃。然而，研究者没有发现与损失决策有关的神经区域的有力证据，因为每个受试者只有三个已实现的损失，样本量过小，无法达到计量要求。

后悔也是一种促使投资者采取非理性行为的情绪。例如，2002年，苹果公司的股票价格为每股14.33美元；2003年，股价上涨了近50%，达到每股21.37美元；2004年，股价上涨了200%以上，达到每股64.40美元。许多投资者可能后悔在2002年、2003年或2004年没有购买苹果公司的股票，并会因为这种后悔而不再购买苹果公司的股票——这被称为不作为后悔（regret of omission）。事后看来，在2004年以后的一段时间里，没有购买苹果公司的股票其实是一个很大的错误，因为从2005年到2018年，苹果公司的股价上涨了

1 739%，而标准普尔500指数仅增长了不到100%。

弗里德曼和卡默勒（Camerer）使用功能性磁共振成像研究了投资者发现本来想买但没买的股票价格上涨后的反应[25]。

在这个实验中，受试者可以交易三只股票：A、B和C。实验开始时，受试者被分配350美元的实验货币，并被要求每只股票都买入100美元的份额。每次购买之后可以看到实时的价格更新，价格更新后，随机给予受试者三只股票中的一只，并询问他们是否想交易该股票，如此进行108次。研究者研究了决定回购股票时的神经活动以及之前没有交易该股票的后悔情绪。

研究结果显示，当受试者最近卖出的股票价格上升时，腹侧纹状体的神经活动减少。这一结果表明"虚构学习"（fictive learning）效应的存在——大脑对错过奖赏的后悔。研究还发现，当出现回购股票的选项时，作为额叶一部分的外侧前额叶皮层会被激活，这意味着回购错误和处置效应之间有很强的关系，同时也表明在后悔和损失厌恶之间可能存在着一种共同的心理机制。一个可能的解释是，投资者非理性地相信价格会恢复到平均水平，这意味着买入目前下跌的股票和卖出最近上涨的股票将是一个有利可图的策略，这就会导致处置效应和回购效应。

遗传经济学

遗传经济学研究

如今，基因组研究已经"飞入寻常百姓家"，许多人开始购买试剂盒来测试自己的DNA，了解祖先的信息。此外，基因决定了成千上万的性状，如眼睛、头发、血型等；基因可以提供有关健康风险的信息，如乳糜泻（HLA-

DQB1和HLA-DQA1基因）或帕金森病（LRRK2和GBA基因）。更为有趣的问题是：会有某些基因促使一个人倾向于特定的金融行为吗？

基因和受体

受体是细胞膜上的蛋白质，神经递质或激素必须与之结合，才能触发该细胞的反应。染色体的基因编码包括受体在内的所有蛋白质。等位基因控制同一性状不同形态的基因，比如，对于眼睛来说，眼睛的颜色是一种性状，但不同的等位基因将产生眼睛的不同颜色。

多巴胺受体D4（DRD4）是最常见的多巴胺受体之一，其DNA的核苷酸序列可能重复2～11次。大约3/4的人口携带4次或7次重复序列的等位基因。在不同文化的人群中，等位基因重复序列的分布也有很大差异。多巴胺受体D4的变异与成瘾行为、多动症、双相情感障碍[①]、饮食障碍和其他精神疾病有关。重复次数较多（7次或更多）的不同等位基因与对多巴胺的敏感性降低有关——与重复次数较少的人相比，一个带有重复次数较多的等位基因的人需要更高水平的多巴胺刺激才能诱发相同的内部激励。DNA重复序列的数量越多，意味着蛋白质受体中有越多的氨基酸，导致它在细胞膜上的折叠方式不同，并建立起一个略微不同的形状，这降低了其结合部位的亲和力（多巴胺的结合力不强），导致其敏感性降低。因此，研究多巴胺受体D4在经济决策中的作用很重要。

5-羟色胺转运体基因（5-HTTLPR）是编码5-羟色胺转运体的基因，用于将5-羟色胺移入细胞。该基因有两种变化形态：长等位基因和短等位基

① 双相情感障碍是一种既有躁狂发作又有抑郁发作（典型特征）的常见精神障碍。——译者注

因。研究表明，长等位基因导致较高的血清素水平，对杏仁核的影响最大；较低的血清素水平可能导致风险规避行为。

单胺氧化酶A（MAOA）是一种调节单胺类物质分解的酶，如5-羟色胺、多巴胺、去甲肾上腺素和肾上腺素（可提升身体战斗机能或提高逃跑反应能力）。3.5个或4个重复（MAOA-H）等位基因的携带者与2个、3个或5个重复（MAOA-L）等位基因的携带者相比，表现出更高的酶的表达水平。因此，带有这些不同等位基因的人可能以不同的方式分解多巴胺和血清素，从而做出不同的金融决策。

多巴胺受体D4和金融决策

卡彭特（Carpenter）及其同事们对大学生进行了一个实验[26]。

每个学生都以相同的顺序面临两种风险选择。第一个选择是在三种涉及纯收益的博弈中选择一种：①有50%的机会赢得92美元、50%的机会赢得0美元；②有50%的机会赢得62美元、50%的机会赢得18美元；③一定能赢得33美元。第二个选择是在三种涉及收益及损失的博弈中选择一种：①有50%的机会赢得41美元、50%的机会失去46美元；②有50%的机会赢得12美元、50%的机会失去32美元；③有50%的机会失去25美元、50%的机会失去3美元。

结果显示，带有DRD4 7R+基因的人在两种情况下都更有可能做出风险较大的选择，这表明对多巴胺敏感性降低的人倾向于承担更大风险。

德雷伯（Dreber）及其同事们研究了多巴胺受体D4基因对男性风险承担的影响[27]。

在这个实验中，研究者让受试者参加猜硬币下赌注活动——如果猜中硬币朝上的一面，他们将获得相当于赌注2.5倍的资金；如果猜错了，他们将失去赌注。因此，这个活动有一个正的预期收益，他们要么获利250%，要么输掉100%。

研究发现，携带DRD4 7R+基因的人愿意在活动中多下约30%的赌注，这与多巴胺敏感性降低导致承担更大风险的观点相一致。

库宁和焦（Chiao）研究了多巴胺受体D4基因和5-羟色胺转运体基因等位基因对金融风险承担的影响[28]。

受试者参加了一项投资任务，这项任务让他们选择将他们的一部分资金（23～28美元的金额）押在一个有风险的选项上，比如，有50%的机会赢得23%的赌注、50%的机会输掉13%的赌注，或者选择确定性的3%无风险收益。

研究发现，带有5-羟色胺转运体基因长等位基因的人比带有短等位基因的人多下约2.69美元的赌注。此外，研究还发现，带有DRD4 7R+基因的人比其他多巴胺受体D4基因类型的人多下2.46美元的赌注。

MAOA和财务决策

弗里德曼及其同事们进行了一项实验[29]。

受试者被分配25美元以完成140次博弈。在每次博弈中，他们要么有100%确定性的0美元收益，要么有50%的机会赢得7美元、50%的机会输掉4美元。结果显示，携带MAOA-L基因的人比携带MAOA-H等位基因的人接受博弈的次数高5%，而多巴胺和5-羟色胺基因的博弈倾向没有差异。

研究结果说明，带有MAOA-L基因的人更有可能在风险下做出更好的金融决策，因为他们不太容易冲动。

钟（Zhong）及其同事们研究了MAOA基因对风险态度的影响[30]。

受试者参加了一个博弈实验——他们有1%的机会赢得200美元、10%的机会赢得20美元，或者100%的机会赢得2美元。然后，他们进行了另一个博弈实验——受试者要么肯定会失去2美元，要么有0.1%的机会失去200美元。

研究者发现，带有MAOA-H等位基因的受试者比起带有MAOA-L基因的受试者，对博弈有更强烈的风险偏好，即更倾向于选择赢得或失去200美元的选项。

德内夫和福勒（Fowler）研究了MAOA基因对金融行为的影响[31]。研究者使用了美国国家青少年健康纵向研究数据，对人们从青春期到成年这段时期进行了跟踪调查。在早年生活中，参与者被进行了基因分型（包括被观察MAOA基因），还被统计了信用卡债务情况。研究将这些数据与人口统计信息合并，以研究MAOA基因是否影响人们的信用卡借贷行为，最终发现，MAOA-L基因会增加背负信用卡债务的可能性。

本章小结

神经经济学分析了金融和经济决策过程中大脑的结构和功能，以帮助解释人类行为。本章通过研究大脑中非理性选择发生的位置，为传统金融学的理性人假设提出了反对性证据。与额叶有关的决策（受控过程）显示出更多的理性因素，如在爱荷华博弈任务中以及在股票购买和决策选择中能够区分有利和不利的选项。相反，杏仁核在情绪和恐惧反应中的激活是一个自动过程（潜意识过程）。研究表明，在金融决策过程中使用杏仁核的人更有可能做出非理性的决定（如避免模棱两可的选择时、在爱荷华博弈任务中产生损失时），也更有可能由于厌恶损失而做出错误决定。此外，伏隔核是调节决策风险和回报的多巴胺能通路的一部分，在买入和卖出股票以及在产生损失或收益之后，伏隔核都会很活跃。最后，基因似乎对大脑处理多巴胺和血清素的方式有影响，神经递质受体会增加大脑中多巴胺和血清素的量，导致冒险行为增加。

思考题

1. 额叶、杏仁核、伏隔核、多巴胺和5–羟色胺的作用分别是什么?
2. 大脑自动过程和受控过程的区别是什么?
3. 额叶、杏仁核和伏隔核与金融决策有什么关系?
4. 多巴胺受体、5–羟色胺转运体和单胺氧化酶与金融决策有什么关系?

注释

[1] Richard M. Shiffrin, Walter Schneider. Controlled and automatic human information processing: II. Perceptual learning, automatic attending and a general theory. Psychological Review, 1977, 84(2): 127.

[2] Daeyeol Lee, Hyojung Seo, Min Whan Jung. Neural basis of reinforcement learning and decision making. Annual Review of Neuroscience, 2012, 35: 287-308.

[3] César Valentim de Oliveira Carvalho Júnior, Edgard Cornacchione, Armando Freitas da Rocha, et al. Cognitive brain mapping of auditors and accountants in going concern judgments. Revista Contabilidade & Finanças, 2017, 28(73): 132-147.

[4] Hengyi Rao, Marc Korczykowski, John Pluta, et al. Neural correlates of voluntary and involuntary risk taking in the human brain: An fMRI Study of the Balloon Analog Risk Task (BART). Neuroimage, 2008, 42(2): 902-910.

[5] Scott A. Huettel, C. Jill Stowe, Evan M. Gordon, et al. Neural signatures of economic preferences for risk and ambiguity. Neuron, 2006, 49(5): 765-775.

[6] Ming Hsu, Meghana Bhatt, Ralph Adolphs, et al. Neural systems responding to degrees of uncertainty in human decision-making. Science, 2005, 310(5754): 1680-1683.

[7] Constantinos Antoniou, Richard D.F. Harris, Ruogu Zhang. Ambiguity aversion and stock market participation: An empirical analysis. Journal of Banking & Finance, 2015, 58: 57-70.

[8] Alec Smith, Terry Lohrenz, Justin King, et al. Irrational exuberance and neural crash warning signals during endogenous experimental market bubbles. Proceedings of the National Academy of Sciences, 2014, 111(29):

10503-10508.

[9] Michael J. Seiler, Eric Walden. A neurological explanation of strategic mortgage default. The Journal of Real Estate Finance and Economics, 2015, 51(2): 215-230.

[10] Russell N. James III, Michael W. O' Boyle. Charitable estate planning as visualized autobiography: An fMRI study of its neural correlates. Nonprofit and Voluntary Sector Quarterly, 2014, 43(2): 355-373.

[11] Ralph Adolphs, Daniel Tranel, Hanna Damasio, et al. Impaired recognition of emotion in facial expressions following bilateral damage to the human amygdala. Nature, 1994, 372(6507): 669-72; Adam K. Anderson, Elizabeth A. Phelps. Lesions of the human amygdala impair enhanced perception of emotionally salient events. Nature, 2001, 411(6835): 305-309.

[12] Antoine Bechara, Hanna Damasio, Antonio R. Damasio, et al. Different contributions of the human amygdala and ventromedial prefrontal cortex to decision-making. Journal of Neuroscience, 1999, 19(13): 5473-5481.

[13] Benedetto De Martino, Colin F. Camerer, Ralph Adolphs. Amygdala damage eliminates monetary loss aversion. Proceedings of the National Academy of Sciences, 2010, 107(8): 3788-3792.

[14] Baba Shiv, George Loewenstein, Antoine Bechara, et al. Investment behavior and the negative side of emotion. Psychological Science, 2005, 16(6): 435-439.

[15] Camelia M. Kuhnen, Brian Knutson. The neural basis of financial risk taking. Neuron, 2005, 47(5): 763-770.

[16] Hans C. Breiter, Itzhak Aharon, Daniel Kahneman, et al. Functional imaging of neural responses to expectancy and experience of monetary gains and losses. Neuron, 2001, 30(2): 619-639.

[17] Benedetto De Martino, Dharshan Kumaran, Ben Seymour, et al. Frames, biases, and rational decision-making in the human brain. Science, 2006, 313(5787): 684-687; Jonathan P. Roiser, Benedetto de Martino, Geoffrey C.Y. Tan, et al. A genetically mediated bias in decision making driven by failure of amygdala control. Journal of Neuroscience, 2009, 29(18): 5985-5991.

[18] Peter Sokol-Hessner, Colin F. Camerer, Elizabeth A. Phelps. Emotion regulation reduces loss aversion and decreases amygdala responses to losses. Social Cognitive Affective Neuroscience, 2013, 8(3): 341-350.

[19] Pengfei Xu, Ruolei Gu, Lucas S. Broster, et al. Neural basis of emotional decision making in trait anxiety. Journal of Neuroscience, 2013, 33(47): 18641-18653.

[20] Rosa Li, David V. Smith, John A. Clithero, et al. Reason' s enemy is not emotion: Engagement of cognitive control networks explains biases in gain/loss framing. Journal of Neuroscience, 2017, 37(13): 3588-3598.

[21] Cary Frydman. Relative wealth concerns in portfolio choice: Neural and behavioral evidence. Working Paper, University of Southern California, Marshall School of Business. 2016.

[22] Ziv Carmon, Dan Ariely. Focusing on the forgone: How value can appear so different to buyers and sellers. Journal of Consumer Research, 2000, 27(3): 360-370.

[23] Brian Knutson, G. Elliott Wimmer, Scott Rick, et al. Neural antecedents of the endowment effect. Neuron, 2008, 58(5): 814-822.

[24] Cary Frydman, Nicholas Barberis, Colin Camerer, et al. Using neural data to test a theory of investor behavior: An application to realization utility. Journal of Finance, 2014, 69(2): 907-946.

[25] Cary Frydman, Colin Camerer. Neural evidence of regret and its implications for investor behavior. The Review of Financial Studies, 2016, 29(11): 3108-3139.

[26] Jeffrey P. Carpenter, Justin R. Garcia, J. Koji Lum. Dopamine receptor genes predict risk preferences, time preferences, and related economic choices. Journal of Risk and Uncertainty, 2011, 42(3): 233-261.

[27] Anna Dreber, Coren L. Apicella, Dan T.A. Eisenberg, et al. The 7R polymorphism in the dopamine receptor D4 gene (DRD4) is associated with financial risk taking in men. Evolution and Human Behavior, 2009, 30(2): 85-92.

[28] Camelia M. Kuhnen, Joan Y. Chiao. Genetic determinants of financial risk taking. PLoS ONE, 2009, 4(2): e4362.

[29] Cary Frydman, Colin Camerer, Peter Bossaerts, et al. MAOA-L carriers are better at making optimal financial decisions under risk. Proceedings of the Royal Society B: Biological Sciences, 2010, 278(1714): 2053-2059.

[30] Songfa Zhong, Salomon Israel, Hong Xue, et al. Monoamine oxidase A gene (MAOA) associated with attitude towards longshot risks. PLoS ONE, 2009, 4(12): e8516.

[31] Jan-Emmanuel De Neve, James H. Fowler. Credit card borrowing and the monoamine oxidase A (MAOA) gene. Journal of Economic Behavior & Organization, 2014, 107(B): 428-439.

第五章

荷尔蒙与金融风险

荷尔蒙会影响情绪、情感和刺激冲动，进而影响我们的行为。众所周知，像睾酮这样的荷尔蒙极有可能会影响青少年做出不良行为和次优选择。荷尔蒙影响着我们一生的决定，所以，它会影响我们的金融决策也不是什么令人惊讶的事。本章解释了荷尔蒙活动如何影响我们的风险偏好和认知功能，以及这些变化又如何作用于金融决策。

荷尔蒙

荷尔蒙生理学

荷尔蒙，也称激素，是由遍布全身的内分泌腺分泌的化学信使（chemical messengers），控制、协调着身体活动，调节大脑神经元发送和接收信号的方式。约有50种不同的荷尔蒙通过血液和淋巴系统遍布在身体的各个部位，这些荷尔蒙旨在影响身体的各种过程，如新陈代谢、情绪、性功能、生长和发育等。荷尔蒙分泌失衡会导致重大问题，如体重增加、皮肤变化、情绪变化和精力不足。从目前来看，金融和商业仍由男性高度主导，鉴于睾酮分泌的性别差异和对决策的影响程度，本章将重点关注睾酮（男性荷尔蒙）和皮质醇（压力荷尔蒙）这两种荷尔蒙。

睾酮是由男性睾丸间质细胞（也称作Leydig细胞）在青春期开始分泌的一种激素，并在其余生持续分泌。在持续大约30年后，睾酮的分泌一般就会慢慢减少。肾上腺皮质也会在人的一生中持续产生少量的睾酮。因此，其实男性和女性都会产生睾酮，只是男性的水平要高得多。无论男女，下丘脑都会产生促肾上腺皮质激素释放激素（CRH），促肾上腺皮质激素释放激素会促使垂体前叶产生促肾上腺皮质激素（ACTH），促肾上腺皮质激素会促使肾上腺皮质产生少量的睾酮和雌激素。

皮质醇被称作压力荷尔蒙，它可以通过帮助身体维持正常的葡萄糖水平来协助身体应对压力。当一个人有压力时，其体内存在的皮质醇数量增加，进而血液中的葡萄糖水平上升。在正常情况下，皮质醇和肾上腺皮质产生的睾酮（不是睾丸产生的睾酮）具有相同的激素树（hormonal tree），这意味着下丘脑产生促肾上腺皮质激素释放激素，促使垂体前叶产生促肾上腺皮质激素，在肾上腺皮质产生皮质醇和睾酮。

当一个人有压力时，皮质醇有不同的功能。无论一个人是有短期的压力（如车祸、害怕、焦虑、不安等）还是长期的压力（如家庭成员长期生病或长期还款），神经系统都会向肾上腺皮质发出信号，使皮质醇的水平急剧上升而远远超过正常水平。这导致血液中葡萄糖水平的升高。在紧张的情况下，皮质醇的增加有助于为细胞提供能量生产所需的葡萄糖。然而，皮质醇的长期增加会产生严重的副作用，因为它导致蛋白质（如骨骼蛋白质或肌肉蛋白质）分解并转化为葡萄糖。这可能导致我们身体发生病变，如骨质疏松或肌肉萎缩。此外，皮质醇（包括内服或外敷药中包含的皮质醇）会抑制免疫系统，导致被感染的敏感性增加。因此，一个人压力越大，就越有可能生病或恢复能力越差。血液中葡萄糖水平较低会引发肾上腺释放的皮质醇增加

（如在饥饿或运动时），而肾上腺释放的皮质醇又会促使更多葡萄糖释放，直到葡萄糖水平恢复正常。

金融专业人士（如交易员、高管和基金经理）经常处于过大的压力之下，了解皮质醇对金融决策的影响，对个人、公司和市场都很重要。欧博勒纳（Oberlechner）和尼姆歌德（Nimgade）对326名外汇交易员进行调查研究，询问他们最大的压力来源是什么，调查结果显示，“实现利润目标、超长工作时间，以及在规定时间内完成任务”始终是巨大压力的来源[1]。

睾酮和皮质醇等类固醇激素在分泌后进入血液并会穿过血脑屏障①，这些激素改变了神经元中突触的功能以及脑细胞的结构——这意味着激素可以刺激或抑制神经活动。皮质醇和睾酮的受体分布在整个大脑中，包括额叶皮层、杏仁核、海马体和伏隔核。例如，睾酮和皮质醇可以影响神经递质多巴胺的释放，这反过来又影响大脑管理情境风险和回报的能力。正如大多数人所猜想的那样，激素可以影响人们的大部分决策，包括金融决策。

循环睾酮和皮质醇水平

睾酮和经济风险承担

生理金融领域最重要的金融问题之一是激素如何影响金融风险承担。然而，由于收集激素水平的样本的成本费用较高，对此进行的实验研究数量很少。

① 血脑屏障是指脑毛细血管壁与神经胶质细胞形成的血浆与脑细胞之间的屏障和由脉络丛形成的血浆和脑脊液之间的屏障，这些屏障能够阻止某些物质（多半是有害的）由血液进入脑组织。——译者注

阿皮切拉（Apicella）及其同事们使用仅限男性的样本来研究这个问题，以分析循环睾酮水平如何在格尼兹（Gneezy）和波特斯（Potters）设计的投资游戏中[2]影响人们。

此投资游戏使用抛硬币的方式：如果受试者成功地猜到了硬币的正反面，他们就赢得2.5倍的赌注；如果猜错，他们就输掉所有赌注。如果他们把250美元全部投入，他们的预期收益是625美元（250美元×2.5）或0美元，两者各有50%的机会，也就是预期回报是312.5美元（625美元×0.5+0美元×0.5）。因此，此种博弈的风险溢价很高。每个人选择的风险金额可以作为衡量风险承担的标准。

研究发现，循环睾酮水平较高的人会投更多的钱到此博弈中[3]。

斯坦顿（Stanton）及其同事们采用爱荷华博弈任务来研究睾酮水平对风险承担的影响[4]。

在爱荷华博弈任务中，受试者必须从四张牌（A、B、C和D）中选择一张牌，每张牌要么赢钱要么输钱。A和B有50%的概率赢得100美元、50%的概率失去250美元，C和D有50%的概率赢得50美元、50%的概率失去50美元。这项研究旨在发现受试者是否有相应的神经过程来意识到A和B是不利的，从而避免在这些牌中选择。

研究结果显示：较高的睾酮水平与从风险较大和较不利的牌组中选择牌有关。上述结果表明，虽然睾酮确实增加了风险承担，但是人们并不会衡量风险承担与收益水平，睾酮水平较高带来的风险承担具有一定的盲目性。

以前的研究大多认为，较高的睾酮水平会导致较高的风险承担水平。然而，斯坦顿设计了一项风险偏好和模糊性偏好实验，研究男性和女性中睾酮水平的影响[5]。

在风险偏好任务中，受试者在两种博弈中进行选择。A. 有50%的机会赢得13美元、50%的机会赢得0美元。B. 有100%的机会赢得5美元。

在模糊性偏好任务中，受试者也是在两种博弈中进行选择。A. 有100％的机会赢得5美元。B. 未知概率赢得13美元或0美元。

研究发现，上述选择存在U形模式——睾酮水平低或高的人更有可能对风险和模糊性持中立态度，而睾酮水平中等的人更有可能对风险和模糊性持厌恶态度，此结果似乎不存在性别差异。

除了研究睾酮水平如何影响经济风险承担外，格林（Greene）及其同事们还研究了睾酮对职业选择的影响[6]。研究者调查了澳大利亚1 199名成年男性，发现睾酮水平较高的人更有可能成为个体经营者，这表明睾酮水平较高可能会导致个体倾向于选择风险较大的职业。

皮质醇和经济风险承担

与睾酮研究相比，皮质醇与风险承担为反向关系的结果较为直观。由于承担压力时皮质醇水平较高，个体不太可能想去承担更多的风险来增加自己的压力。由于承担新的风险可能会增加更多的压力，皮质醇会通过抑制风险偏好来影响这种决定。

洪（van Honk）及其同事们采用爱荷华博弈任务来研究皮质醇水平对风险承担的影响[7]。研究发现，皮质醇水平低的人更有可能承担风险，并在博弈中选择最优选项；较高的皮质醇水平与风险厌恶有关，并可能破坏人们对惩罚和奖励的敏感性。

在另一项研究中，坎达萨米（Kandasamy）及其同事们进行了一项实验[8]。

受试者参加了一项彩票类任务，一组受试者被注射皮质醇，另一组被注射安慰剂。博弈选择是：A. 有90％的机会赢得30美元、10％的机会赢得90美元；B. 有40％的机会赢得90美元、40％的机会赢得30美元、20％的机会什么都赢不到。

研究者发现，那些被注射了皮质醇的人表现出更大的风险厌恶，宁愿选择博弈A。这个结果与医学文献一致：当人们的压力更大（皮质醇水平更高）时，倾向于不再继续承担风险。

双激素假说

如果睾酮与风险承担有关，而皮质醇与风险规避有关，那么，这两种激素是如何共同起作用的？双激素假说提出：皮质醇可以平衡睾酮对行为的影响。比如，只有当皮质醇水平较低时，高睾酮水平才会导致危险行为，因为皮质醇会抑制皮质下控制社会攻击行为的神经通信。较高的睾酮水平会增加风险承担，但这种对风险的影响在较高的皮质醇水平下会得到缓解，因为高皮质醇水平会减少风险承担，从而创造一个更好的平衡。这一结论在社会环境中得到了支持，因为睾酮与皮质醇比例的不平衡与社会攻击性[9]、社会支配地位[10]、愤怒[11]、社会风险态度[12]是高度相关的。

梅塔（Mehta）及其同事们使用气球模拟风险任务来研究经济环境中的双激素假说[13]。气球模拟风险任务在第四章已经详细介绍，这里不再赘述，其主要内容是人们在给气球充气获得奖励时也承担着气球爆裂的风险（奖励清零）。研究者发现：当皮质醇水平较低时，睾酮水平高的人承担的风险更高，但没有证据表明皮质醇水平高时睾酮会影响风险承担。这与双激素假说是一致的。

睾酮、皮质醇和金融决策

与经济风险承担研究类似，关于循环激素水平影响金融决策的证据也较为有限。科茨（Coates）和赫伯特（Herbert）是第一批研究睾酮对金融交易的影响的学者[14]，他们使用伦敦证券交易所的17名男性场内交易员的数据对上述关系进行研究。研究者在连续8个工作日内测量了交易员上午（11点）和下午（4点）的睾酮水平（真实工作环境下）。研究者发现，在8天的时间里，当交易员上午的睾酮水平高于他们自己的中位数水平时，他们的盈利能力较高，这表明上午的荷尔蒙水平可以预测业绩。图5.1说明了睾酮水平对交易员利润的影响。如图5.1所示，上午睾酮水平高，日均利润约为1 600英镑，范围为500至7 000英镑；上午睾酮水平低，导致利润范围为-1 250英镑至1 500英镑，平均利润较低，略高于0英镑。值得注意的是：低睾酮日的最佳业绩低于高睾酮日的平均业绩。

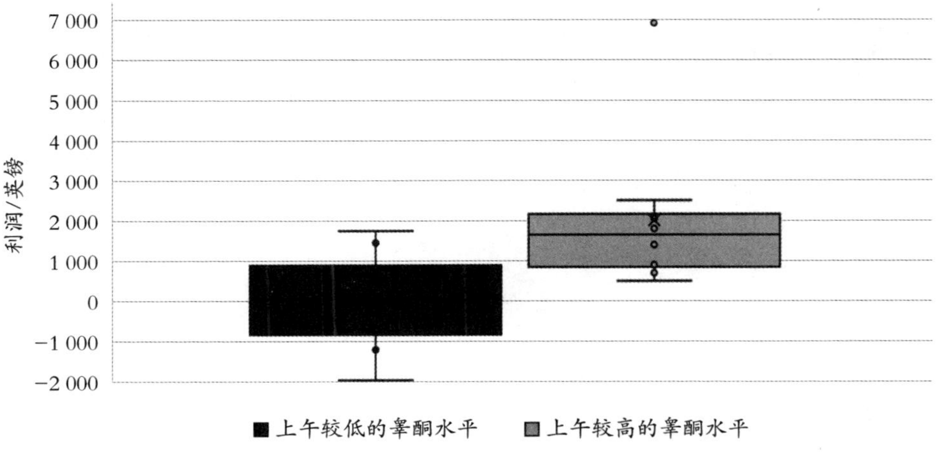

图 5.1　睾酮水平对交易员利润的影响

科茨和赫伯特还利用伦敦证券交易所中的交易员行为研究了皮质醇和金融交易之间的关系。研究发现：在市场波动较大、交易利润和损失波动较大的时期，交易员的皮质醇水平更高，这表明市场波动给交易员带来了压力。

图5.2按损益标准差的大小说明了交易员的皮质醇水平。如图5.2所示：当市场波动性较低、损益标准差在2.8以下时，交易员的皮质醇（压力）水平也保持较低（低于1 625pg/mL）；当市场波动性升高时，交易员的损益标准差超过3.6，皮质醇水平飙升至2 000pg/mL以上。从上述结果可以发现，市场波动会导致压力，即使对专业交易员来说也是如此。

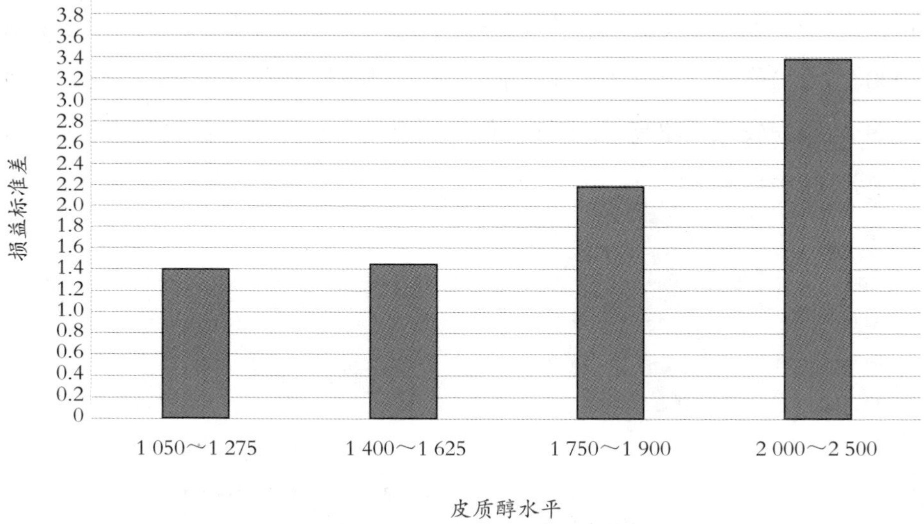

图 5.2　按照损益标准差计算的皮质醇水平

诺夫辛格（Nofsinger）及其同事们利用“罗特曼互动交易”的金融交易模拟应用程序，对大学里金融专业的研究生进行了一项实验研究[15]。

这些学生被分配50万美元的资产投资组合，目标是在模拟的20年期限结束时拥有150万美元（平均年回报率为5.65%）。他们能够从5个不同的ETF中进行选择，这些基金在历史上有不同的回报率、波动率和关联性。在做出最初的投资组合选择后，“罗特曼互动交易”程序模拟了前五年的情况，并显示了已实现的投资组合收益以及每个ETF的已实现收益（每个ETF的收益都用正漂移的随机游走[①]来模拟）。受试者可以在下一个五年期重新分配他们的投资组合，这种情况一直持续到整个20年期限结束，这期间的睾酮水平和皮质醇水平在模拟交易前后都会被测量。

图5.3展示了相应的测试结果。

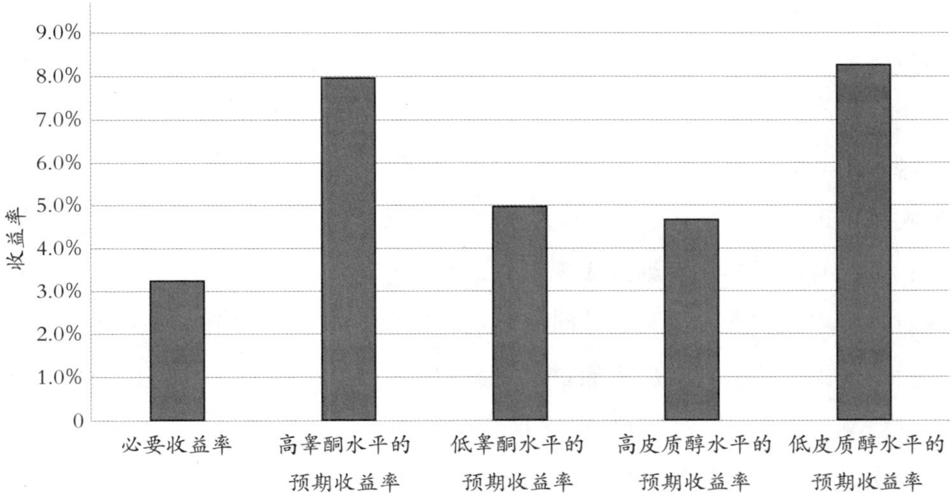

图 5.3 睾酮、皮质醇和超额回报

研究结果可总结如下：

- 睾酮水平较高的人始终有较高的超额收益（预期收益大于实现20年目标所需的收益），这表明睾酮水平与投资风险的承担有关。
- 皮质醇水平较高的人有较低的超额收益，这与较低的风险承担水平相一致。

① 随机游走是基于过去的表现无法预测将来发展方向的一种随机过程，带正漂移的随机游走就是在随机过程里加上一个正系数的漂移项，以使这个随机过程的边际分布为正态分布或其他我们所熟悉的分布。——译者注

- 实验结束时，投资组合收益较高的受试者的睾酮水平变化较大。随着投资者赚更多的钱，他们的睾酮水平可能上升，这表现为他们愿意承担更大的风险。

诺夫辛格及其同事们还使用相同的金融模拟软件来研究睾酮和皮质醇对投资偏差（处置效应和频繁交易）的影响[16]。处置效应是指投资者过早地卖出他们的盈利头寸，并过长时间地持有他们的亏损头寸的行为。这是由卖出盈利头寸时的自豪感寻求和避免卖出亏损头寸时的消极遗憾感驱动的。这确实是不理性的，原因有三：①卖出的盈利头寸继续表现良好，所以卖得太早；②持有的亏损头寸继续表现不佳，所以它应该被卖掉；③资本利得税意味着以资本收益卖出盈利头寸时要缴税，但以资本损失卖出亏损头寸时，可能会减少税收。处置效应是通过出售盈利头寸与出售亏损头寸的比例来衡量的。频繁交易通常被认为是过度自信的表现，并给投资者带来交易成本负担。交易水平用投资组合的周转率来衡量，即在此期间为配置新资产而出售的投资组合百分比。研究发现：皮质醇和睾酮都与非理性的金融决策呈正相关关系。

如图5.4所示，在观察处置效应时，皮质醇水平低的投资者实现的收益比损失多6%，而皮质醇水平高的投资者实现的收益比损失多27%。值得注意的是：较高的睾酮水平也会导致较高程度的处置效应；同样，皮质醇水平或睾酮水平低的投资者在每个时间段的投资组合周转率大约都为14%，而睾酮水平高的投资者投资组合周转率为22%，皮质醇水平高的投资者投资组合周转率为24%。这些结果表明，皮质醇和睾酮的高水平与非理性交易和频繁交易相关。

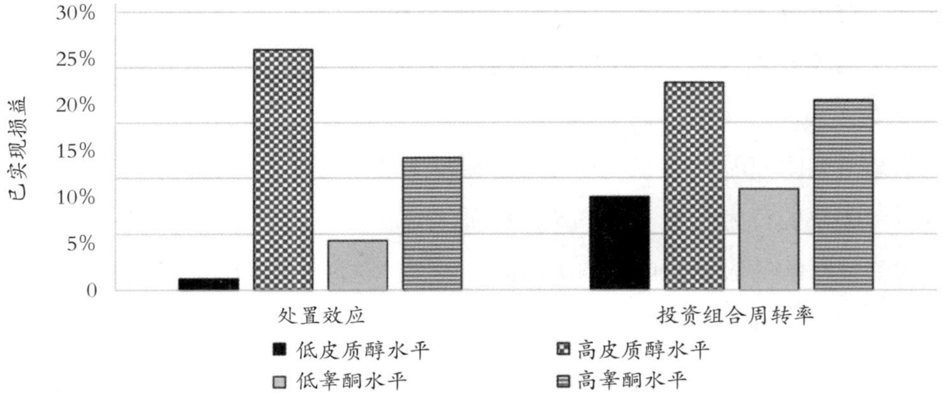

图 5.4　皮质醇水平、睾酮水平和金融模拟交易中的投资偏差

奎瓦（Cueva）及其同事们利用15期的双重拍卖（double auction trading game）研究了睾酮和皮质醇对风险承担和市场不稳定性的影响[17]。复式拍卖意味着一个投资者必须发出一个他愿意为金融资产支付多少钱的“要价”，另一个投资者必须发出一个他愿意以多少钱出售的“出价”。如果买方的要价和卖方的出价相同，那么交易将被执行；如果买方的要价和卖方的出价不匹配，那么就不会产生交易。上述交易的股票可能会产生36美元、24美元、16美元或4美元的股息（概率相同），第15期结束时会产生360美元的收益。该研究的第一个发现是：通过唾液测试测量的循环皮质醇水平与男性频繁的交易活动有关，这些活动造成了股票价格错误和市场不稳定。因此，处于压力下的人，正如他的皮质醇水平所衡量的那样，更有可能开展非理性的交易活动。

在另外两个实验中，奎瓦及其同事们在受试者参与交易实验之前给他们注射激素，以研究激素和投资行为之间的外源关系。

在第一个实验中，受试者被注射皮质醇或安慰剂；在第二个实验中，受试者被注射睾酮或安慰剂。在这些实验中，受试者被给予10英镑的投资资金，然后在后续的80次实验中，每一轮投资，他们都会看到两只股票的图形（图形说明了股票的价格波动和趋势），并被要求决定在每只股票上投资多少。

结果如图5.5所示：被注射皮质醇或睾酮的人与被注射安慰剂的人，选择低波动股票的行为几乎没有差异。然而，与被注射安慰剂的人相比，被注射皮质醇或睾酮的人更有可能购买高波动股票。这两个实验表明，皮质醇和睾酮会导致更高的风险承担水平。

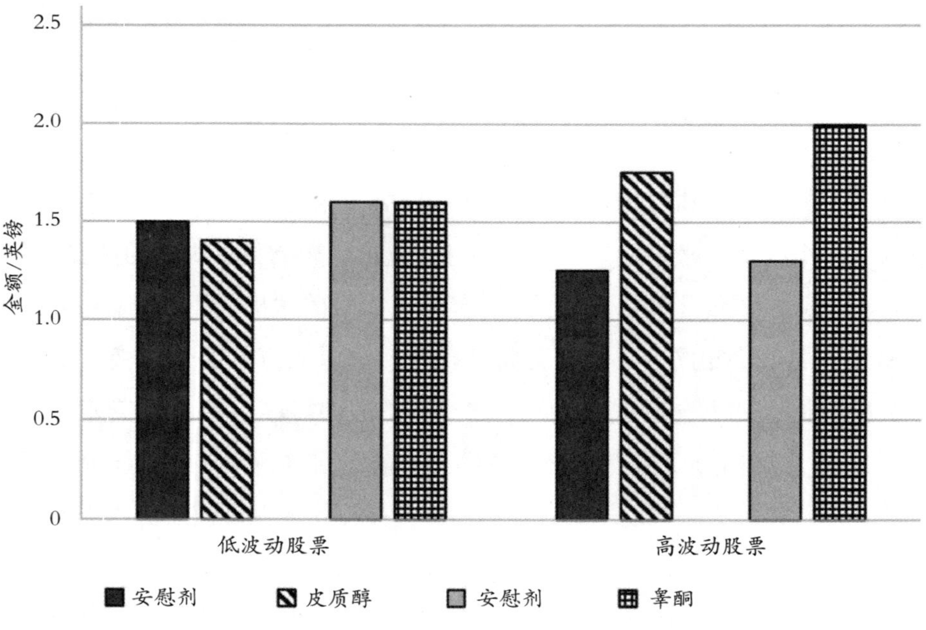

图 5.5　皮质醇和睾酮与双重拍卖交易博弈中的风险承担
——投资于低波动股票或高波动股票的金额

纳德勒（Nadler）及其同事们研究了睾酮对资产定价泡沫的影响，其中一半受试者服用了睾酮凝胶，另一半服用了安慰剂[18]。

这项实验进行了17次复式拍卖，每次有三轮交易期。被拍卖的资产支付18美元或0美元的股息（两者各有50%的概率），股票的预期价值为9美元。

研究发现，睾酮产生了更大和更持久的泡沫（交易价格偏离预期价值）。鉴于目前金融交易仍是由男性主导的，这种性别不对称（男性睾酮水平高）可能会影响市场泡沫（如互联网泡沫、比特币泡沫等）产生的频率和规模。

关于性别差异对交易和市场动态的影响，研究者几乎没有进行过实证研究。博斯（Bose）及其同事们用数学模型从理论上研究了女性交易员比例的增加对市场波动性的影响[19]，研究假设所有交易员的睾酮水平会下降。该模型表明，如果有更多的女性交易员，市场波动性不会降低，但会减少市场崩溃的发生概率，这与纳德勒及其同事们的研究结论是一致的。

睾酮的代理变量

手指长度比例与阳刚之气

由于测度荷尔蒙水平的成本很高，且收集的样本量较小，研究者通过代理变量研究荷尔蒙如何影响经济和金融行为的问题。生物学家发现，胎儿在子宫内暴露于较高水平的睾酮中，会对其身体产生持久和可识别的影响。如果睾酮对身体特征有影响，那么它可能会影响大脑的形成。因此，产前高水平的睾酮可能会影响成年人的决策和风险承担。产前子宫内睾酮水平的常用代理变量是第二根和第四根手指的长度比。产前睾酮水平较高的人，两根手指的长度之间的差异较小。

另一个经常使用的度量方法是面部男性化水平，这也是基于产前睾酮水平，研究者通过测量人们面部的长宽比来衡量其阳刚之气。这个比值的计算方法是用颧骨宽度（左右太阳穴之间的距离）除以上脸高度（上唇和眉毛内端中点之间的距离），比值越高（即颧骨宽度越大，上脸高度越小），意味着脸部越有男子气概，越容易受到产前睾酮水平的影响。

使用这些代理变量的好处是，能够避免激素检测的高成本，进而获得更大的样本量。此外，研究者不需要在实验室环境下，只需要一张受试者的照片，便能获得相应的数据。

睾酮代理变量与经济风险承担

加巴里诺（Garbarino）及其同事们使用手指长度比来对风险承担进行研究[20]。

实验提供了三种选择，对于每一种选择，有如下六种博弈的可能结果：①22美元或22美元；②30美元或18美元；③38美元或14美元；④46美元或10美元；⑤54美元或5美元；⑥60美元或0美元。在第一次实验中，有50%的概率出现第一个结果、50%的概率出现第二个结果。在第二次实验中，有75%的概率出现第一个结果、25%的概率出现第二个结果。在第三次实验中，有25%的概率出现第一个结果、75%的概率出现第二个结果。当结果概率发生变化的时候，研究者以此来观察受试者的选择是否也会发生变化。

研究发现，食指长度与无名指长度比较小的人（产前睾酮较多）倾向于承担更多的风险，产前睾酮的这一衡量标准可以部分解释两性之间金融风险承担的差异。

由于研究表明，睾酮一直与风险承担和进攻性（aggressiveness）有关，奈伊（Nye）及其同事们研究了较高的产前睾酮暴露水平是不是工资差异的决定因素[21]。研究者使用了俄罗斯纵贯监测调查（Russian longitudinal monitoring survey）和人们的食指长度与无名指长度比例来研究此问题（样本量超过4 000人）。他们发现，在控制了年龄、教育和职业等变量后，较小的食指长度与无名指长度比（较高的睾酮暴露水平）与高工资水平相关，这一结果在两性中均成立。

睾酮代理变量与金融决策

科茨及其同事们对交易员的循环睾酮和皮质醇水平进行研究后，又对伦敦证券交易所44名高频金融交易员的食指长度与无名指长度比进行了研究[22]。他们发现，此比例预测了交易员的长期利润。那些暴露在较高水平的产前睾酮下的人始终获得较高的利润，这很可能是承担风险带来的溢价。研究者还发现，暴露于较高水平产前睾酮下的人，其职业寿命也较长，这表明金融市场的员工可能由于其潜在的生物特征而自我选择进入该领域。

卢（Lu）和梯欧（Teo）探究了面部阳刚之气对对冲基金经理业绩的影响[23]。他们研究了1994—2015年近2万名对冲基金经理的业绩。这项工作的重点是风险调整后的回报，这意味着虽然在某些时间段，承担更多的风险可能会带来更高的回报，但大多数投资经理是根据风险调整后的回报（α值）来判断投资机会的。研究者发现，与产前睾酮暴露水平较低的对冲基金经理相比，那些产前睾酮暴露水平较高的对冲基金经理始终表现不佳。图5.6说明投资组合的α值（风险调整后的回报）取决于对冲基金经理的产前睾酮暴露水平。

如图5.6所示，睾酮暴露水平最低的对冲基金经理的α值比睾酮暴露水平最高的对冲基金经理的α值高出近5%。研究者解释说，这种糟糕的表现源于

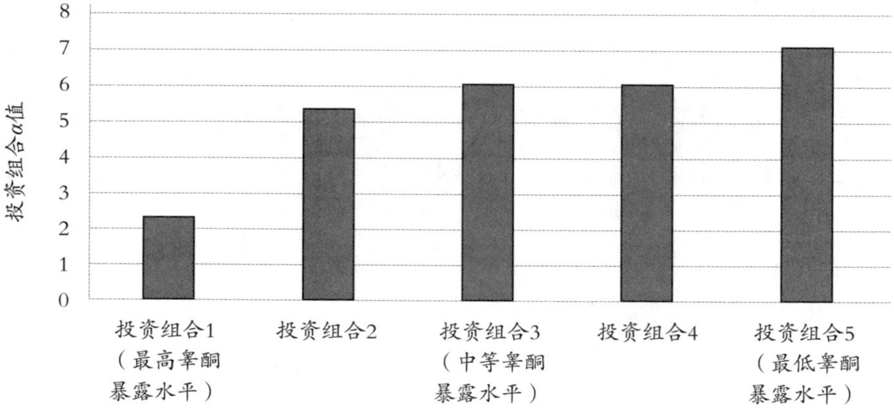

图 5.6　投资组合 α 值与睾酮暴露水平

基金经理对“妖股”①的更大偏好，并具备处置效应（不出售表现不佳的股票）。此外，他们还发现，睾酮暴露水平高的基金经理更有可能终止他们的基金，有更多的违规披露，并承担更多的操作风险。

克朗奎斯特及其同事们在瑞典双胞胎登记处获得与7万对双胞胎相关的投资活动信息，研究了双胞胎睾酮转移假说——生了男双胞胎的母亲比生了女双胞胎的母亲有更多产前睾酮[24]。为了研究产前睾酮的影响，研究者分析了生男双胞胎和生女双胞胎的女性在经济行为上的差异。研究发现，在产前接触到更多睾酮（也就是说生了男双胞胎）的女性承担经济风险的可能性明显更高。例如，她们更有可能参与股票市场，在她们的投资组合中拥有更高份额的股票或共同基金，并且她们拥有波动性更高的投资组合。此外，孕期睾酮水平较高的女性，其投资组合的周转率也较高，而且更倾向于投资“妖股”。

① 股市上通常把那些股价走势奇特、怪异的股票称为“妖股”。它们的走势与大盘或常理相悖，完全不符合基本的规律。“妖股”怪异的走势通常是股市非理性行为或内幕操纵的结果。——译者注

睾酮在公司财务方面的影响也得到了研究。例如，艾哈迈德（Ahmed）及其同事们收集了104家银行的CEO的面部宽度和高度比例，比较了他们的公司从2006年到2014年的风险承担情况[25]。拥有更多男性特征（产前接触更多睾酮）的CEO所在的银行，其股票收益波动更大，特异性风险更高。事实上，研究者发现，CEO的男性化程度越高，公司股票的回报率就会越大。

同样，卡米亚（Kamiya）及其同事们研究了1997—2009年CEO的面部阳刚之气[26]，发现更多的睾酮暴露与以下情况呈正相关关系：

- 股票收益波动率。
- 股票特异性风险。
- 杠杆率。
- 占有欲。
- CEO对股票价格的敏感性。

总的来说，这两项研究表明，面部特征更加阳刚的CEO往往在其职业生涯中表现出更多的风险承担。

贾（Jia）及其同事们研究了1996—2010年1 136名男性CEO的面部阳刚之气与财务谎报之间的关系[27]。他们发现，面部宽度与高度之比更高的CEO（更多地接触睾酮）更有可能出现财务谎报，面部男性化程度高于平均水平的CEO在会计报表上出现谎报的可能性要高98%。

睾酮代理变量的有效性

产前睾酮代理变量不一定能完美替代目前的循环激素水平，因为它们是在一个人出生前确定的。认知性反思测试（CRT）是一份问卷，旨在测量一个人思考答案的用心程度（而不是凭直觉快速回答）。这项测试的三个问题是：

1. 一根球棒和一个球共花费1.10美元，球棒比球多花了1美元。球的价格是多少？（答案：5美分）

2. 如果5台机器需要5分钟来制作5个小部件，那么100台机器需要多长时间来制作100个小部件？（答案：5分钟）

3. 在一个湖里，有一片荷花。每天，这片荷花的叶面积都会增加1倍。如果需要48天才能覆盖整个湖面，那么需要多长时间能覆盖一半的湖面？（答案：47天）

对于上述问题，人们很容易给出10美分、100分钟和24天的错误答案。给出更多正确答案的，表明具有分析性的思维方式；而给出更少正确答案的，则表明具有直觉性的思维方式（见第十一章）。

纳韦（Nave）及其同事们和博世（Bosch-Domènech）及其同事们都研究了睾酮对认知性反思测试的影响。纳韦及其同事们对243名男性受试者进行研究[28]：一半的人服用了睾酮激素药膏，其他人则服用了安慰剂。研究发现，那些被注射了外源性睾酮的人回答问题的正确率较低。相反，博世及其同事们发现，食指长度与无名指长度之比与认知性反思测试的正确率呈正相关关系[29]。然而，认知性反思测试并不是一项风险承担或投资导向的调查，使用该测试依旧要明晰其实际意义。

本章小结

激素通过改变神经元在整个大脑中发送和接收信号的方式直接影响大脑的化学构成。研究一致发现，睾酮水平与经济和金融决策中的风险承担呈正相关关系；相反，皮质醇与风险规避有关。然而，睾酮和皮质醇的水平较高似乎都与非理性的金融决策有关，如实施处置效应、频繁交易、制造市场泡沫和随后的市场崩溃。此外，使用睾酮的代理变量进行研究，发现具有更多男性特征的人具有较低的投资组合风险调整收益、较高的公司杠杆率和较低的财务报表质量。

思考题

1. 为什么睾酮被称为男性荷尔蒙，而皮质醇被称为压力荷尔蒙？这些荷尔蒙如何影响决策？
2. 睾酮和皮质醇与风险规避有什么关系？
3. 睾酮和皮质醇对非理性的金融行为有什么作用？
4. 睾酮的代理变量研究对风险规避有什么启示？

注释

[1] Thomas Oberlechner, Ashok Nimgade. Work stress and performance among financial traders. Stress and Health: Journal of the International Society for the Investigation of Stress, 2005, 21(5): 285-293.

[2] Uri Gneezy, Jan Potters. An experiment on risk taking and evaluation periods. The Quarterly Journal of Economics, 1997, 112(2): 631-645.

[3] Coren L. Apicella, Anna Dreber, Benjamin Campbell, et al. Testosterone and financial risk preferences. Evolution and Human Behavior, 2008, 29(6): 384-390.

[4] Steven J. Stanton, Scott H. Liening, Oliver C. Schultheiss. Testosterone is positively associated with risk taking in the Iowa Gambling Task. Hormones and Behavior, 2011, 59 (2) : 252-256.

[5] Steven J. Stanton, O' Dhaniel A. Mullette-Gillman, R. Edward McLaurin, et al. Low-and high-testosterone individuals exhibit decreased aversion to economic risk. Psychological Science, 2011, 22 (4) : 447-453.

[6] Francis J. Greene, Liang Han, Sean Martin, et al. Testosterone is associated with self-employment among Australian men. Economics & Human Biology, 2014, 13: 76-84.

[7] Jack van Honk, Dennis J.L.G. Schutter, Erno J. Hermans, et al. Low cortisol levels and the balance between punishment sensitivity and reward dependency. Neuroreport, 2003, 14 (15) : 1993-1996.

[8] Narayanan Kandasamy, Ben Hardy, Lionel Page, et al. Cortisol shifts financial risk preferences. Proceedings of the National Academy of Sciences, 2014, 111 (9) : 3608-3613.

[9] David Terburg, Barak Morgan, Jack van Honk. The testosterone-cortisol ratio: A hormonal marker for proneness to social aggression. International Journal of Law and Psychiatry, 2009, 32: 216-223.

[10] Pranjal Mehta, Robert A. Josephs. Testosterone and cortisol jointly regulate dominance: Evidence for a dual-hormone hypothesis. Hormones and Behavior, 2010, 58: 898-906.

[11] Erno J. Hermans, Nick F. Ramsey, Jack van Honk. Exogenous testosterone enhances responsiveness to social threat in the neural circuitry of social aggression in humans. Biological Psychiatry, 2008, 63: 263-270.

[12] Efrat Barel, Shosh Shahrabani, Orna Tzischinsky. Sex hormone/cortisol ratios differentially modulate risk-taking in men and women. Evolutionary Psychology, 2017, 15 (1) : 1-10.

[13] Pranjal H. Mehta, Keith M. Welker, Samuele Zilioli, et al. Testosterone and cortisol jointly modulate risk-taking. Psychoneuroendocrinology, 2015, 56: 88-99.

[14] John M. Coates, Jessica Kate Herbert. Endogenous steroids and financial risk-taking on a London trading floor. Proceedings of the National Academy of Sciences, 2008, 105: 6167-6172.

[15] John R. Nofsinger, Fernando M. Patterson, Corey A. Shank. Decisionmaking, financial risk aversion, and behavioral biases: The role of testosterone and stress. Economics & Human Biology, 2018, 29: 1-16.

[16] John R. Nofsinger, Fernando M. Patterson, Corey A. Shank. The Physiology of Investment Biases. Working Paper, University of Alaska, Anchorage, 2019.

[17] Carlos Cueva, R. Edward Roberts, Tom Spencer, et al. Cortisol and testosterone increase financial risk taking and may destabilize markets. Scientific Reports, 2015, 5 (11206) : 1-16.

[18] Amos Nadler, Peiran Jiao, Cameron J. Johnson, et al. The bull of Wall Street: experimental analysis of testosterone and asset trading. Management Science, 2018, 64 (9) : 4032 - 4051.

[19] Subir Bose, Daniel Ladley, Xin. The role of hormones in financial markets. Working Paper, University of Leicester, 2016.

[20] Ellen Garbarino, Robert Slonim, Justin Sydnor. Digit ratios (2D:4D) as predictors of risky decision making for both sexes. Journal of Risk and Uncertainty, 2011, 42 (1) : 1-26.

[21] John V. Nye, Maksym Bryukhanov, Ekaterina Kochergina, et al. The effects of prenatal testosterone on wages: Evidence from Russia. Economics & Human Biology, 2017, 24: 43 - 60.

[22] John M. Coates, Mark Gurnell, Also Rustichini. Second-to-fourth digit ratio predicts success among high-frequency financial traders. Proceedings of the National Academy of Sciences, pnas-0810907106, 2009.

[23] Yan Lu, Melvyn Teo. Do alpha males deliver alpha? Facial structure and hedge funds. Working Paper, Singapore Management University, 2019.

[24] Henrik Cronqvist, Alessandro Previtero, Stephan Siegel, et al. The fetal origins hypothesis in finance: prenatal environment, the gender gap, and investor behavior. The Review of Financial Studies, 2015, 29 (3) : 739 - 786.

[25] Shaker Ahmed, Jukka Sihvonen, Sami Vähämaa. CEO facial masculinity and bank risk-taking. Personality and Individual Differences, 2019, 138: 133 - 139.

[26] Shinichi Kamiya, Y. Han Kim, Jungwon Suh. The face of risk: CEO testosterone and risk taking behavior. Working Paper, Nanyang Technological University, Singapore. [2016-11-20]http://papers.ssrn.com/ sol3/ papers.cfm.

[27] Yuping Jia, Laurence van Lent, Yachang Zeng. Masculinity, testosterone, and financial misreporting. Journal of Accounting Research, 2014, 52 (5) : 1195 - 1246.

[28] Gideon Nave, Amos Nadler, David Zava, et al. Single-dose testosterone administration impairs cognitive reflection in men. Psychological Science, 2017, 28 (10) : 1398 - 1407.

[29] Antoni Bosch-Domènech, Pablo Brañas-Garza, Antonio M. Espín. Can exposure to prenatal sex hormones (2D:4D) predict cognitive reflection? . Psychoneuroendocrinology, 2014, 43: 1 - 10.

第六章

睡眠、咖啡与投资

人们一生中大约有1/3的时间都在睡觉，睡眠是促进良好决策的一个重要方面。睡眠剥夺（sleep deprivation）是最严重的睡眠损失形式，也是发病的主要来源，能增加高血压、糖尿病、肥胖、心脏病和中风的风险。此外，睡眠不足还会导致决策失误（如车祸和医疗事故）。更引人注目的是，睡眠不足与切尔诺贝利核事故以及“挑战者”号航天飞机爆炸也存在着关联[1]。

睡眠对健康的好处表现在许多方面。罗达尔（Rodahl）认为，睡眠是应对压力的最佳方式之一[2]。田中（Tanaka）及其同事们发现，睡眠质量较好的人疾病较少，健康状况更佳[3]。卡普乔（Cappuccio）及其同事们发现，每晚睡眠时间少于6小时或超过9小时的人有更高的寿命缩短的风险[4]。睡眠有助于大脑的自我愈合和再生，在睡眠期间，大脑会清除白天神经活动产生的毒素，缺乏睡眠则会抑制这一过程。

贝莱西（Bellesi）及其同事们发现，长期睡眠不足导致星形胶质细胞（调节通过中枢神经系统的血液流向神经元以获得营养的细胞）消耗部分突触，大脑因此会发生自我损耗[5]。

睡眠生理学

睡眠启动了大脑中的许多愈合过程，睡眠不足会抑制这些过程，并对身体产生严重的不良后果。糟糕的睡眠导致大脑某些区域的活跃程度低于正常水平，其他部分则可能被过度激活而过于活跃。你是否曾经感觉到在度过一个睡眠质量极低的夜晚之后无法正常思考？这是因为睡眠不足导致大脑中负责复杂认知行为的部分（前额皮质和丘脑）未被完全激活从而神经功能下降[6]。睡眠不足导致认知反应速度普遍减慢、行为的变异性增加，特别是产生警觉性和注意力的异常。另外，研究者利用大脑成像设备发现，睡眠不足会导致奖励系统（伏隔核）被过度激活，抑制大脑调节情绪区域（岛状皮层）的活跃程度，影响大脑对涉及风险和不确定性的问题做出非理性决策[7]。

最严重的睡眠损失被称为睡眠剥夺，它会对大脑造成最具实质性的影响。比如，睡眠剥夺导致大脑中处理情绪的部分（杏仁核）的激活程度提高约60%，并与大脑中调节决策和检索远程长期记忆的部分（内侧前额叶皮层）失去功能联系，大脑的不同部分无法相互交流[8]。同样，尼尔（Nir）及其同事们发现，在睡眠不足的情况下，大脑的某些部分与内侧颞叶无法沟通，导致行为反应缓慢（神经失调）[9]。

其实，比睡眠剥夺更温和的睡眠损失同样会导致认知功能下降。邓肯（Dongen）及其同事们发现，就算只减少几小时的睡眠（如每晚只睡6小时，持续两周）就能产生类似于完全剥夺睡眠48小时的认知反应[10]。邦尼特（Bonnet）和阿兰德（Arand）发现，睡眠减少（比平时睡得少）和睡眠碎片化（睡觉和醒来的时间间隔短）会产生与睡眠剥夺相似的认知缺陷[11]。另外，雷普柔特（Leproult）及其同事们发现，睡眠不足会导致皮质醇水平（压力荷尔蒙）升高，正如我们在第五章中所阐述的——这会对经济决策产生影响[12]。

此外，在深度睡眠（也称慢波睡眠）期间，睡眠有助于将新信息巩固到记忆中；在快速眼动（REM）睡眠期间，毒素会被清除。慢波睡眠（slow-wave sleep）有时被称为依赖睡眠的记忆处理。不幸的是，衰老与深层慢波睡眠时间减少有关，并可能影响老年人的记忆处理。快波睡眠增加了大脑的可塑性，为突触巩固大脑中的记忆提供了更有利的条件[13]。睡眠还能为大脑排毒，当你睡觉时，你的脑细胞之间的空间扩大了大约60%，这可以清除白天清醒时积累在大脑中的毒素[14]。

睡眠与经济风险承担

睡眠不足如何影响涉及经济风险的决策？鉴于睡眠对神经系统的益处，睡眠应该是促进金融决策理性的重要因素。我们研究考察了睡眠对涉及经济风险或不确定性的各种决策的影响。为了测度受试者的睡眠，要求受试者填写匹兹堡睡眠质量指数（Pittsburgh sleep quality index，PSQI）①。该指数被认为是考察睡眠的最佳调查方法之一，它会产生一个总的指数——该总指数由睡眠时间、睡眠干扰、睡眠延迟、日间功能障碍、睡眠效率、睡眠质量自我评估和睡眠药物等变量组成。

为了评估风险偏好水平，我们使用了偏好动态测试（dynamic experiments for estimating preferences survey）对与风险和时间相关的偏好进行测度，其中的风险决策问题是："你更喜欢博弈A——有50%的机会赢得100美元、50%的机会失去15美元，还是博弈B——有90%的机会赢得40美元、10%的机会赢得

① 匹兹堡睡眠质量指数是美国匹兹堡大学精神科医生Buysse博士等人于1989年编制的。该量表适用于评估睡眠障碍患者、精神障碍患者的睡眠质量，同时也适用于一般人睡眠质量的评估。——译者注

10美元？”在这个例子中，博弈A的期望值要高得多，为42.5美元［0.5×100美元+0.5×（−15）美元］；博弈B的期望值只有37美元（0.9×40美元+0.1×10美元）。但是博弈A有输钱的风险，因此，这个问题的实质其实是：你是否愿意放弃5.5美元期望收益来保证你不输钱。上述一系列问题评估了人的风险和损失厌恶程度。该实验还用类似于“你愿意今天收到250美元还是一个月后收到300美元”等问题来评估人们的时间偏好。研究发现，整体睡眠质量指数较低的人更有可能扭曲概率，从而变得冲动；也就是说，他们偏向于更早地拿走较少数量的钱，而没有耐心等待以后更大的收益（不会为未来投资）。研究发现，睡眠不好会导致非理性财务决策[15]，由此得出几个重要的结论：

- 睡眠是风险评估和时间偏好决策中的一个重要因素。
- 人们在睡眠质量差、睡眠障碍多的情况下，会增加经济风险的承担。
- 在时间偏好决策方面，睡眠不佳对女性的影响比对男性的影响更大。

麦肯纳（McKenna）及其同事们用一组被剥夺了睡眠的受试者和一组睡眠正常的对照受试者进行了一项关于睡眠质量和金融风险决策的实验[16]。研究者让受试者参加了一个博弈任务，以评估他们的风险偏好和模糊性偏好。在评估风险偏好时，受试者被要求在一系列博弈中进行选择，例如：

A. 有67%的机会赢得20美元、33%的机会赢得0美元；

B. 有33%的机会赢得40美元、67%的机会赢得0美元。

为了评估模糊性偏好，设计选项：

A. 随机支付20美元或0美元；

B. 有33%的机会赢得40美元、67%的机会赢得0美元。

研究发现，被完全剥夺睡眠23小时的人在涉及收益的博弈时更愿意承担风险，但在涉及损失的博弈时倾向于承担较少的风险。这表明睡眠剥夺导致人们厌恶损失，这与前景理论是一致的。在模糊性偏好方面，睡眠剥夺并没有产生显著影响。

基尔戈尔（Killgore）研究了睡眠剥夺对经济风险承担的影响。受试者经历了23小时的睡眠剥夺[17]，然后参加了气球模拟风险任务（详细规则见第四章）。受试者在接受睡眠剥夺之前进行了气球模拟风险任务测试，并在睡眠剥夺之后再次进行测试，以此作为基准。基尔戈尔发现，受试者在睡眠剥夺后承担的风险较少，这表明睡眠剥夺会导致人们愿意承担的风险变少。风险收益比的计算方法为：

风险收益比=（爆裂气球数量/气球总数量）÷（总收益/可能收益）

较高的比率表明受试者为了较低的经济利益而承担了较大的风险。与基准相比（风险/收益为0.76/0.60），睡眠不足的人所承担的风险要少21%。

睡眠、经济风险承担与大脑激活

第四章展示了经济决策过程中神经活动的重要性。鉴于睡眠和神经功能之间的重要联系，研究睡眠剥夺后在经济决策时的大脑激活情况显得非常有必要。

文卡特拉曼（Venkatraman）及其同事们让睡眠不足的受试者进行经济博弈，博弈设定时的一些偏差可以使大脑不同部分被分别激活，同时用功能性磁共振成像对他们的大脑进行成像[18]。研究者允许受试者通过自行增加资金来改善结果（使潜在收益更高或使潜在损失更小）。在对一系列博弈做出选择后（决策阶段），受试者能够得知博弈的结果（结果阶段）。该实验使研究者能够研究睡眠剥夺如何在收益和损失框架内影响风险决策，帮助研究者探寻大脑内部认知行为的潜在来源。

睡眠不足容易导致决策阶段的策略改变。在上述实验中，睡眠充足的受试者试图将最糟糕损失的影响降到最低，如增加资金以降低其损失幅度；睡眠不足会促使人们减少对损失的关注，而更多地关注收益，转而采取增加资金的策略以提高最佳收益的幅度。这种经济偏好的变化与决策过程中外侧前额叶皮层激活的增加以及前丘脑激活的减少有关——风险决策的处理与外侧前额叶皮层有关（在调节情绪反应方面起作用）。由于睡眠剥夺在决策阶段引起了外侧前额叶皮层激活的增加，并且与对最高收益的关注增加有关，文卡特拉曼认为，外侧前额叶皮层激活的增加预示着对大额收益的偏见。在涉及损失的博弈决策中，睡眠不足与右侧前岛叶的激活减少和背内侧前额叶皮层的激活减少有关。这些大脑区域的激活被认为与情绪意识有关，特别是那些负面情绪。该研究发现，在休息良好的受试者中，前岛叶的激活与尽量减少损失的选择之间呈正相关关系；然而在睡眠剥夺后，右侧前岛叶的激活减少与对损失最小化选择的偏好下降有关。

考虑到对损失最小化关注的减少和对收益最大化关注的增加，睡眠剥夺似乎产生了一种乐观主义偏见。受试者的行为展现出，他们认为积极的结果更有可能而不利的结果更不可能，其后果是，无论是追求高风险高收益的赌徒还是交易所的交易员都会受到乐观主义偏见的困扰，并被过度激励去寻求回报，同时在睡眠不足的情况下对持续性损失变得不敏感。

睡眠与金融决策

全国范围分析

在夏令时刚开始的第一天疲惫地醒来是很常见的现象。如果失去1小时的睡眠让你感到恼火，不要难过，你并非个例。肯多罗斯（Kountouris）和雷蒙多（Remoundou）发现，这种缺乏1小时睡眠的情况使人们的生活满意度降低和情绪低落[19]。

这一天的全国性暴躁会影响金融决策吗？夏令时产生的缺觉现象是否扰乱了金融市场？为了研究夏令时实施的影响，坎斯壮（Kamstra）及其同事们研究了美国、英国和加拿大在夏令时开启后的股票市场回报情况[20]。研究者发现，夏令时在开启后的几天内对股票回报造成了明显的负面影响，这种影响所造成的隐含损失使纽约证券交易所和纳斯达克证券交易所的总市值合计损失了大约310亿美元，这表明睡眠不足会对整个股票市场造成重大的连锁反应。

然而，由于在上述关于夏令时的研究开展前后，发生了两次全球经济危机，其结果可能不那么令人信服[21]。在另一项研究中，格雷戈里–艾伦（Gregory–Allen）及其同事们研究了21个股票市场（澳大利亚、奥地利、比利时、加拿大、丹麦、芬兰、法国、德国、希腊、爱尔兰、意大利、卢森堡、荷兰、新西兰、葡萄牙、西班牙、瑞典、瑞士、英国、美国和中国香港）夏令时实施前后的股票回报。研究者发现，夏令时变化后的周一和其他周一的股票回报率没有差异[22]。

蔡（Cai）及其同事们用一个新颖的想法找到了投资者可能会感到疲倦的时间区间，并研究了这一时间内的股票收益[23]。投资者所在国的国家足球队在世界杯比赛时，投资者很可能熬夜（午夜之后和凌晨4点之前）从而导致失眠。此外，比赛发生在该国交易时间段内也会对投资者产生干扰。研究者发现，失眠和分心都导致该国证券交易所的股票收益率降低。事实上，在那些因足球运动而特别出名的国家，如阿根廷、巴西、英国、法国、德国和日本，这种影响最为显著，因为这些国家的投资者最有可能关注他们国家在世界杯上的表现。

个人集中分析

迪金森（Dickinson）及其同事们在两个国家使用了一个在线实验来研究困倦对股票收益的影响[24]。

实验历时2小时，要求受试者在一天中的确切时间段内上网，时间为当地时间中午12点、下午4点、晚上8点、午夜12点、凌晨4点和上午8点。受试者来自美国和新西兰，两地相隔16个时区。受试者被分配50美元现金和6股实验性股票，通过相互交易参与内部股票交易。受试者参加了低回报组实验或高回报组实验。在低回报组实验中，受试者从所持现金中获得10%的利息，从所持股票中获得每股0.4美元或1.0美元的股息。在高回报组实验中，受试者从持有的现金中获得20%的利息，并从股票中获得每股1.1美元或1.7美元的股息。在每种实验中，股票的预期价值（股息的平均值除以利率）均为7美元：低回报组实验的结果是7美元［（0.4美元+1.0美元）÷2÷0.1］，高回报组实验的结果也是7美元［（1.1美元+1.7美元）÷2÷0.2］。然而，股票的买卖需求经常导致价格大幅偏离7美元的数值。交易游戏进行了30轮，低回报组实验和高回报组实验各15轮。

有8组交易者位于同一个时区（被称为“本地市场”），另外12组交易者来自两个时区，相隔16小时（被称为“全球市场”）。本地市场交易中，全部受试者在一天中的标准时间交易或全部在夜间进行交易，研究者还用受试者困意调查问题来对此处的时间维度进行补充。全球市场的受试者既有在白天交易的，也有在晚上交易的。该研究考察了几个交易结果：股票价格偏离7美元股票价值的发生率、所持投资组合的风险性、买入和卖出价格与当前价格之间的差异，以及交易员的收益。他们得出以下结论：

- 对全球市场来说，价格泡沫更为明显，持续时间也更长，这些市场的受试者都很疲惫，但很警觉。
- 与警觉的受试者相比，昏昏欲睡的受试者持有更多的风险资产，并且在交易后期仍然持有，当股票卖价超过7美元时，其风险更大。
- 疲惫的受试者表现出一种价格极端主义，他们提供的买入和卖出价格与以当前价格交易的偏差较大。
- 在疲惫的受试者与警觉的受试者的投资收益方面，没有发现差异。

睡眠不足、提神物和风险承担

当大多数人疲惫地醒来时，他们通常会伸手去拿咖啡或茶，这可能解释了为什么咖啡因是世界上消费最多的药物。被人们用来保持兴奋的其他药物还包括右苯丙胺①和莫达非尼②等。右苯丙胺是一种处方药，经常被用于治疗注意力缺陷、多动症（ADHD）和嗜睡症，也被军队用来给士兵服用，以防止夜间执行任务时疲劳。莫达非尼经常被用于治疗嗜睡症、轮班工作睡眠障碍或阻塞性睡眠呼吸暂停③。服用这些提神物会让你更警觉，但它们是否有助于克服睡眠不佳对神经系统造成的损害，从而使你做出更好的决策呢？

为了研究提神物的影响，基尔戈尔及其同事们让受试者经历了44小时的连续清醒状态，然后摄入咖啡因、右苯丙胺、莫达非尼或安慰剂[25]。研究者发现，在睡眠剥夺后，受试者的风险承担水平比他们的基准风险承担水平有

①② 右苯丙胺和莫达非尼具有很强的副作用，易成瘾和产生精神依赖，在我国属于第一类精神药物，被严格管制，不可私自购买。——译者注

③ 阻塞性睡眠呼吸暂停，一般在成人每晚7小时的睡眠期间发作次数达30次以上，每次发作时，口、鼻气流停止流通达10秒或更长时间，并伴有血氧饱和度下降等。——译者注

所下降。那些摄入右苯丙胺的人是个例外。如图6.1所示，与基准水平相比，服用安慰剂的人承担的风险减少了约30%，而服用右苯丙胺的人承担的风险增加了近10%。其他提神物提供了与基准水平相比的负面变化（虽然不像安慰剂组那样严重）。这些结果表明，咖啡因有一定的能力来恢复评估风险的认知过程。作为一种处方药，右苯丙胺可能对那些不希望自己的睡眠模式影响其金融决策的人有效。

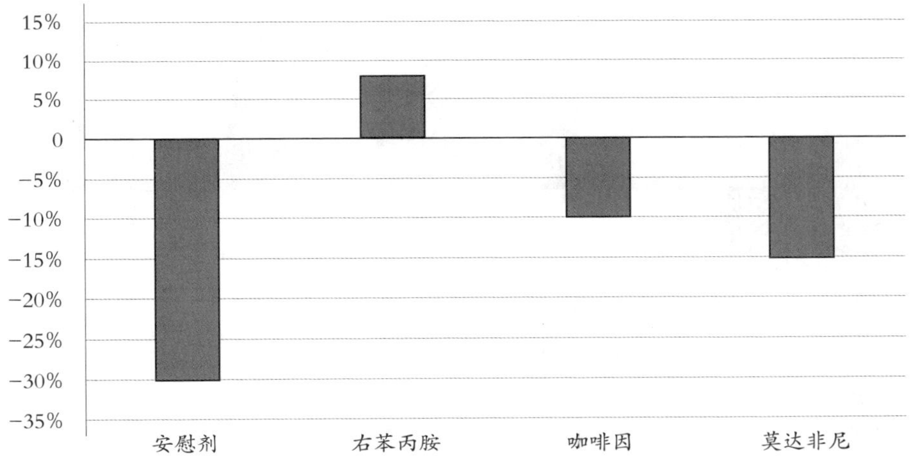

图 6.1　睡眠剥夺、提神物和气球模拟风险任务——风险承担的变化

基尔戈尔及其同事们还做了一个类似的实验[26]。

先让受试者经历44小时的睡眠剥夺，然后服用咖啡因、右苯丙胺、莫达非尼或安慰剂。随后，受试者被要求执行爱荷华博弈任务。在这项任务中，受试者必须从四张牌（A、B、C和D）中选择一张牌，每张牌都会使他们要么赢钱要么输钱。A和B有50%的概率赢得100美元、50%的概率失去250美元，C和D有50%的概率赢得50美元、50%的概率失去50美元。受试者没有被告知这一分布。这项任务测试受试者是否有相应的神经过程来意识到A和B是不利的，从而避免从这些牌中选择。他们越早意识到这一点，对他们越有利。

与使用气球模拟风险任务的结果相反，研究者发现，在爱荷华博弈任务中，提神物没能改善受试者躲避不利选择的能力。图6.2（a）显示了好牌减去坏牌的选择，从中可以看出，随着时间的推移，受试者能更好地意识到好牌和坏牌；然而，睡眠不足的小组确实更难区分牌组。从提神物的影响来看，如图6.2（b）所示，随着时间的推移，服用不同提神物或安慰剂的受试者从好

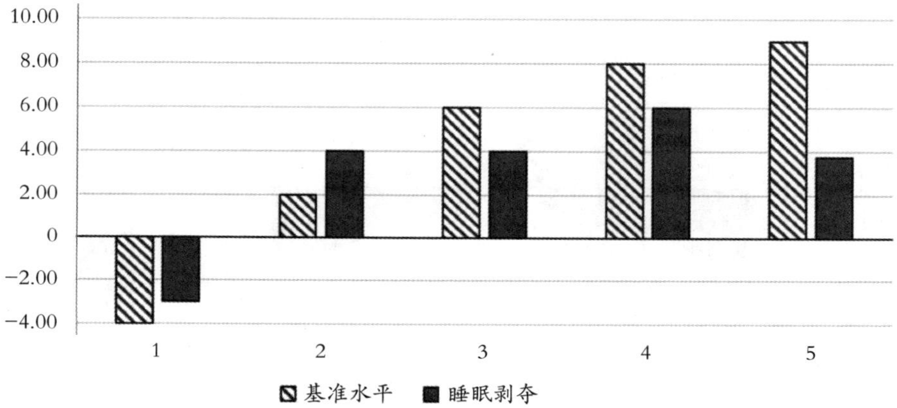

（a）

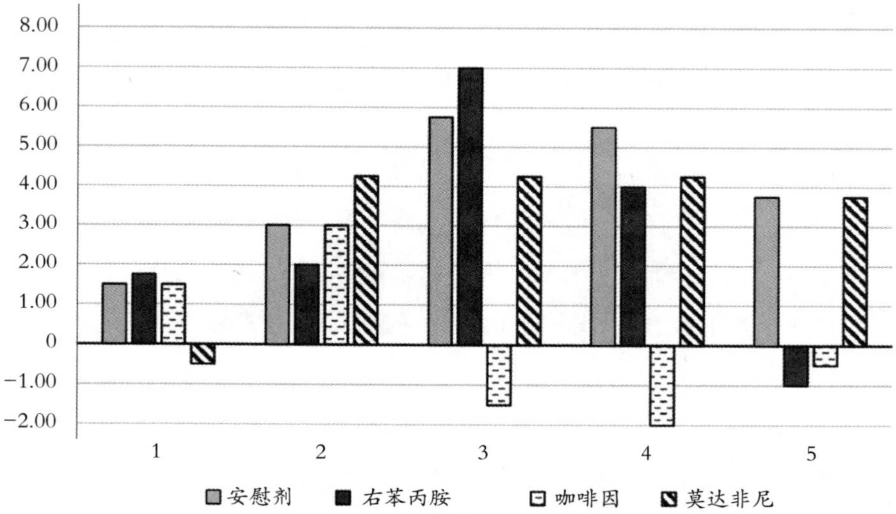

（b）

图 6.2　睡眠剥夺、提神物和爱荷华博弈任务

牌组而不是坏牌组中选择了更多的牌，这表明安慰剂和提神物对认知没有明显的影响。

大多数关于睡眠和金融决策的研究让受试者保持清醒进行实验，很少研究睡眠损失的数量所产生的影响。在这种情况下，基尔戈尔及其同事们研究了睡眠不足导致的决策受损在多大程度上因困倦增加而加剧，以及咖啡因如何逆转这种影响[27]。

受试者在实验前完成了爱荷华博弈任务，以确定一个基准。他们在睡眠剥夺51小时后重新执行爱荷华博弈任务，在睡眠剥夺75小时后再次执行爱荷华博弈任务。此外，12名受试者每晚每隔2小时接受一剂咖啡因。

研究发现，在经历睡眠剥夺之前，受试者很快就能学会避免选择不利的牌；睡眠剥夺后，同样的受试者更频繁地从不利的牌中抽牌。因此，睡眠不足影响了他们的认知过程。

研究还发现，从睡眠剥夺51小时到睡眠剥夺75小时，受试者的决策受损严重程度并没有增加。认知能力的退化是随着睡眠不足发生的，但不一定随着睡眠不足的程度而变化。更重要的是，咖啡因对改善决策没有重大影响。

本章小结

缺乏睡眠或睡眠质量差会通过减少神经激活和抑制神经活跃度直接影响大脑的神经功能。总而言之，睡眠不足或缺乏高质量睡眠的人既厌恶风险又厌恶损失，正如使用爱荷华博弈任务的研究所显示的那样，人们因此做出更多非理性的金融决策。此外，咖啡因等提神物似乎并不能扭转睡眠不足的影响，尽管它已被证明在某些情况下可以略微改善认知能力。因此，咖啡因等提神物似乎不是金融专业人士缓解疲惫的良药，特别要注意其潜在副作用。

思考题

1. 超过24小时不睡觉或持续少于6小时的睡眠对身体有什么影响?
2. 睡眠不佳如何影响风险承担?
3. 研究者研究睡眠对股票市场的总体影响用了哪两种方式?
4. 咖啡因等提神物如何影响金融决策?

注释

[1] Merrill M. Mitler, Mary A. Carskadon, Charles A. Czeisler, et al. Catastrophes, sleep, and public policy: Consensus report. Sleep, 1988, 11(1): 100-109.

[2] K. Rodahl. Occupational health conditions in extreme environments. Annals of Occupational Hygiene, 2003, 47(3): 241-252.

[3] Hideki Tanaka, Kazuhiko Taira, Masashi Arakawa, et al. An examination of sleep health, lifestyle and mental health in junior high school students. Psychiatry and Clinical Neurosciences, 2002, 56(3): 235-236.

[4] Francesco P. Cappuccio, Lanfranco D' Elia, Pasquale Strazzullo, et al. Sleep duration and all-cause mortality: A systematic review and meta-analysis of prospective studies. Sleep, 2010, 33(5): 585-592.

[5] Michele Bellesi, Luisa de Vivo, Mattia Chini, et al. Sleep loss promotes astrocytic phagocytosis and microglial activation in mouse cerebral cortex. Journal of Neuroscience, 2017, 37(21): 5263-5273.

[6] Sean P.A. Drummond, Gregory G. Brown, John L. Stricker, et al. Sleep deprivation-induced reduction in cortical functional response to serial subtraction. Neuroreport, 1999, 10(18): 3745-3748; Maria L. Thomas, Helen C. Sing, Gregory Belenky, et al. Neural basis of alertness and cognitive performance impairments during sleepiness. I. Effects of 24h of sleep deprivation on waking human regional brain activity. Journal of Sleep Research, 2000, 9(4): 335-352; Jim Horne. Working throughout the night: Beyond "sleepiness"—impairments to critical decision making. Neuroscience & Biobehavioral Reviews, 2012, 36(10): 2226-2231.

[7] Vinod Venkatraman, Y.M. Lisa Chuah, Scott A. Huettel, et al. Sleep deprivation elevates expectation of gains and attenuates response to losses following risky decisions. Sleep, 2007, 30(5): 603-609.

[8] Seung-Schik Yoo, Ninad Gujar, Peter Hu, et al. The human emotional brain without sleep: A prefrontal

amygdala disconnect. Current Biology, 2007, 17(20): R877-R878.

[9] Yuval Nir, Thomas Andrillon, Amit Marmelshtein, et al. Selective neuronal lapses precede human cognitive lapses following sleep deprivation. Nature Medicine, 2017, 23(12): 1474-1480.

[10] Hans P. A. Van Dongen, Greg Maislin, Janet M. Mullington, et al. The cumulative cost of additional wakefulness: Dose–response effects on neurobehavioral functions and sleep physiology from chronic sleep restriction and total sleep deprivation. Sleep, 2003, 26(2): 117-126.

[11] Michael H. Bonnet, Donna L. Arand. Clinical effects of sleep fragmentation versus sleep deprivation. Sleep Medicine Reviews, 2003, 7(4): 297-310.

[12] Rachel Leproult, Georges Copinschi, Orfeu Buxton, et al. Sleep loss results in an elevation of cortisol levels the next evening. Sleep, 1997, 20(10): 865-870.

[13] Susanne Diekelmann, Jan Born. The memory function of sleep. Nature Reviews Neuroscience, 2010, 11(2): 114-126.

[14] Lulu Xie, Hongyi Kang, Qiwu Xu, et al. Sleep drives metabolite clearance from the adult brain. Science, 2013, 342(6156): 373-377.

[15] John R. Nofsinger, Corey A. Shank. DEEP sleep: The impact of sleep on financial risk taking. Review of Financial Economics, 2019, 37(1): 92-105.

[16] Benjamin S. McKenna, David L. Dickinson, Henry J. Orff, et al. The effects of one night of sleep deprivation on known-risk and ambiguous-risk decisions. Journal of Sleep Research, 2007, 16(3): 245-252.

[17] William D. S. Killgore. Effects of sleep deprivation and morningness–eveningness traits on risk–taking. Psychological Reports, 2007, 100(2): 613-626.

[18] Vinod Venkatraman, Scott A. Huettel, Lisa Y.M. Chuah, et al. Sleep deprivation biases the neural mechanisms underlying economic preferences. Journal of Neuroscience, 2011, 31(10): 3712-3718.

[19] Yiannis Kountouris, Kyriaki Remoundou. About time: Daylight saving time transition and individual well–being. Economics Letters, 2014, 122(1): 100-103.

[20] Mark J. Kamstra, Lisa A. Kramer, Maurice D. Levi. Losing sleep at the market: The daylight saving anomaly. American Economic Review, 2000, 90(4): 1005-1011.

[21] J. Michael Pinegar. Losing sleep at the market: The daylight saving anomaly: Comment. American Economic Review, 2002, 92(4): 1251-1256; Mark J. Kamstra, Lisa A. Kramer, Maurice D. Levi. Losing sleep at

the market: The daylight saving anomaly: A reply. American Economic Review, 2002, 92 (4) : 1257-1263.

[22] R. Gregory-Allen, B. Jacobsen, W. Marquering. The daylight saving time anomaly in stock returns: Fact or fiction? . Journal of Financial Research, 2010, 33 (4) : 403-427.

[23] Jinghan Cai, Manyi Fan, Chiu Yu Ko, et al. Physiology, Psychology, and stock market performance: Evidence from sleeplessness and distraction in the World Cup. Working Paper, University of Scranton, 2018, July.

[24] David L. Dickinson, Ananish Chaudhuri, Ryan Greenaway–McGrevy. Forthcoming. Trading while sleepy? Circadian mismatch and excess volatility in a global experimental asset market. Experimental Economics.

[25] William D.S. Killgore, Nancy L. Grugle, Desiree B. Killgore, et al. Restoration of risk–propensity during sleep deprivation: Caffeine, dextroamphetamine, and modafinil. Aviation, Space, and Environmental Medicine, 2008, 79 (9) : 867-874.

[26] William D.S. Killgore, Nancy L. Grugle, Thomas J. Balkin. Gambling when sleep deprived: Don' t bet on stimulants. Chronobiology International, 2012, 29 (1) : 43-54.

[27] William D.S. Killgore, Erica L. Lipizzi, Gary H. Kamimori, et al. Caffeine effects on risky decision making after 75 hours of sleep deprivation. Aviation, Space, and Environmental Medicine, 2007, 78 (10) : 957-962.

第七章

健康如何影响金融决策

美国疾病控制与预防中心（CDC）报告称，2016年有超过70%的美国人超重和肥胖①[1]。根据经合组织（OECD）的数据，美国是世界上肥胖率最高的国家[2]。2000年，美国有34%的人超重，30%的人肥胖；2016年，超重的人数占比下降到31%，但肥胖的人数占比增加到40%（见图7.1）。芬克尔斯坦（Finkelstein）及其同事们估计，2008年，美国仅与肥胖有关的医疗费用就达1 470亿美元，这一数字目前无疑已经增加更多[3]。哈蒙德（Hammond）和莱文（Levine）总结相关学术论文，发现肥胖者每年的直接医疗费用比健康体重的人多出36%～100%。肥胖的学生每个月大约多旷课两天，这导致他们的成绩大约少了0.2分[4]。研究者还发现，由于健康原因，肥胖的人每个月大约多缺勤1.5天，这导致公司每年损失高达60亿美元。加斯里（Guthrie）和索科洛夫斯基（Sokolowsky）研究了肥胖症对财务困境的影响，他们发现，肥胖的人与健康体重的人相比，其债务拖欠率高出20%；他们还发现，健康状况不佳和医疗支出增加部分解释了拖欠债务的增加[5]。我们都直观地感受到有氧运动和健康饮食对认知和情绪有直接的积极影响，那么肥胖、健康状况不佳、饮食和运动是否影响金融决策呢？

① 临床上的超重是指人的实际体重超过标准体重的10%～20%；超重可进一步发展为肥胖，肥胖是指人的实际体重超过标准体重的20%以上。——译者注

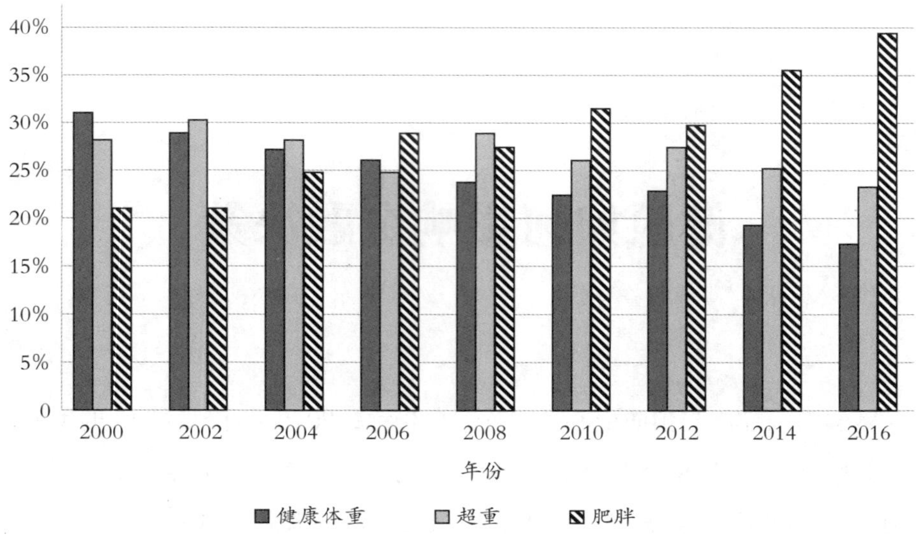

图 7.1　美国的肥胖率

健康与肥胖

关于健康和肥胖如何影响金融决策，有两种不同的思路。一方面，健康状况不佳的人更有可能将资金留存为流动资产，这样，他们就可以支付未来可能的医疗费用。另一方面，健康状况不佳的人或与体重斗争的人在生活中的经历影响着他们的决策。康蒂（Conti）和赫克曼（Heckman）发现，童年时期的社会条件与体重呈负相关关系[6]。凯尔内（Cairney）及其同事们则发现，社会歧视是导致肥胖者焦虑的原因之一[7]。瓦塔尼安（Vartanian）甚至发现，肥胖者受到的歧视与吸毒者受到的歧视是类似的[8]。这些早期经历可能会使健康状况不佳的人和肥胖的人变得悲观，并且有更高的抑郁症风险[9]。鉴于研究发现的众多情绪对金融决策的影响（详见第八章），健康状况不佳的人很可能会做出情绪化金融决策。

运动与饮食

饮食和运动对健康有很大的影响，虽然会与肥胖问题相关，但其影响是相对独立的。人们早就发现，肥胖者普遍存在饮食选择不当和缺乏持续运动的情况[10]。此外，饮食和运动已被证明会影响大脑中控制决策的相关区域，喜好高饱和脂肪和精制糖的饮食习惯会对大脑功能产生负面影响，从而抑制学习和记忆[11]；而食用蔬菜和水果则对认知功能有积极影响[12]。运动可以增加大脑中与情绪、问题解决、记忆、风险承担和决策相关的区域体积[13]，进而增强认知功能[14]。运动和改善饮食都可以改善情绪[15]，影响人们承担金融风险的相关偏好（详见第八章）。因此，缺乏运动和饮食不当会通过健康状况不佳和肥胖对金融决策产生负面影响。此外，做有氧运动和改善饮食可以直接积极地影响金融决策。

身体健康与金融决策

健康与投资组合选择

从基本的金融逻辑来看，承担系统风险会产生相应的溢价。承担较高投资风险的人可以使自己的投资组合收益大大增加。健康状况不佳的人倾向于承担较少的投资风险，在一生中的投资组合风险也相应较小，因而对他们退休后的资产产生负面影响。

罗森（Rosen）和吴（Wu）利用健康和退休研究调查（HRS）研究了老年人的投资组合决策[16]，该研究跟踪了约7 000个户主年龄在51岁至61岁之间的家庭。图7.2说明了健康状况如何影响投资组合的选择。他们发现，健康的已婚夫妇最有可能拥有退休账户、个人债券、股票和共同基金等高风险个人资产。相反，单身且不健康的人最不可能持有所有这三种资产。

爱德华兹（Edwards）建立了一个经济模型来说明当健康状况变差时，健康如何影响投资组合选择[17]。他的模型显示，健康受到不利冲击会引起人们的担忧，他们担心会产生更多的健康支出和因失业而收入降低。鉴于这种对健康的冲击，理性的选择是降低投资组合中的风险，增强短期资金供应的信心。同样，还有一些研究发现，老龄化导致的健康状况下降会引起投资组合选择的风险规避[18]。

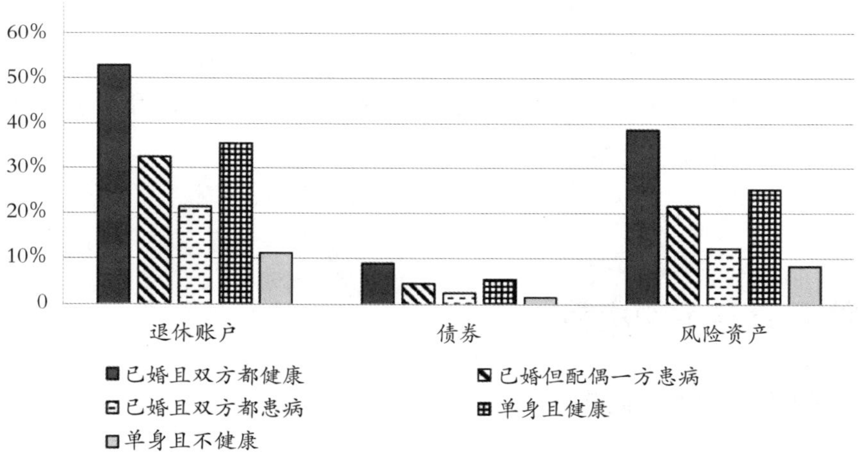

图 7.2　健康状况与资产持有

戈德曼（Goldman）和梅斯塔斯（Maestas）利用美国医疗保险数据研究了医疗支出风险如何影响家庭投资组合的选择[19]。该研究主要针对家庭投资组合中的补充健康保险，因为普通医疗保险受益人仍有支付大笔医疗费用的风险，而补充健康保险有助于防范这一风险。研究发现，购买补充健康保险的人比没有购买该项保险的人多持有7.1%的风险资产。这一结果表明，如果退休人员能够降低支付大额医疗费用的风险，他们便更有可能持有风险更大的资产。

健康和投资组合选择之间的关系也并非线性的。布雷桑（Bressan）及其同事们利用欧洲健康、老龄化和退休调查（SHARE）研究了健康对投资组合选择的影响[20]。这项研究将人们分为五个健康质量组：差、一般、良好、非常好和优秀。研究发现，只有健康状况差对风险投资组合的选择产生负面影响，健康状况优秀、非常好、良好和一般的人都持有类似的投资组合。

健康和投资组合风险承担之间的关系因其他因素（如抑郁症）而变得复杂。阿杜姆（Addoum）及其同事们用美国和欧洲的退休数据研究了肥胖对投资组合选择的影响[21]。研究者发现，体重超标的人不太可能参与股市，即使参与，也可能会因为悲观情绪而去持有风险更小的资产。上述结果还受到受教育程度、认知能力和种族等因素的影响。

此外，还存在着与上述结论相反的研究。洛夫（Love）和史密斯（Smith）使用1992—2006年的健康与投资组合数据来研究健康是否会影响投资组合的选择，或资产配置是否受到其他特征（如风险态度、耐心、信息和动机等）的影响[22]。考虑了这些特征后，研究发现，健康并不影响单身家庭的投资组合选择，对已婚家庭也只有很小的影响。

健康与风险承担的实证研究

与健康的人相比，不健康的人或肥胖的人在金融风险承受能力方面是否会表现出根本的差异？虽然健康风险较高的人可能由于流动性需求而不得不投资于风险较低的资产，但是他们在风险博弈中是如何表现的？换句话说，如果给他们其他可能的结果，他们是否仍然在投资组合之外承担较低的风险？

帕特森（Patterson）和尚克（Shank）采用了偏好动态测试对与风险和时间相关的偏好进行测度，以确定健康如何影响金融决策[23]。

在这项实验中，受试者被问到的一个问题是：“你更喜欢博弈A——有50%的机会赢得100美元、50%的机会失去15美元，还是博弈B——有90%的机会赢得40美元、10%的机会赢得10美元？”对于这个问题，博弈A的风险显然更大，因为它涉及输钱的可能性，而博弈B则没有这种可能。然而，A也提供了更高的预期回报，即42.5美元［0.5×100美元+0.5×（−15）美元］，而B的预期回报为37美元（0.9×40美元+0.1×10美元）。

调查中提出了许多类似的问题，这使得研究者能够关注受试者的风险厌恶程度。调查中还有涉及时间偏好的决策问题，比如“你愿意今天收到250美元还是一个月后收到300美元”等。上述选项中，等待一个月可以获得20%的回报［（300美元−250美元）÷250美元］，这几乎是一个800%的年回报率。

综合受试者的健康状况，研究结果可以归纳为以下几点：

- 较高的身体质量指数（BMI）与较高的风险和损失规避有关。
- 较高的身体质量指数与较高的折现率有关，这表明他们缺乏耐心，不太可能为了未来的财富而延迟满足。
- 吃更多蔬菜的人更有可能为了未来的财富延迟满足。
- 吃更多水果和经常运动的人的损失厌恶程度更低。

员工健康与公司业绩

我们已经研究了一个人的健康如何影响其金融决策。然而，一个社区的健康状况可能会影响当地的生产力和盈利能力。也就是说，社区内身体抱恙的人口过多可能会影响到当地的企业效益，这些企业的员工大部分来自当地。

通常，可以使用行为风险因素监测系统（BRFSS）来研究社区健康如何影响当地企业的股票收益[24]。这项调查收集了对美国各地数千人进行访谈的信息，包括他们的整体健康状况、每月有多少天处于身体或心理健康不佳状态以及身高和体重等相关数据。研究发现，总部位于肥胖率较高、心理或身体健康状况不佳天数较多地区的公司，其股票回报率较低。研究者认为，健康状况不佳的人生产力较低的一个原因是他们容易缺勤或假性出勤（假装工作），这导致公司的利润和股票收益降低。

按照这一思路，阿格拉瓦尔（Agrawal）和莉姆（Lim）研究了肥胖症对公司政策的影响[25]。研究发现，总部设在肥胖率较高地区的公司往往在有形资产和研发方面投资较少，销售额和资产增长率较低，以资产回报率衡量的利润也较低。总而言之，当地社区的人口结构影响了公司的政策。

埃德曼斯（Edmans）研究了一个类似的问题，考察了员工满意度对股票价格的影响[26]。埃德曼斯利用所有出现在《美国最适宜工作的100家公司》（该书最初由勒沃林（Levering）、莫斯科维茨（Moskowitz）和卡茨（Katz）每年编写，后来每年1月刊登在《财富》杂志上）中的公司构建了投资组合。100家最适宜工作的公司名单是通过员工问卷调查得出的，问卷内容涉及管理层态度、工作满意度、公平性和友情等，并综合了公司的其他信息（如员工构成、薪酬福利和企业文化）。在2015年的一次TED演讲中，埃德曼斯以开市客（Costco）公司为例指出，该公司支付给员工的工资为每小时20美元，这几乎是行业平均水平（每小时11美元）的2倍；除了高薪，该公司还提供90%的员工医疗保险[27]。一些分析家认为，员工的工资越高，公司的利润就越少。然而，埃德曼斯的结论是，善待员工和关心员工福祉创造了更多的公司价值。进入这个最适宜工作公司名单的公司，每年的回报率比同行高2%～3%，员工满意度与股东回报率呈正相关关系。

医学研究表明，运动可以缓解压力，并能改善认知功能和情绪控制能力。林巴赫（Limbach）和松嫩堡（Sonnenburg）研究了经常锻炼身体的CEO是否对公司有益[28]。他们将参加过马拉松等耐力运动的CEO的公司的业绩与没有参加过马拉松的CEO的公司进行比较。在控制了治理特征、公司特征和过去的业绩等因素后，研究者发现，按照托宾Q值（Tobin' s Q）衡量，拥有“健康”CEO的公司具有更高的盈利能力。

社会疾病与股票市场表现

当你患上流感时，你的感觉如何？在流感季节，美国有数百万人受到疾病的困扰。当数以百万计的投资者可能患流感而无法正常工作时，股票市场将产生相应的反应。

麦克蒂尔（McTier）及其同事们研究了流感如何影响纽约证券交易所的股票交易活动[29]。利用美国疾病控制与预防中心对美国各地区流感发病率的记录，研究者调查了流感的盛行是否影响股票市场。直观来讲，流感发病率的增加与交易量的减少、实际波动率的降低、买卖价差的扩大和收益的降低有关。

研究发现，公司总部附近的流感发病率与该公司股票交易活动的变化是相关的，且这种影响并非由员工生产力下降或该地区整体消费水平降低所致。纽约地区的流感暴发确实会导致股票市场较低的交易量和波动率，这与流感影响到做市商和机构投资者正常交易的推理逻辑是一致的，因为大型投资者和做市商的缺勤率上升与信息生产能力的下降会导致股市交易活动低迷。此外，较低的股票回报率与全国范围内的流感发病率有关，这可能反映了市场对经济形势的悲观预期。

心理健康与金融决策

据估计，每年有近30%的美国人涉及与心理疾病相关的药物滥用问题。常见的心理疾病包括抑郁症、焦虑症、恐惧症和强迫症。心理健康问题可能会影响投资和投资组合的选择，原因如下：首先，心理健康问题可能会改变认知能力（详见第十一章），影响一个人调节情绪和情感的能力（详见第八章）；其次，心理健康问题也可能改变一个人的风险规避程度和时间偏好程度，从而影响其对未来进行投资的动机；最后，心理健康问题通过降低生产力和增加医疗支出减少了可用于投资的资金，导致家庭将更多的投资组合分配给流动性更强的资产，如现金。当然，情绪起伏不定或有心理健康问题的人可能更难准确评估投资机会。

博根（Bogan）和费尔蒂希（Fertig）对心理健康状况是否有助于解释家庭投资组合分配进行了研究[30]。该研究收集了金融资产和家庭投资者心理健康状况的详细信息。在这项研究中，心理健康问题包括抑郁症、焦虑症、恐惧症和强迫症。心理健康问题是否影响了投资行为和投资组合优化？研究发现，有心理疾病患者的家庭会减少对高风险资产的投资；被诊断患有心理障碍的单身女性持有现金类资产的概率增加，并会增加对安全资产的配置；有认知功能问题的男性增加了与退休账户相关的金融资产。另外，需要注意的是，心理健康问题对男性、女性以及家庭的影响是不同的。

博根和费尔蒂希后来又通过探索心理困扰如何影响退休储蓄账户行为来扩展他们之前的研究[31]。事实上，受心理健康问题影响的家庭更厌恶风险，会减少对股票等高风险资产的配置。此外，心理健康问题也会影响时间偏好，心理健康状况不佳与较高的折现率相关，这使人专注于即时享受而难以延迟满足。该研究继续考察了心理健康问题发生率与退休计划选择之间的关系，发现心理健康问题与退休计划行为有很大的经济关联。具体来说，心理健康问题会产生如下影响：

- 持有退休账户的概率明显下降，下降率高达24%。
- 用于退休账户的金融资产份额减少多达67%。
- 已婚人士从退休账户的提款增加。

林德布姆（Lindeboom）和梅尔尼丘克（Melnychuk）研究了11个欧洲国家的心理健康问题对风险金融资产投资决策的影响[32]。具体来说，该研究调查了抑郁症与持有风险金融资产之间的关系。抑郁症可能会扭曲一个人的认知及其在决策过程中解释信息的方式，并导致其害怕承担风险（风险厌恶增加）。因此，抑郁症患者在评估收益损失时，会从一个更悲观的框架来评估投资机会。研究发现，患上抑郁症降低了投资于风险金融资产（如股票）的概率，抑郁症患者的投资组合风险较低，其未来财富增值也较低。

金融对健康的影响

前文阐述了一个人的健康如何影响金融决策。但是反过来看呢？金融环境会影响一个人的健康吗？翁（Ong）及其同事们利用新加坡的非预期债务减免计划研究了长期债务对人们行为的影响[33]。这个减免计划为深陷债务困境的低收入家庭提供了高达5 000美元的资助资金（相当于这些家庭三个月的收入）。研究发现，债务账户得到偿还后，其家庭成员的焦虑情绪降低了11%，并增强了认知能力。

此外，迪顿（Deaton）研究了2008—2009年金融危机期间美国人的幸福感变动情况。在危机期间，失业率从4.8%上升到10.6%，这导致人们的可支配收入下降了1.7%，进而对人们的健康产生了不利影响。即使失业问题没有直接影响到每一个人，大环境不景气也对每个人的思想产生了影响。迪顿发现，正如盖洛普健康福利调查指数（该指数随机抽样1 000人进行了调查）报告的那样，在股市崩溃期间，美国人自我评估的幸福感大幅下降，担忧、压力和焦虑大幅增加[34]。同样，麦克纳尼（McInerney）及其同事们研究了2008年股市崩溃对美国老年人心理健康的影响[35]。研究者发现，股灾后的财富损失造成老年人抑郁情绪和抗抑郁药物使用的增加。

施万特（Schwandt）研究了退休人员财富变动对其健康的影响。在他的一篇论文中，施万特利用退休人员持有股票的情况测量其财富数量[36]。结果显示，财富值每增加10%会导致其心理健康质量及生存率提高3%。拉特克利夫（Ratcliffe）和泰勒（Taylor）使用1991—2008年英国家庭小组调查的数据对同一问题进行了研究[37]，发现了类似的结果：股市下跌以及波动性增加容易造成心理健康问题。

科蒂（Cotti）及其同事们研究了道琼斯工业平均指数的大幅波动对健康的影响，重点区间是1987年和2008—2009年的两次股灾[38]。研究发现，股市的大幅波动导致人们的心理健康状况恶化。研究还发现，在股市下跌期间，人们吸烟的频率变高，狂饮的次数以及涉及酒精的致命车祸也相应地变多。这些结果表明，人们可能试图通过吸烟和饮酒等危险行为来应对由股市下跌引起的抑郁情绪。同样，朱利埃蒂（Giulietti）及其同事们发现，在股市大盘下跌时期，致命车祸的数量也相应地增加[39]。

然而，金融困境并不仅仅影响到成年人，科蒂和西蒙（Simon）据此研究了股票市场对儿童福祉的影响[40]。研究发现，2008年的股市崩盘导致更多的儿童住院，学校病假增多，儿童整体健康水平下降。这些结果表明，成年人经济压力的增加也会波及儿童。

恩格尔伯格（Engelberg）和帕森斯（Parsons）使用1983—2011年加州所有医院的病人记录来研究入院人数和股票收益之间的相关性[41]。研究发现，在股价大幅下跌后的日子里，因焦虑、恐慌或严重抑郁等心理状况而入院的病人数量增加。这表明股票市场的糟糕表现给全加州人民带来了心理和生理压力，其影响也远远超出能用吸烟喝酒来消解的程度。维希涅夫斯基（Wisniewski）和兰贝（Lambe）发现，股价下跌导致自杀率增高，这也说明在经济不景气的时候政府应该制定预防自杀的相应政策[42]。

卡奇瓦（Kalcheva）及其同事们利用policyuncertainty.com网站的经济政策不确定性指数研究了经济政策不确定性对健康选择的影响[43]。这个指数的制定综合考虑了经济或政治新闻中出现“不确定性”或“不确定”等词的次数、消费者价格指数预测分歧、联邦（州、地方政府）采购分歧等。在控制了股票市场变化的影响后，研究者发现，经济政策的不确定性增加了冲动行为，如吸烟、饮酒、酒精饮料消费、暴饮暴食。上述研究表明，不良健康倾向受到经济政策不确定性的影响，并非单纯是由股市下跌导致的。

金融市场不仅影响投资者，还会对交易员产生影响。卡恩（Kahn）和库珀（Cooper）研究了在伦敦证券交易所工作的225名交易员和做市商的心理健康状况[44]。研究发现，专业交易员表现出比一般人更高的压力和焦虑水平，他们中的许多人似乎通过酒精来应对这种压力。卡恩及其同事们还研究了华尔街的金融交易员与伦敦证券交易所的金融交易员相比是否有所不同，他们发现，两地交易员的压力水平和酒精使用水平都是相似的[45]。

奥博勒那（Oberlechner）和尼姆加德（Nimgade）研究了325名金融交易员的工作压力和业绩[46]，发现32%的金融交易员有“非常高”或“极高”的压力水平。对金融交易员来说，最大的压力来自对利润目标的关注，其次是漫长的工作时间。

本章小结

从前文可以看出，健康和金融这两个看似不相关的变量却可以如此紧密地交织在一起。健康状况不佳的人更厌恶风险，因为他们很可能需要花钱来支付他们的医疗费用；那些健康状况非常差的人则强化了这一结论。低水平的运动和不良的饮食习惯导致肥胖和健康状况不佳，这影响了投资决策。做有氧运动和改善饮食对认知和决策有直接的、积极的影响。心理健康状况有重要的经济影响，对男性、女性和家庭等不同群体的影响效果也是不同的。健康的影响也蔓延到了公司层面，因为研究表明，总部设在健康状况不佳地区的公司的股票回报率较低，对有形资产和研发的投资少且增长速度慢。相反，那些善待员工并真正关心员工福祉的公司，每年的回报率往往比同行高出3%。最后，经济衰退与一个人的心理健康状况存在反向关系。

思考题

1. 健康状况如何影响人们对投资组合的选择？
2. 员工健康如何影响公司业绩？
3. 一个人的健康状况如何影响金融决策？
4. 金融市场如何影响个体健康？

注释

[1] NCHS, National Health and Nutrition Examination Survey. See Appendix I, National Health and Nutrition Examination Survey (NHANES).

[2] OECD. OECD Health Statistics 2017, 2017.

[3] Eric A. Finkelstein, Justin G. Trogdon, Joel W. Cohen, et al. Annual medical spending attributable to

obesity: Payer and service-specific estimates. Health Affairs, 2009, 28 (5) : w822 - w831.

[4] Ross A. Hammond, Ruth Levine. The economic impact of obesity in the United States. Diabetes, Metabolic Syndrome and Obesity: Targets and Therapy, 2010, 3: 285 - 295.

[5] Katherine Guthrie, Jan Sokolowsky. Obesity and household financial distress. Critical Finance Review, 2017, 6 (1) : 133 - 178.

[6] Gabriella Conti, James J. Heckman. Understanding the early origins of the education-health gradient: A framework that can also be applied to analyze gene-environment interactions. Perspectives on Psychological Science, 2010, 5 (5) : 585 - 605.

[7] John Cairney, Laurie Corna, Scott Veldhuizen, et al. The social epidemiology of affective and anxiety disorders in later life in Canada. The Canadian Journal of Psychiatry, 2008, 53 (2) : 104 - 111.

[8] Lenny R. Vartanian. Disgust and perceived control in attitudes toward obese people. International Journal of Obesity, 2010, 34 (8) : 1302 - 1307.

[9] Albert J. Stunkard, Myles S. Faith, Kelly C. Allison. Depression and obesity. Biological Psychiatry, 2003, 54 (3) : 330 - 337; Genevieve Gariepy, D. D. Nitka, N. N. Schmitz. The association between obesity and anxiety disorders in the population: A systematic review and meta-analysis. International Journal of Obesity, 2010, 34 (3) : 407 - 419.

[10] Robert O. Bonow, Robert H. Eckel. Diet, obesity, and cardiovascular risk. New England Journal of Medicine, 2003, 348 (21) : 2057 - 2133; Claude Bouchard, Jean-Pierre Depres, and Angelo Tremblay. Exercise and obesity. Obesity Research, 1993, 1 (2) : 133 - 147.

[11] Raffaella Molteni, Rachel Barnard, Zhe Ying, et al. A high-fat, refined sugar diet reduces hippocampal brain-derived neurotrophic factor, neuronal plasticity, and learning. Neuroscience, 2002, 112 (4) : 803 - 814.

[12] M. Cristina Polidori, Domenico Praticó, Francesca Mangialasche, et al. High fruit and vegetable intake is positively correlated with antioxidant status and cognitive performance in healthy subjects. Journal of Alzheimer' s Disease, 2009, 17 (4) : 921 - 927.

[13] Charles H. Hillman, Kirk I. Erickson, Arthur F. Kramer. Be smart, exercise your heart: Exercise effects on brain and cognition. Nature Reviews Neuroscience, 2008, 9 (1) : 58 - 65; Arthur F. Kramer, Kirk I. Erickson, K. I. Capitalizing on cortical plasticity: Influence of physical activity on cognition and brain function. Trends in Cognitive Sciences, 2007, 11 (8) : 342 - 348; Kirk I. Erickson, Michelle W. Voss, Ruchika Shaurya

Prakash, et al. Exercise training increases size of hippocampus and improves memory. Proceedings of the National Academy of Sciences, 2011, 108 (7) : 3017-3022; Andrea M. Weinstein, Michelle W. Voss, Ruchika S. Prakash, et al. The association between aerobic fitness and executive function is mediated by prefrontal cortex volume. Brain, Behavior, and Immunity, 2012, 26 (5) : 811-819.

[14] Patrick J. Smith, James A. Blumenthal, Benson M. Hoffman, et al. Aerobic exercise and neurocognitive performance: A meta-analytic review of randomized controlled trials. Psychosomatic Medicine, 2010, 72 (3) : 239-252.

[15] Shwan M. Arent, Daniel M. Landers, Jennifer L. Etnier. The effects of exercise on mood in older adults: A meta-analytic review. Journal of Aging and Physical Activity, 2000, 8 (4) : 407-430; Felice N. Jacka, Peter J. Kremer, Eva R. Leslie, et al. Associations between diet quality and depressed mood in adolescents: Results from the Australian healthy neighbourhoods study. Australian and New Zealand Journal of Psychiatry, 2010, 44 (5) : 435-442.

[16] H. S. Rosen, S. Wu. Portfolio choice and health status. Journal of Financial Economics, 2004, 72 (3) : 457-484.

[17] Ryan D. Edwards. Optimal portfolio choice when utility depends on health. International Journal of Economic Theory, 2010, 6 (2) : 205-225.

[18] Motohiro Yogo. Portfolio choice in retirement: Health risk and the demand for annuities, housing, and risky assets. Journal of Monetary Economics, 2016, 80 (6) : 17-34; Gaobo Pang, Mark Warshawsky. Optimizing the equity–bond–annuity portfolio in retirement: The impact of uncertain health expenses. Insurance: Mathematics and Economics, 2010, 46 (1) : 198-209.

[19] Dana Goldman, Nicole Maestas. Medical expenditure risk and household portfolio choice. Journal of Applied Econometrics, 2013, 28 (4) : 527-550.

[20] Silvia Bressan, Noemi Pace, Loriana Pelizzon. Health status and portfolio choice: Is their relationship economically relevant? . International Review of Financial Analysis, 2014, 32 (3) : 109-122.

[21] Jawad M. Addoum, George Korniotis, Alok Kumar. Stature, obesity, and portfolio choice. Management Science, 2017, 63 (10) : 3393-3413.

[22] David A. Love, Paul A. Smith. Does health affect portfolio choice? . Health Economics, 2010, 19 (12) : 1441-1460.

[23] Fernando Patterson, Corey Shank. Obesity, health habits, and financial decision making. Working Paper, Dalton State University, 2019.

[24] John R. Nofsinger, Corey A. Shank. Community health and firm performance. Working Paper, University of Alaska, 2019.

[25] Anup Agrawal, Yuree Lim. Local obesity prevalence and corporate policies. The Quarterly Journal of Finance, 2018, 8(2): 1-33.

[26] Alex Edmans. Does the stock market fully value intangibles? Employee satisfaction and equity prices. Journal of Financial Economics, 2011, 101(3): 621-640.

[27] Alex Edmans. The social responsibility of business. http://www. youtube.com/watch?v=Z5KZhm19EO0, 2015, July.

[28] Peter Limbach, Florian Sonnenburg. Does CEO fitness matter?. Working Paper, University of Cologne, 2015.

[29] Brian C. McTier, Yiumen Tse, John K. Wald. Do stock markets catch the flu?. Journal of Financial and Quantitative Analysis, 2013, 48(3): 979-1000.

[30] Vicki L. Bogan, Angela R. Fertig. Portfolio choice and mental health. Review of Finance, 2013, 17(3): 955-992.

[31] Vicki L. Bogan, Angela R. Fertig. Mental health and retirement savings: Confounding issues with compounding interest. Health Economics, 2018, 27(2): 404-425.

[32] Maarten Lindeboom, Mariya Melnychuk. Mental health and asset choices. Annals of Economics and Statistics, 2015, 119(120): 65-94.

[33] Qiyan Ong, Walter Theseira, Irene Y. H. Ng. Reducing debt improves psychological functioning and changes decision-making in the poor. Proceedings of the National Academy of Sciences, 2019, 116(15): 7244-7249.

[34] Angus Deaton. The financial crisis and the well-being of Americans. Oxford Economic Papers, 2012, 64(1): 1-26.

[35] Melissa McInerney, Jennifer M. Mellor, Lauren Hersch Nicholas. Recession depression: Mental health effects of the 2008 stock market crash. Journal of Health Economics, 2013, 32(6): 1090-1104.

[36] Hannes Schwandt. Wealth shocks and health outcomes: Evidence from stock market fluctuations. American Economic Journal: Applied Economics, 2018, 10(4): 349-377.

[37] Anita Ratcliffe, Karl Taylor. Who cares about stock market booms and busts? Evidence from data on mental health. Oxford Economic Papers, 2015, 67(3): 826-845.

[38] Chad Cotti, Richard A. Dunn, Nathan Tefft. The Dow is killing me: Risky health behaviors and the stock market. Health Economics, 2015, 24(7): 803-821.

[39] Corrado Giulietti, Mirco Tonin, Michael Vlassopoulos. Forthcoming. When the market drives you crazy: Stock market returns and fatal car accidents. Journal of Health Economics.

[40] Chad Cotti, David Simon. The impact of stock market fluctuations on the mental and physical well-being of children. Economic Inquiry, 2018, 56(2): 1007-1027.

[41] Joseph Engelberg, Christopher A. Parsons. Worrying about the stock market: Evidence from hospital admissions. Journal of Finance, 2016, 71(3): 1227-1250.

[42] Tomasz Piotr Wisniewski, Brendan John Lambe. Do stock market fluctuations affect suicide rates?. Working Paper, University of Leicester, 2018.

[43] Ivalina Kalcheva, Ping McLemore, Richard Sias. Forthcoming. Economic policy uncertainty and self-control: Evidence from unhealthy choices. Journal of Financial and Quantitative Analysis.

[44] Howard Kahn, Cary L. Cooper. Mental health, job satisfaction, alcohol intake and occupational stress among dealers in financial markets. Stress Medicine, 1990, 6(4): 285-298.

[45] Howard Kahn, Cary L. Cooper, Sharon P. Elsey. Financial dealers on Wall Street and in the city of London: Is the stress different?. Stress Medicine, 1994, 10(2): 93-100.

[46] Thomas Oberlechner, Ashok Nimgade. Work stress and performance among financial traders. Stress and Health: Journal of the International Society for the Investigation of Stress, 2005, 21(5): 285-293.

第三部分

认知能力

第八章

情感、情绪与投资

传统金融理论认为，人们的投资决定之所以非常理性是因为涉及金钱。然而研究表明，事实恰恰相反——一旦涉及金钱反而会让人变得不理性。影响人们的理性程度的两个可能障碍是情感和情绪。愤怒、快乐、悲伤和同情等情绪会对主观决定和客观行动产生巨大的影响。人们在心情不好的时候会对未来事件或投资前景更悲观，心情好的时候则对投资前景持乐观态度。本章主要讨论个人情感和情绪对金融行为的影响。

情感、情绪和生理学

心理学家艾克曼（Ekman）和弗里森（Friesen）认为，我们有六种基本情绪：快乐、愤怒、悲伤、恐惧、惊讶和厌恶[1]。他们指出，所有其他的情绪只是这六种基本情绪的混合体，就像所有的颜色都是三原色（红、黄、蓝）的混合体一样。比如，惊奇的情绪是惊讶和快乐的结合，而悔恨是厌恶和悲伤的结合，焦虑是恐惧和悲伤的结合，觉得被人背叛是愤怒和悲伤的结合。

我们的情绪起源于何处呢？从生物学的角度来看，情绪起源于我们的大脑边缘系统。为了确定一种情绪如何影响决策，科学家们探寻大脑的哪些部分在特定情绪波动时被激活，那些与此区域相关的决策也就与情绪有关。范（Phan）及其同事们通过总结前人共55项不同的研究（关于大脑结构的细节详见第四章），对情绪激活和神经活动进行了综合分析[2]。研究者发现，内侧前额叶皮层在所有情绪处理中都发挥着底层支撑作用；幸福感与腹侧纹状体和壳核的激活有关，并与多巴胺能系统有关，这表明更幸福的人倾向于承担更多风险。悲伤是通过激活下丘脑扣带回引起的，扣带回是大脑中与抑郁有关的部分，这表明悲伤的人具有风险回避倾向（承担较少的风险）。恐惧与杏仁核的激活密切相关，杏仁核会激发身体的战斗或逃跑机能；对不同类型的人，恐惧会导致规避风险（逃跑）或寻求风险（战斗）行为。

情感与经济决策

对经济决策的生理反应

虽然情绪通常被认为是一种认知反应，但它也与生理反应有关。事实上，情绪属于心理生理学范畴，它结合了心理学和生理学的研究。为了研究金融投资中涉及哪些心理生理特征，罗（Lo）和列宾（Repin）将电极和其他传感器在交易时段放置在专业交易员身上，以测量他们的皮肤电导率、血压、心率、呼吸和体温[3]。研究者发现，市场发生高波动时，负面情绪会被激发，交易员的皮肤电导率会提高、体温会上升。上述现象说明：即使是专业交易员，对股票价格的变化也会有情绪反应。

情感、情绪和实验金融

有大量的文献研究了情绪对决策的影响，心理学家和经济学家将此时的情绪称为情感情绪状态（emotional affective states）。库宁和克努森设计了一项实验来检验情绪和情感反应对金融决策的影响[4]。

在这项实验中，每个人须完成90项投资决策，须在有风险证券（股票）和无风险证券（债券）中进行选择。选择股票时，要么能赚10美元，要么亏损10美元，而选择债券则保证能赚到3美元。在每次选择后，受试者能看到他们的选择结果，并被问到以下两个问题：①你认为该股票是好股票的概率是多少？②你在多大程度上相信你能得出该股票是好股票的正确估计？每一轮结束后，每个受试者都会看到一张旨在影响其情绪状态的图片，三张不同的备选图片被设计成正向刺激型（微笑的美女的照片）、反向抑制型（腐烂食物的照片），以及中性（一本放在地上的书）。当受试者看到一张旨在影响其形成反向抑制情绪状态的图片时，他们选择风险较大投资的概率是36%，这明显低于给他们看中性图片（41%）或正向刺激型图片（40%）时的概率。

这些结果表明，情绪状态可能会影响投资者的风险承担。

勒纳（Lerner）及其同事们研究了情绪对禀赋效应的影响[5]。

在研究者设计的一项实验中，通过让受试者观看电影短片来影响他们的情绪（悲伤、厌恶和中性）。悲伤的片段是一个小男孩挚爱的老师不幸死亡［来自电影《冠军》（*The Champ*）］，厌恶的片段是一个男人使用肮脏的厕所［来自《火车头》（*Trainspotting*）］，中性的片段是关于《大堡礁》［*Great Barrier Reef*来自《国家地理》（*National Geographic*）特辑］里的一条鱼。看完片段后，受试者被分成两组，第一组得到一套荧光笔，他们必须在保留这套荧光笔和将其出售以换取0.5美元至14美元的现金之间做出选择；第二组没有荧光笔，但是需要对荧光笔进行估价。按照禀赋效应的观点，如果他们真的拥有这套荧光笔（第一组），与那些不拥有它的人（第二组）相比，这套荧光笔会更有价值。

图8.1显示了研究结果，中性的电影片段引出了一个意料之中的结果：作为物品的拥有者，我们给予它的价值比想要购买这一物品的人要高。然而，悲伤和厌恶情绪却显示出相反的结果：拥有荧光笔套装的人对它的评价比那些想买它的人更低；这大概是因为在观看了悲伤或厌恶的电影片段后，受试者将这些相同的感觉与荧光笔套装联系了起来，因而他们想摆脱这些感觉。

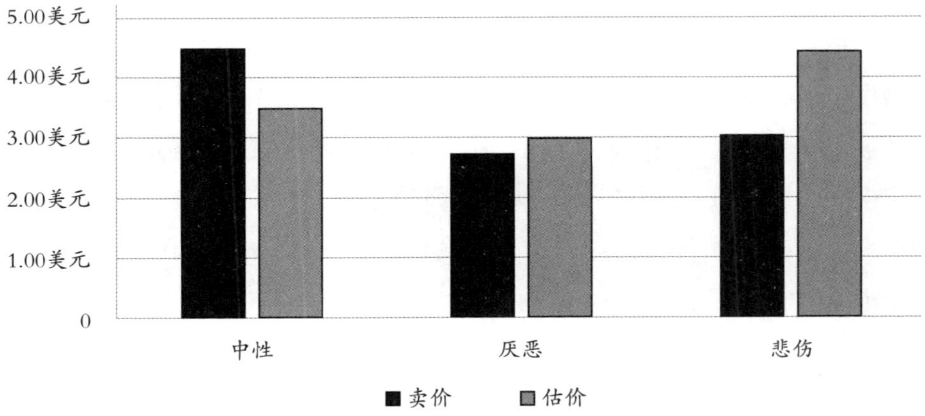

图 8.1　情感线索与禀赋效应

在另一项研究中，康特（Conte）及其同事们研究了欢快、悲伤、恐惧和愤怒等情绪状态对风险偏好的影响[6]。

每个受试者被随机分组为四种情绪状态中的一种或中性组。为了激发每种情绪，研究者给受试者播放电影片段：为了激发欢快的情绪，他们播放了《当哈利遇见莎莉》（*When Harry Met Sally*）片段——影片中的两个角色就哈利是否会注意到女性伪装的高潮进行辩论；为了引起悲伤的情绪，受试者观看了电影《冠军》片段——一个拳击手受了重伤躺在桌子上，他的儿子进入房间看着他死去；恐惧是由《沉默的羔羊》（*The Silence of the Lambs*）片段引起的——一个女人跟随一个杀手进入一个黑暗的地下室；愤怒是通过观看一个男人被一群人殴打引起的；最后，通过观看《总统班底》（*All the President's Men*）中两个男人在法庭上互相交谈的片段，实现了对中性组情绪的营造。在看完其中一个片段后，每个受试者在100个成对的选项中进行选择，每个选项都有四个可能的结果（0美元、8美元、16美元和24美元），不同的结果有不同的概率。

研究发现，与中性组相比，其他所有情绪状态的人都倾向于承担更多的风险。

勒纳和凯尔特纳（Keltner）研究了恐惧和愤怒对风险承担的影响[7]。为了测度恐惧，研究者设计了一份调查问卷来询问受试者在特定情况下的反应（如被困在一个狭小空间或有蛇的房间）。通过调查受试者经历愤怒的频率和强度来测度愤怒。研究设计了两个不同的实验：在第一个实验中，受试者被要求想象美国正在准备应对某地区疾病的暴发，预计将有600人死亡，然后决定采用以下四个方案中的哪一个。

- 方案A：将有200人获救。
- 方案B：有1/3的概率会有600人获救，有2/3的概率没有人获救。
- 方案C：将有400人死亡。
- 方案D：有1/3的概率没有人死亡，有2/3的概率有600人死亡。

无论是在方案A和方案B之间还是在方案C和方案D之间选择，都没有真正正确的答案，这只是一个偏好的问题。方案A和方案C可以看作是无风险的，因为你清楚地知道会发生什么；然而，方案B和方案D涉及风险，因为结果是由概率决定的。另外，方案A和方案C其实都会有400人死亡；这两个选项的区别不在于死亡人数，而在于提供结果的框架：方案A使用了一个积极的描述框架（拯救了生命），而方案C使用了一个消极的描述框架（死亡）。方案B和方案D也提供了同样的结果，并使用了不同的描述框架。如果这些描述框架对你没有影响，那么无论向你出示哪种描述框架，你都会选择本质相同的方案（方案A和方案C或方案B和方案D）。对于处于中性情绪状态的人来说，当呈现出方案A和方案B时，大约3/4的人选择方案A，因为在拯救生命时人们并不想承担风险。在消极的框架选择中，大约3/4的人选择方案D而不是方案C，也就是说，当人们面临死亡时，大多数人还是会选择"一线生机"。

除了在积极描述框架的方案A和方案B之间或在消极描述框架的方案C和方案D之间进行选择外，受试者还被问及他们选择时的坚定程度。通过六点式李克特量表（"1"代表"非常喜欢方案A"，"6"代表"非常喜欢方案B"），研究者发现，在调查中有更多恐惧情绪的受试者更有可能规避风险，从而选择方案A；有更多愤怒情绪的受试者更有可能承担风险，从而选择方案B。研究者在消极描述框架中发现了同样的结果，因为更多的恐惧（愤怒）导致受试者更有可能选择方案C（方案D）。这些结果表明，恐惧情绪和愤怒情绪并不会轻易受到描述框架的影响。

在第二个实验中，除了对愤怒情绪和恐惧情绪进行研究之外，研究者又研究了快乐情绪的影响。研究发现，具有愤怒情绪和快乐情绪的受试者更有可能通过选择方案B和方案D来赌上那"一线生机"。

前景理论认为，人们在赢钱后会变得厌恶风险，而在输钱后会寻求风险承担。这种反应是由于赢钱时很高兴，想通过及时套现来享受这种快乐；为了避免输钱的悲伤，人们倾向于多承担风险来夺回"失地"。处置效应与前景理论密切相关，是指投资者过早地卖出他们的盈利头寸（对收益的风险厌恶）和过久地持有他们的亏损头寸（对损失的风险追求）。萨默斯

（Summers）和达克斯伯里（Duxbury）研究了情绪对处置效应的影响[8]。在他们的实验中，每个受试者都得到了10股股票，并在一个时期内观察股票的涨跌；随后，受试者可以选择出售、持有或购买股票。在做出购买、持有或出售的决定后，受试者会被问及他们对自己的决定有多满意。研究发现，人们在卖出获利后会更高兴，而卖出亏损后会感到失望。此外，处置效应只有在受试者情绪激动时才会发生，这表明处置效应与情绪密切相关。

希奥（Seo）及其同事们研究了情感对投资风险和投资决策的影响[9]。研究者使用了一个投资模拟，在连续的20个工作日里，受试者每天需要完成三项任务：①浏览当日大盘信息和12只匿名股票的信息；②查看自己当前投资组合的表现；③买入或卖出股票。在投资模拟测试期间，受试者被要求对他们的感受进行评价；受试者的情绪可以分为悲伤、正常或快乐，研究者将这些情感状态与之前的交易和当天的新交易的实现情况进行关联研究。

其实，在不考虑情感的情况下，行为金融学理论认为，人们在经历了投资收益之后往往会减少风险，在经历了投资损失后倾向于承担更多风险，因此，对收益和损失的反应存在框架效应。影响风险承担和框架效应的因素是什么？研究者通过创建一个风险衡量标准来研究这个问题，该衡量标准同时考虑了单个证券的风险性和多样化程度（多样化可以分散风险），进而参照整个市场的风险对该衡量标准进行调整，使市场组合在此衡量标准中的风险为零。我们对研究者的研究问题进行了量化，并在图8.2中说明了两种收益框架和两种损失框架的情况。从图8.2中可以发现，此类研究是有意义的：受试者在获得收益后承担的风险变小，而在遭受损失后承担的风险变大。然而有趣的事情是：情感状态可以缓解这一结果。具体来说，在获得收益后，快乐的受试者并没有减少风险，甚至承担的风险会略微多一些；在遭受损失之后，快乐的受试者确实承担了风险，但比正常愉悦状态的受试者承担的风险要小。因此，研究得出结论：情感状态并不影响一般的风险承担，因为快乐在一个框架中导致承担更多的风险，而在另一个框架中则减少风险承担。

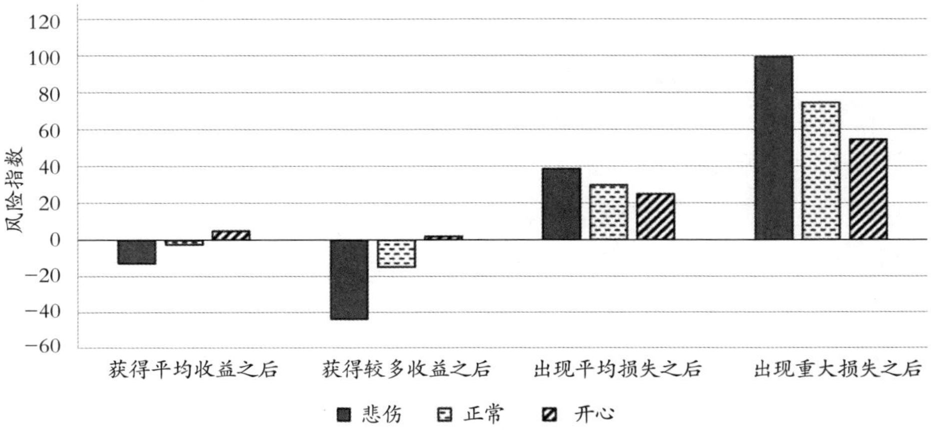

图 8.2　情绪状态和收益 / 损失决策框架下的风险承担

安德拉德（Andrade）及其同事们研究了情绪对股市泡沫的影响[10]。

受试者在一项实验中有15轮交易机会买入卖出股票，在每轮交易结束时，他们可能会收到每股0美分、8美分、28美分或60美分的股息。简单计算可得，上述股息的预期值为24美分（0、8、28和60的平均值），股票的基本价值为3.6美元（24美分×15轮）。在交易实验之前，每个受试者都观看了一个简短的视频片段——观看电影《危情谍战》（*Knight and Day*）和《史密斯夫妇》（*Mr. and Mrs. Smith*）中的动作场面来引起兴奋；观看《富兰克林和暴风雨》（*Franklin and Peach in the Water*）的片段来平缓情绪；为了引起恐惧，受试者观看了《人皮客栈》（*Hostel*）和《撒冷镇》（*Salem's Lot*）的视频片段。

研究发现，兴奋的投资者有可能创造出更大的泡沫（为股票支付的价格远高于它的价值），而且泡沫的持续时间更长。

损失厌恶和情感

短视损失厌恶（myopic loss aversion）来源于两种行为偏差：损失厌恶和心理账户（mental accounting）。损失厌恶指的是人们面对同样数量的收益和损失时，损失更加令人难以忍受。其实，为了避免承受损失，人们在这个方面确实是非理性的。心理账户则认为，人们倾向于单独考虑每项投资，而不是把所有投资都放在一起作为一个投资组合来综合考虑，比如投资者会分别检查每个股票、基金和养老金账户的收益/损失情况。短视损失厌恶来源于上述两种行为偏差的综合，其特点是投资者会极力避免每一个账户的损失。

泰勒（Thaler）及其同事们研究了短视损失厌恶对风险承担的影响[11]。研究者做了一个实验。

受试者必须在基金A和基金B之间分配100股，然后根据其投资组合策略的成功与否获得报酬。基金A模拟了一只典型的债券型基金，其预期收益率为0.25%，标准差为0.177%，因此其收益率不可能为负；基金B则模拟了股票型基金，其预期收益率为1%，标准差为3.54%。

受试者被随机分为月度组、年度组、五年组和月度通货膨胀组。在月度组中，受试者制定投资策略并实施后，观察他们的投资组合在一个时期的模拟情况，他们再次进行交易时查看结果，重复交易过程200次；在年度组中，受试者在8个时期内进行25次类似上述情况的交易过程；五年组的受试者在40个时期内进行25次类似上述情况的交易过程；月度通货膨胀组的实验与月度组相同，只是其收益率考虑到通货膨胀后较月度组均提升10%，所以月度通货膨胀组基金的名义收益一定为正。

短视损失厌恶背后的理念是：投资者检查和重新平衡其投资组合的频率越低，他们在交易时的情绪就越低。鉴于股票型基金的月平均回报率为1%，在很长一段时间内（多年）出现负回报的概率非常低（大约为0.3%）。然而，任何单一月份出现负值的概率却高达39%。如果投资者因为经常核查投资账户发现负收益而难过，他们就更有可能去减少投资组合的风险。图8.3描述了受试者在经过多次交易和复盘后投资于基金A（债券型基金）的平均金额。如图8.3所示，检查和交易最频繁（月度组）的受试者会比其他组的受试者承担更少的风险，在债券型基金（基金A）上的投资份额也会较大。

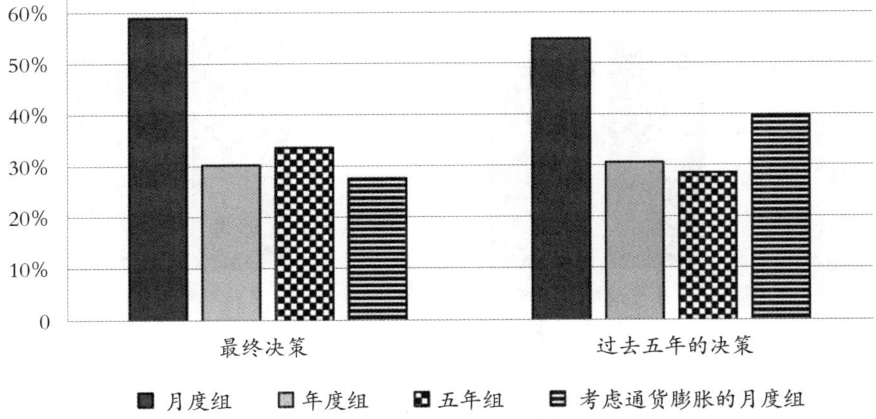

图 8.3　资产组合频率再平衡与债券基金配置

海格（Haigh）和雷斯特（List）研究了32名学生和27名专业交易员的损失厌恶情绪[12]。由于经过训练和经验丰富，专业人士应该比作为投资新手的学生更能控制自己的情绪。

两组人都参加了两次实验，每次实验都有9轮投资选择，每轮给他们100美元，观察他们想投入金额（或全部）的意愿，其中有1/3的概率赚250%，有2/3的概率输掉所提供的资金。在实验1中，受试者在连续9个回合中做出投资决策（这被称为频繁决策）。在实验2中，受试者在第三轮和第六轮后不做出重新配置投资组合的决策。

短视损失厌恶原理说明，受试者越是频繁地做决定，投注的金额就会越少，因为他们会因得到更频繁的反馈而变得更加情绪化。图8.4展示了研究结果。研究发现，更频繁的反馈会导致更少的投资额，这与短视损失厌恶所描述的一致，但是与我们期望的结果相反，专业交易员反而比学生表现出更多的短视损失厌恶。

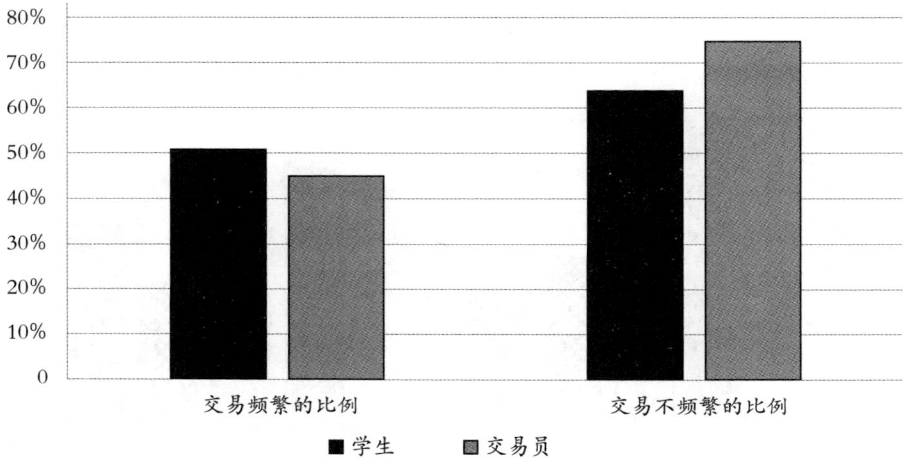

图 8.4　基于实验组和对照组平均下注金额的频繁交易比例

索科尔-赫斯纳及其同事们好奇人们在做投资决定时是否可以发挥主动性来调节情绪[13]，因而他们进一步研究了情绪唤醒对损失厌恶的影响。情绪唤醒通过两种方法测量：第一种方法，在做出投资决定时，记录皮肤电导率，作为对情绪唤醒的测量，由于皮肤电导率可以捕捉交感神经系统活动，因此，情绪引起的生理反应可以通过皮肤电导率来测量；第二种方法，通过行为结果来测量——经历较高程度情绪唤醒的受试者可能表现出更大的损失厌恶。

在这个实验中，受试者每人被分配了30美元，他们必须在280次实验中进行投资。在他们的投资决策中，有240次投资的盈亏是随机的，40次投资是可以保证收益的。在做出选择之前，受试者被给予两种认知调节策略中的一种。“参加”策略要求受试者将投资决策单独分开考虑，就像每次决策是他们要做的唯一决定一样（心理账户），并让所有情绪自然流露而不须加以控制。“调节”策略要求受试者在已考虑到所有投资决策的背景下做出每个决定，并像专业交易员那样思考而不做情绪化的决策。

该研究有三个关键结论：

- 通过皮肤电导率测量，像交易员一样思考的受试者表现出较低的情绪反应。
- 像交易员一样思考的受试者也表现出较少的损失厌恶。
- 受试者越是能够调节情绪反应，其损失厌恶行为就越弱。

情感与道德决策

鉴于情感会影响风险承担和理性思考，情感也可能会影响道德决策，科里切利（Coricelli）及其同事们研究了税收背景下此问题会有何种结果[14]。他们进行了一项实验。

受试者被随机地给予50美元、100美元、150美元或200美元。在随机给予之后，受试者被要求报告他们的收入，没有报告收入的人将支付高于税率的罚款；如果受试者报告了高收入，他们有65％的机会被审计；如果他们报告的是低收入，则有35％的机会被审计；如果所有受试者报告的收入相同，他们被审计的可能性是50％。如果受试者被审计后发现报告正确，他们获得的实际收入便是正常的税后收入；如果受试者被审计并被发现有逃税行为，他们除了支付欠税金额外，还要支付20％的罚款。

研究发现，皮肤电导率增高的受试者（情绪唤醒程度较高），更有可能逃税；这一结果表明，逃税的人可能会因欺骗行为引发的道德自责而表现出恐惧和焦虑的情绪。

马切约夫斯基（Maciejovsky）及其同事们通过主要依赖现金交易的企业来研究情感和道德的影响[15]，他们发现，严重依赖现金交易的企业往往道德标准相应较低。在这个实验中，受试者接受了情感唤醒研究，该研究要求他们做简单的数学题来唤醒他们的理性思维；对情感部分的调查则是询问他们对某些事情的感受；之后，受试者被问到他们在销售时是否喜欢开具发票。研究发现，那些情绪化较强的人更有可能不开具发票，对税收规定的遵守性较弱。

总体情绪和股票市场

前文研究有一个缺陷：很难预测微观层面的个体差异如何影响宏观层面，如股票市场或整个经济体。因而对于研究者来说，重要的是找到汇总个人情绪的方法，从而衡量市场的整体情绪。

达（Da）及其同事们将与股票相关的关键词的互联网搜索量作为投资者情绪的代表性指标[16]。他们对谷歌搜索的词汇进行了分类，并将它们归入“积极”“消极”“薄弱”“强大”等类别。此外，由于他们只关注股市的情绪，他们选择了与股市或经济有关的词，如“破产”“危机”“黄金”“通货膨胀”“萧条”“衰退”。在整理出与投资者情绪有关的词语清单后，研究者将词语与投资者情绪进行对应。比如，对“萧条”或“衰退”等词的更多搜索表明投资者对股票收益表示担忧，投资者情绪不佳。研究发现，这种搜索指数可以预测短期内股票的回报率和波动性，以及股票型和债券型基金的资金流动。这些结果表明，投资者总体情绪可以影响股票价格和市场行为。换句话说，投资者会依据自身的情绪做出相应的决策。

如果群体情绪可以影响股市，那么，我们是否可以去影响这种情绪呢？公司高管可能试图传达促进市场积极情绪的公司信息来提升公司股价，比如在公司与机构投资者进行电话会议以及盈利公告期间传递积极信息，尤其是在季度财报公布前后这个股票交易最活跃的时候。在这些公告中，公司将发布其最基本的状况，如本季度的收入、每股收益，以及对下一季度的一些预期；公司或许试图对数字进行“粉饰”，以营造一种公司经营状况良好的氛围。这种努力是否成功制造了积极的情绪？为了更好地了解这一情况，研究者对CEO的讲话进行了研究。

普莱斯（Price）及其同事们研究了各种财报电话会议的记录，以确定CEO的情绪[17]。为此，他们计算了涉及积极情绪和消极情绪的词汇的数量，并创建了相应的情绪指数，以确定CEO在演讲中是更乐观还是更悲观。研究发现，CEO使用的积极词汇越多，下一个交易日的股票回报率就越高，CEO讲话所传达的情绪可以在短期内影响股票价格。

这种情绪是否影响了所有的投资者？布劳（Blau）及其同事们扩大了先前的研究，研究了电话会议中积极词汇和消极词汇的数量，以及成熟投资者与普通投资者的反应[18]。研究认为，以专业投资者和专业分析师为代表的成熟投资者，有更多的知识和经验来辨别公司所传达的信息。由于卖空风险较大，只有成熟投资者才会进行卖空，研究者将卖空行为作为区分成熟投资者和普通投资者的标准。研究发现，成熟投资者进行卖空的主要目标是盈利冲击较大（盈利高于预期）和CEO讲话中使用积极词汇异常多的公司。换句话说，成熟投资者会意识到CEO试图通过传递情绪来抬高公司的股票价格，因此，试图在短期价格暂时上涨后卖空，进而在股价回调中获利。

在另一项研究中，普莱斯及其同事们分析了CEO的录音和相应的书面记录[19]。研究者使用Audacity软件（音频处理软件）等来分离出声音特征，判断CEO在演讲时是否兴奋或是否快乐。研究发现，CEO的情绪与投资者对信息的看法呈正相关关系，也就是说，如果CEO在电话会议期间是快乐和乐观的，股票回报率通常会更高。这一结果表明，重要的不仅是CEO说了什么，还有他们是怎么说的。

马耶（Mayew）和文卡塔恰兰（Venkatachalam）研究了公司电话会议所传达的情感和对未来公司业绩的看法对公司股票的影响[20]。研究者使用语音分析软件来判定高管声音语调属于积极的情绪状态（快乐、兴奋、喜悦）还是消极的情绪状态（恐惧、紧张、焦虑、不开心）。然而，由于公司高管有可能在电话会议上演讲时伪造一种积极的情绪状态，因而研究者进一步研究了CEO或CFO在回答分析师问题时的情绪状态。研究发现，在公司收益不达标后，投资者会立即对此负面情绪做出反应，股票价格应声下跌；当分析师后来改变对这只股票的投资建议时，投资者又会重新表现出积极的情绪。

本章小结

充分理性和没有情感的“经济人”是不存在的。研究表明，情绪会影响人们承担风险大小的倾向，更快乐或更悲伤的人可能会承担更多风险。此外，频繁检查投资组合和投资头寸促进了对损失的情感唤醒，进而可能导致个体在未来承担更多的风险；这种对收益和损失的情绪反应也会激发处置效应，但是不容易情绪化的人会更容易克服投资偏见。此外，社会总体情绪对股市的变动也有影响：当人们对股市感到担忧并在谷歌上搜索消极词汇时，随之而来的往往是股市下跌；当公司高管在公司财报公布期间情绪积极时，伴随的往往是该公司股价上涨。总而言之，情感和情绪会对个人金融决策和股市走势产生很大的影响。

思考题

1. 情绪如何影响风险承担？
2. 情绪如何影响非理性行为？

3. 什么是短视损失厌恶？它与情绪有什么关系？

4. 研究者是如何研究股票市场的总体情绪的？

注释

[1] Paul Ekman, Wallace V. Friesen. Constants across cultures in the face and emotion. Journal of Personality and Social Psychology, 1971, 17(2): 124.

[2] K. Luan Phan, Tor Wager, Stephan F. Taylor, et al. Functional neuroanatomy of emotion: A meta-analysis of emotion activation studies in PET and fMRI. NeuroImage, 2002, 16(2): 331-348.

[3] Andrew W. Lo, Dmitry V. Repin. The psychophysiology of real-time financial risk processing. Journal of Cognitive Neuroscience, 2002, 14(3): 323-339.

[4] Camelia M. Kuhnen, Brian Knutson. The influence of affect on beliefs, preferences, and financial decisions. Journal of Financial and Quantitative Analysis, 2011, 46(3): 605-626.

[5] Jennifer S. Lerner, Deborah A. Small, George Loewenstein. Heart strings and purse strings: Carryover effects of emotions on economic decisions. Psychological Science, 2004, 15(5): 337-341.

[6] Anna Conte, M. Vittoria Levati, Chiara Nardi. Risk preferences and the role of emotions. Economica, 2018, 85(338): 305-328.

[7] J. S. Lerner, D. Keltner. Fear, anger, and risk. Journal of Personality and Social Psychology, 2001, 81(1): 146.

[8] B. Summers, D. Duxbury. Decision-dependent emotions and behavioral anomalies. Organizational Behavior and Human Decision Processes, 2012, 118(2): 226-238.

[9] M. G. Seo, B. Goldfarb, L. F. Barrett. Affect and the framing effect within individuals over time: Risk taking in a dynamic investment simulation. Academy of Management Journal, 2010, 53(2): 411-431.

[10] E. B. Andrade, T. Odean, S. Lin. Bubbling with excitement: An experiment. Review of Finance, 2015, 20(2): 447-466.

[11] Richard H. Thaler, Amos Tversky, Daniel Kahneman, et al. The effect of myopia and loss aversion on risk taking: An experimental test. The Quarterly Journal of Economics, 1997, 112(2): 647-661.

[12] Michael S. Haigh, John A. List. Do professional traders exhibit myopic loss aversion? An experimental

analysis. Journal of Finance, 2005, 60 (1) : 523 - 534.

[13] Peter Sokol–Hessner, Ming Hsu, Nina G. Curley, et al. Thinking like a trader selectively reduces individuals' loss aversion. Proceedings of the National Academy of Sciences, 2009, 106 (13) : 5035 - 5040.

[14] Giorgio Coricelli, Mateus Joffily, Claude Montmarquette, et al. Cheating, emotions, and rationality: An experiment on tax evasion. Experimental Economics, 2010, 13 (2) : 226 - 247.

[15] Boris Maciejovsky, Herbert Schwarzenberger, Erich Kirchler. Rationality versus emotions: The case of tax ethics and compliance. Journal of Business Ethics, 2012, 109 (3) : 339 - 350.

[16] Zhi Da, Joseph Engelberg, Pengjie Gao. The sum of all FEARS investor sentiment and asset prices. Review of Financial Studies, 2014, 28 (1) : 1 - 32.

[17] S. McKay Price, James S. Doran, David R. Peterson, et al. Earnings conference calls and stock returns: The incremental informativeness of textual tone. Journal of Banking & Finance, 2012, 36 (4) : 992 - 1011.

[18] Benjamin M. Blau, Jared R. DeLisle, S. McKay Price. Do sophisticated investors interpret earnings conference call tone differently than investors at large? Evidence from short sales. Journal of Corporate Finance, 2015, 31 (4) : 203 - 219.

[19] S. McKay Price, Michael J. Seiler, Jiancheng Shen. Do investors infer vocal cues from CEOs during quarterly REIT conference calls? . The Journal of Real Estate Finance and Economics, 2017, 54 (4) : 515 - 557.

[20] William J. Mayew, Venkatachalam. The power of voice: Managerial affective states and future firm performance. Journal of Finance, 2012, 67 (1) : 1 - 43.

第九章

环境对金融决策的影响

很多人走完一生都没有意识到周遭环境其实也会影响他们的各种决策。你在雨天是否曾经郁郁寡欢，觉得没有工作干劲？你过敏时除了躺在床上是否什么事都不想做？本章将详细介绍环境的影响，如天气、空气污染和自然灾害等是如何影响我们的金融决策的。

天气、情绪和财务决策

天气和心情

心理学家已经发现天气和情绪之间有很强的关联性。例如，比起下雨天或阴天，大多数人在有阳光的时候会更快乐或乐观。豪斯（Howarth）和霍夫曼（Hoffman）将人们的情绪与天气数据相匹配后发现，在天气较好的日子里（如温度较高和日照时间较长），人们的情绪会更好[1]。汉纳克（Hannak）及其同事们甚至发现，天气会影响人们在推特（Twitter）上发表的内容所表达的心情[2]。此外，日照时间的增加也与更多的帮助行为[3]、更高的餐厅小费[4]以及较低的抑郁症发病率[5]和自杀率[6]相关。因此，我们可以合理推测，天气也会通过对情绪的作用来影响金融决策（详见第八章关于情绪和心情的部分）。

上述影响的内在机制是什么呢？阳光会使大脑促进血清素等神经递质的分泌，血清素在大脑的神经元之间传递信号，对快乐、焦虑和其他方面的情绪进行调节，也会影响肠道功能、血液凝固、骨密度和性功能等。而且，人体的血清素水平也被认为可能是缺乏阳光造成的，低水平的血清素又会导致人们对幸福感的感知能力下降、焦虑增加，并产生抑郁和睡眠困难（详见第六章关于睡眠的部分）。相反，处在黑暗或较暗的环境下，大脑的松果体会产生褪黑素。褪黑素通常被称为睡眠荷尔蒙，因为它会影响人的昼夜节律，其分泌增多也是在告知我们是时候睡觉了。此外，褪黑素与大脑受体相结合，会降低多巴胺（刺激神经活动和保持身体警觉与清醒的重要物质）水平。

天气和金融实验

鲍希（Bassi）及其同事们通过被称为“Holt and Laury”[7]的博弈来研究天气对金融风险承担的影响。

在这项任务中，受试者须在选项A和选项B之间进行选择，其中选项A是随机获得2美元或1.6美元，选项B是随机获得3.85美元或0.10美元。受试者在两个不同的日子里完成了同样的任务，其中一次是在晴朗的天气下进行的，而另一次是在暴雨中进行的。

研究发现，在天气不好的日子里，受试者更有可能选择风险较小的选项（A）。

天气和股票市场

赫什莱佛（Hirshleifer）和沙姆韦（Shumway）研究了天气对股票收益的

影响[8]。他们认为，如果好天气使人们更加乐观，那么投资者将更有可能买入股票而不想卖出股票，进而导致股票价格上涨。为了验证这一假设，他们研究了26个国家的证券交易所所在城市早晨日照时长与股票收益之间的关系，发现阳光确实对股票收益有积极影响（菲律宾马尼拉除外）。

戈茨曼（Goetzmann）及其同事们探究了天气是否影响投资者对股票市场的看法[9]。研究者使用了耶鲁大学对投资者行为调查的数据，该数据的收集方法是每月对大约100名专业交易员进行调查，询问其对股票市场的看法。研究者将这些调查情况与投资者完成调查当天的天气相匹配后发现，阴天程度越深（阳光照射越少）时，投资者越有可能判定股票价格虚高，专业投资机构也更有可能卖出股票。

季节性情感障碍

季节性情感障碍的生理学解释

季节性情感障碍（seasonal affective disorder，SAD）是一种季节性抑郁症，一般由于白天（北半球的9月至下一年5月）阳光较少而产生[10]，具有季节性特征。据统计，它影响了美国大约10%的人口，实际上，其影响范围可能远大于此。由于它比实际临床抑郁症给人们造成的影响更温和，很多人对它不易察觉。这种形式的季节性情感障碍通常被称为“冬季忧郁症”。

季节性情感障碍会影响人们的神经系统运行，进而对人们的行为产生较大影响。医学文献表明，季节性情感障碍产生的两个主要原因是日光照射不足和生物钟（通常称为昼夜节律）被破坏，尤其是日出日落时间发生变化可能会导致血清素水平降低[11]。此外，昼夜节律的变化导致睡眠潜伏期（入睡所需的时间）变长，深度睡眠中的短波睡眠也会减少[12]。

科恩（Cohen）及其同事们利用正电子发射断层成像研究了季节性情感障碍对神经活动的影响[13]。研究发现，患有季节性情感障碍的人之所以表现出不同的行为，是因为他们的大脑灰质和前额叶皮层（处理信息和决策的重要部分）的葡萄糖代谢率较低；在这种情况下，脑细胞不会将细胞内的葡萄糖转化为能量，这使得认知处理速度变慢、效率降低。莫林（Molin）及其同事们通过在9月至来年5月每两周调查一次患者的情绪来研究天气对季节性情感障碍患者的影响[14]。研究发现，除了白昼时长之外，日照时长和温度也对情绪和情感起到重要作用，因而对季节性情感障碍的研究也应考虑到其他天气变量。

季节性情感障碍和金融实验

克雷默（Kramer）和韦伯（Weber）对大学内的教职员工进行了一项实验，以评估季节性情感障碍对金融风险厌恶的影响[15]。

每个受试者被分配20美元的资金，他们可以选择以资金的100%、50%或0参与博弈，该博弈的盈利和亏损各有50%的概率。研究者让受试者在2008年12月和2009年7月参加这项任务，以研究白昼时长对风险厌恶的影响。

研究发现，与夏季相比，表现出更多季节性情感障碍的人在冬季不太喜欢投入资金进行博弈，这表明白昼时长确实可以影响风险承担。

季节性情感障碍和股票市场

卡普兰斯基（Kaplanski）及其同事们研究了季节性情感障碍对投资预期的影响[16]。他们使用蒂尔堡大学的社会科学纵向互联网研究（Longitudinal Internet Studies for the Social Sciences，LISS）的面板数据来研究荷兰成年人的投资组合构成及其预期收益。该数据的调查方法是利用问卷询问投资者对阿姆斯特丹交易所指数的短期（下个月）和长期（下一年）股票收益与波动（风险）预期（阿姆斯特丹交易所指数相当于荷兰的道琼斯工业平均指数）。研究发现，投资者在秋季的几个月里对股票回报的预期比该年其他月份都要低，这表明季节性情感障碍抑制了投资者的积极情绪，导致其对未来产生悲观看法。同样，坎斯壮及其同事们使用证券交易所所在地的日照时间作为衡量季节性情感障碍的标准，研究了美国、瑞典、英国、德国、加拿大、新西兰、日本、澳大利亚和南非的季节性情感障碍对股票市场收益的影响[17]。研究发现，日照时长与股票收益率存在关联性，秋季和冬季（北半球）的股票收益率低于该年的其他季节。

如果季节性情感障碍与股票市场的回报有关，它可能会影响我们对市场收益的理解。资本资产定价模型（capital asset pricing model）是由威廉·夏普（William Sharpe）等人创建的关于金融市场投资组合理论和均衡理论的数学模型，该模型认为：预期股票收益等于无风险利率加上风险系数（β）乘以股票市场的市场风险溢价（股票市场收益率减去无风险利率）。这项研究成果使威廉·夏普获得1990年的诺贝尔经济学奖。自20世纪60年代此模型被创建以来，学者们一直试图对其进行改进。比如，研究发现，市场风险溢价在不同时期并不恒定，条件资本资产定价模型（conditional capital asset pricing model）随之发展起来，该模型认为，市场风险溢价会随着时间的变化而变化，风险溢价在经济衰退期与扩张期可能是不同的。

加雷特（Garrett）及其同事们研究了在美国、英国、日本、新西兰、澳大利亚和瑞典等国家的季节性情感障碍对市场风险溢价的影响[18]。该研究使用每日和每月的价格数据计算了这些国家的市场风险溢价，并以风险溢价为自变量进行统计回归。研究发现，日照时长与市场风险溢价呈正相关关系，这表明：①季节性情感障碍可以影响市场风险溢价；②投资者在秋季和冬季对市场回报的期望值较低。

测度股票市场风险的另一种标准是买卖价差（bid-ask spread）。买卖价差是指买方在购买股票时支付的价格（买价）和卖方收到的价格（卖价）之差，这也是股票市场上交易成本中较大的一部分。2019年，在纽约证券交易所交易的股票的平均价差约为50个基点，纳斯达克股票为250个基点，尤其是小市值股票的买卖价差最高[19]。研究表明，这种买卖价差也会随着时间的变化而变化[20]。此外，风险厌恶也是买卖价差的一个重要影响因素[21]。丹吉纳罗（DeGennaro）及其同事们研究了季节性情感障碍是否在买卖价差的变化中起作用，因为季节性情感障碍也随着时间的变化而变化，同时又与风险厌恶相关（这两者都和买卖价差的性质类似）。研究者探究了在纽约证券交易所和纳斯达克证券交易所交易的所有股票的买卖价差及其与美国纽约市（两个交易所的总部所在地）日照时间的关系。研究发现，在秋季和冬季，买卖价差扩大了20个基点，这与季节性情感障碍增加风险厌恶的观点一致[22]。

除了检验买卖价差所包含的风险厌恶外，研究者还从投资者行为的角度来研究上述问题。坎斯壮及其同事们通过基金的认购赎回情况来研究投资者的风险厌恶[23]。研究发现，大多数投资者倾向于在秋季将资金转移到较安全的基金类别（如货币市场基金），然后在春季重回风险较大类别（如股票）。该研究认为，投资者在秋季日照时间减少时变得更加厌恶风险，而在春季日照时间增加时开始追加风险。这一发现与季节性情感障碍解释论也是一致的。

除了研究风险溢价和风险厌恶之外，研究者还通过市场的收益波动率直接研究风险。波动性越高，风险就越大。西梅奥尼迪斯（Symeonidis）及其同事们研究了天气——包括温度、降水、光照和白昼时长等——对26个不同国家的股票市场波动的影响。研究发现，研究样本中的所有国家的光照时长和白昼时长都与股票市场波动呈正相关关系[24]。

季节性情感障碍和金融分析师

多尔文（Dolvin）及其同事们对金融分析师的行为与一般投资者的行为是否存在一致性进行了探究[25]。研究者探究了金融分析师对每股收益的预测与公司实际每股收益之间的差异，并进一步将这些收益预测与当时的日照时长相匹配。研究发现，当日照较少时，金融分析师更悲观且会低估未来的收益；而当日照较多时，他们更乐观并会高估未来的收益。这一证据表明，季节性情感障碍对金融分析师预测的准确性具有一定的影响。罗（Lo）和吴（Wu）也研究了季节性情感障碍对金融分析师的影响[26]。他们发现，季节性情感障碍影响了金融分析师的年度收益预测及其修正——在秋天会向悲观的方向修正，而在春天会向乐观的方向修正。

多尔文和派尔斯（Pyles）研究了季节性情感障碍对首次公开募股（IPO）定价的影响[27]。该研究假设，如果季节性情感障碍导致风险厌恶的增加，那么在日照较少的情况下定价会更低，秋季和冬季的发行价格修正和调整的幅度也会更大。与假设一致，研究发现，在日照时间较少的月份，定价偏低程度和随后的价格调整幅度均较高，这与季节性情感障碍影响金融分析师的方式类似。

空气污染、认知和金融决策

空气污染和认知

医学文献表明，空气污染会损害人的认知能力。空气污染物有很多种，包括二氧化硫、二氧化氮、一氧化碳、臭氧和可吸入颗粒物等。对那些已存在健康问题（如哮喘）的人来说，二氧化硫可能会导致其呼吸困难。二氧化氮也是一种会刺激呼吸系统的气体，主要由燃料（如汽车、卡车、飞机的燃料）燃烧产生。一氧化碳是一种无味的气体，尤其会在炭等燃料没有完全燃烧时形成，汽车尾气约占一氧化碳排放总量的75%。臭氧这种气体其实好坏参半——它自然存在于距离地球表面6英里以上的高空，帮助地球屏蔽来自太阳的紫外线；然而，它也在地面附近形成，其来源包括车辆、发电厂和化工厂以及其他工业的排放。可吸入颗粒物包括空气中由灰尘、污垢或烟雾造成的固体颗粒和液滴，可分为PM_{10}或$PM_{2.5}$，10和2.5刻画了这种污染物的大致直径。具体来说，PM_{10}是指直径小于10微米的颗粒物，而$PM_{2.5}$是指直径为2.5微米或更小的颗粒物。10微米或2.5微米有多小？人类头发的平均直径为70微米，所以肉眼是无法看到单个颗粒物的。美国环境保护局（EPA）将颗粒物区分为PM_{10}或$PM_{2.5}$，污染物越细（$PM_{2.5}$），越容易被吸入肺部深处，对人体造成损害。美国环境保护局利用这五种污染物（二氧化硫、二氧化氮、一氧化碳、臭氧和可吸入颗粒物）创建了空气污染指数。

当空气污染物通过呼吸系统时，它会使神经元发炎并产生氧化压力，也就是体内自由基和抗氧化剂会产生不平衡[28]，这种炎症和氧化应激又会改变线粒体的功能，使线粒体在能量转化时效率降低，进而使细胞分裂速度变慢或分裂出错。这又可能导致大脑损伤和各种疾病，如帕金森病、阿尔茨海默病、肺部和心血管疾病或癌症[29]。此外，空气污染也会降低预期寿命[30]，增加疾病发病率和住院率[31]。总而言之，空气污染对人体健康尤其是大脑功能有重大影响。

张（Zhang）及其同事们研究了空气污染指数对中国人的认知能力的影响[32]。该研究使用的中国家庭金融调查报告向参与者提出了24个数学问题和34个语言（口头）问题。研究者将人们的数学和语言成绩与他们居住地的空气质量指数相匹配，发现空气污染可能会导致认知水平降低。空气污染对认知能力有长期影响吗？陈（Chen）研究了空气污染对中国学生认知发展的影响[33]，他汇总了学生在整个青春期所承受的空气污染，以了解空气污染是否对其以后的学习成绩有影响。该研究称，在空气污染较严重地区长大的孩子，随着他们的成长，其阅读能力和数学能力都比无空气污染地区的孩子要低，这表明空气污染对认知能力有长期影响。

然而，室外空气污染并不是唯一令人担忧的因素。罗斯（Roth）研究了英国室内空气污染对认知能力的影响[34]，他收集了室内$PM_{2.5}$和PM_{10}的相关数据，并将其与2012—2013学年的大学生考试成绩相匹配。研究发现，当室内空气污染高于正常水平时，学生的考试成绩会变差。

空气污染和股票市场

莱维（Levy）和亚吉尔（Yagil）将每日空气污染分为良好空气质量和不健康空气质量，进而将纽约市的空气质量分级与标准普尔500指数、道琼斯工业平均指数和纳斯达克指数相匹配（因为这三个指数中的大部分企业总部都在纽约）。图9.1显示了每个股票市场在空气质量良好和不好时的平均股票回报。当纽约的空气质量良好时，平均每天的股票指数回报约为0.05%，而在空气质量不好时，平均每天的股票指数回报则为-0.38%～-0.45%[35]。

海斯（Heyes）及其同事们使用了一个更复杂的模型来研究$PM_{2.5}$对标准普尔500指数回报和波动的影响[36]。他们的研究报告称，曼哈顿空气中的平均$PM_{2.5}$指数为11.53微克/立方米，当可吸入颗粒物增加一个标准差时，比如从11.53微克/立方米增加到18.50微克/立方米，当天的股票回报率就会降低11.9%。此外，研究者还发现，可吸入颗粒物的增加导致芝加哥期权交易所（CBOE）波动率指数（衡量股市波动与投资者恐慌程度的指标）上升。回报

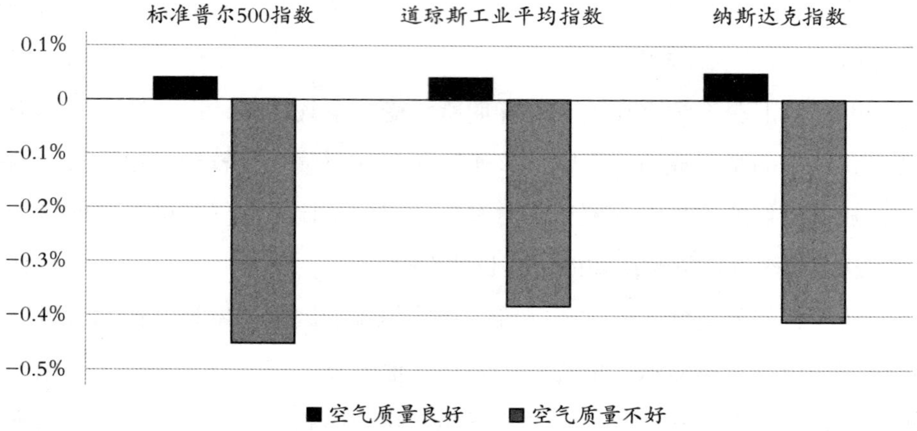

图 9.1　每日股票回报与空气质量

率的下降和芝加哥期权交易所波动率指数的上升都表明，空气污染增加了投资者的风险厌恶。

莱波里（Lepori）利用意大利的一个自然实验研究了空气污染与股票收益的关系[37]。1994年4月15日，意大利的米兰证券交易所正式关闭交易所大厅的场内交易。在这之前，场内交易员在交易所内工作并受到城市空气污染的影响；在这之后，技术进步使得这些交易员可以远程操作。因此，莱波里研究了1994年之前和之后空气污染对股票收益的影响。从前文逻辑出发，一旦交易员不再在交易所大厅工作，空气污染对回报率的影响应该会更小。该研究证实了这种关系，并报告说，从1989年到1994年4月14日，空气污染的增加与米兰证券交易所的回报率降低相关；1994年4月14日之后，米兰的空气污染对回报率没有影响。

黄（Huang）及其同事们使用来自34个城市的8万多名中国投资者的投资数据，研究了空气污染对投资者业绩的影响[38]。研究者将这34个城市的空气污染指数与居住在对应城市的投资者进行了匹配。研究发现，在空气污染严重的日子里，人们的投资决策水平会下降。图9.2说明了在空气质量不同的时期，股票年化收益率的差异。比如，在空气质量对敏感人群不健康的日子购买的股票，其年化收益率比在空气质量达到健康水准的日子购买的股票低52个基点；空气污染处于极端水准时购买的股票比空气质量达到健康水准时购买的股票表现差375个基点。这一结果表明：在空气质量较差的情况下，投资者做出更糟糕的金融决策，购买的股票也不尽如人意。

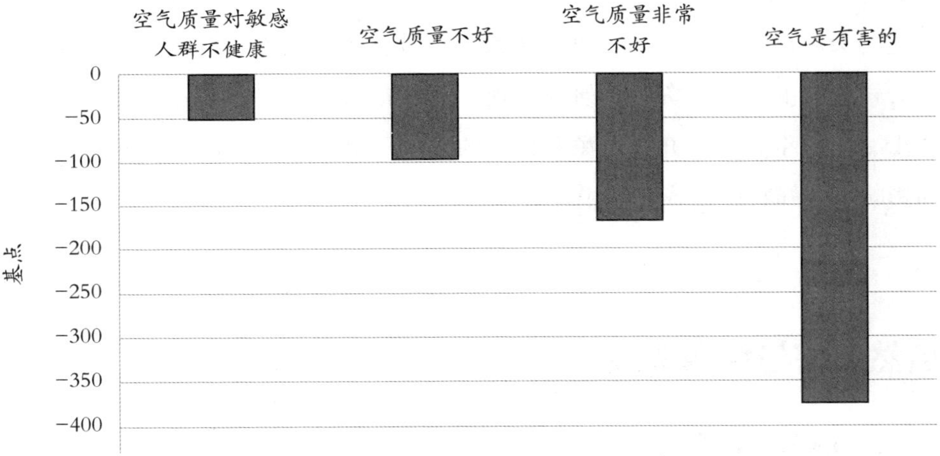

图 9.2　空气质量不同的时期内的股票年化收益率

李（Li）及其同事们进行了一项类似的研究来考察处置效应[39]。处置效应是指投资者过早地卖出他们的盈利头寸，而过久地持有他们的亏损头寸的行为，它是由卖出盈利头寸时的积极自豪感和避免卖出亏损头寸时的消极遗憾感驱动的。这种行为其实是不理性的（具体论述见第五章）。在此研究中，研究者汇总了200多个城市的近77.5万个经纪账户的历史交易数据，进而将空气污染指数与每个交易者的居住地相匹配。与空气污染既能导致认知缺陷又能改变风险偏好的观点一致，研究发现，当空气污染较严重时，投资者的处置效应更为强烈。

过敏与金融决策

过敏是由外部物质引起的，如花生酱或花粉。与空气污染类似，过敏也会导致短期的健康问题和认知缺陷。潘塔利斯（Pantzalis）和乌贾尔（Ucar）研究了过敏对投资者决策的影响[40]，他们将城市花粉数量与公司总部所在地相匹配。“本地效应”（local effect）认为，居住在公司总部附近的投资者更有可能购买和出售该公司的股票。因此，公司总部附近的花粉可能会影响购买该公司股票的本地投资者。研究发现，随着花粉的增加，该公司股票交易量减少、回报率降低，并且对盈利公告的反应不足，这表明投资者可能因过敏而影响了认知状态或分散了注意力。

自然灾害与金融决策

自然灾害的影响

研究者还研究了自然灾害对金融决策的影响。自然灾害会对人们的健康和社区资源造成破坏。此外，自然灾害还有可能会改变人们的风险偏好。如果某人在洛杉矶和纽约都获得了工作机会，但就在他准备做决定的时候，洛杉矶发生了大地震，这场自然灾害可能会影响这个人的风险偏好，使其倾向于选择去纽约工作而不是洛杉矶。研究者认为，经历更多的极端事件（如台风）可能使人们对风险的后果更加敏感，并导致其风险厌恶程度加深。当然，极端事件的经历也有可能使他们有了更好的风险处理能力，从而能够承担更多的风险。

自然灾害对金融决策的影响

伯尼勒（Bernile）及其同事们研究了人在年轻时经历过自然灾害会对将来产生怎样的影响，该研究聚焦成为CEO的那部分人的行为[41]。

研究者将自然灾害与CEO在5～15岁时的居住地相匹配。自然灾害包括地震、火山喷发、海啸、飓风、龙卷风、严重风暴、洪水、滑坡和火灾。该研究根据在自然灾害中死亡的人数，将自然灾害分为三组：无死亡人数组、中等死亡人数组和极端死亡人数组。研究发现，大约33%的CEO经历过无人死亡的自然灾害，56%的CEO经历过中等死亡人数的自然灾害，11%的CEO经历过极端死亡人数的自然灾害。研究者探究了自然灾害事件如何通过公司的财务杠杆和现金资产比率影响CEO的风险承担，结果发现，经历过中等死亡人数自然灾害的CEO所在公司与经历过无死亡人数自然灾害的CEO所在公司相比，其财务杠杆率高出3.3%，每美元资产的现金少1.2%，这些CEO正承担着更多的风险。然而，经历过极端死亡人数自然灾害的CEO所在公司与经历过无死亡人数自然灾害的CEO所在公司相比，其财务杠杆率低3.5%，每美元资产的现金多2.2%，这些CEO承担的风险更少。

该研究表明，CEO在青少年时期所经历自然灾害中的死亡人数与其公司的财务风险承担之间存在倒U形关系。

德萨特（Dessaint）和马特雷（Matray）研究了管理者对突发事件（如台风袭击）的反应[42]。有时，我们会过分看重那些小概率事件的发生，比如中彩票，或认为台风不久后会再次袭击同一地区，这其实是一种常见的行为偏差。研究发现，那些未受台风影响但离灾区相当近的公司，其经理对台风再次来袭的反应是在下一年增加现金持有量，这些经理在随后的公开会计报表中也会提及台风给公司带来的潜在风险。事实上，台风作为一种风险被提及的概率比其真实发生的概率高86%。在第一年的现金持有量增加之后，这些公司在接下来（如第二年）又会将其现金持有量降低到台风来袭前的水平；这表明随着距离台风发生时间的延长和突发事件风险的消退，经理们也会慢慢忘记台风这回事。总而言之，经理们可能具有过分看重小概率事件的行为偏差，导致公司持有的现金额增加和投资额减少。

班尼特（Bennett）和王（Wang）运用Sheldus数据库的信息研究了自然灾害对市政债券市场的影响[43]。研究者认为，在自然灾害发生后，投资者不太可能在受影响的地区投资，因为该地区有可能再次发生自然灾害破坏他们的投资；如果他们要在该地区投资，可能需要更高的回报率来补偿其风险。研究发现，在大型自然灾害发生后，受灾地区的市政债券收益率在头三个月上升，这与前文的猜想一致。然而，虽然信用评级公司并没有高估再次发生大规模自然灾害的概率，也没有改变这些国家的信用评级，市场对这些市政债券的需求却下降了。市政债券的发行者在自然灾害发生后也有不同的表现，倾向于发行比往常期限更短的债券，以资助自然灾害后的重建工作。

恐怖主义与股票市场

恐怖主义

在生活中，其实我们对很多快乐事情的记忆都是模糊的，如婚礼、孩子的出生或新工作的第一天，我们并不能记住确切的时间。然而，有一些悲伤的事件会永远根植于我们的大脑中，如恐怖袭击。

恐怖袭击是为了制造恐怖，即使你不认识受到袭击的当事人，恐怖袭击也会让你产生强烈的负面情绪，如愤怒、悲伤、恐惧、焦虑和绝望。恐怖袭击后的恐惧和压力会对一个人检索分析投资信息的认知能力产生不利影响，从而使本就复杂的交易任务更加困难。埃亨（Ahern）研究发现，在一国发生的恐怖袭击会影响祖籍为该国但旅居国外的人的经济偏好，这些人的信任感和幸福感会大幅下降[44]。

恐怖主义对股票市场的影响

王（Wang）和杨（Young）研究了恐怖袭击对投资者风险厌恶的影响[45]，这项研究使用的数据库包含了1984—2010年全球409起恐怖袭击事件。他们将这些数据与股票型基金和债券型基金的认购赎回等交易情况进行匹配后发现，在恐怖袭击发生后，投资者改变了他们的投资组合以减少风险。研究结论包含以下几点：

- 投资者会卖出股票型基金。
- 投资者会买入债券型基金。
- 投资者会将投资标的从小型基金转向大型基金。

阿加瓦尔（Agarwal）及其同事们将2008年的孟买恐怖袭击事件作为一个自然实验，研究极端冲击如何影响人们的交易活动和交易表现[46]。孟买恐怖袭击造成数百人死亡，并在公众中引起巨大的恐慌，这场袭击被称为“印度的9·11”。研究者利用印度证券交易所等的交易记录分析了恐怖袭击发生后的投资者行为。研究发现，与居住在孟买以外的投资者相比，居住在孟买的投资者交易明显减少。有趣的是，交易活动并不是立即开始减少的，而是在恐怖袭击发生后的第四天。除了交易量减少外，孟买交易员在恐怖袭击发生后的投资表现也更差。研究者认为，这是因为交易员的认知能力受到严重影响，以致他们会做出错误的交易决策。

本章小结

环境因素（如天气、空气污染、自然灾害和恐怖袭击）会对健康、认知和情绪产生不利影响，进而影响金融决策。具体来说，晒太阳可以产生积极的情绪，在艳阳高照的日子里，投资者倾向于承担更多风险，股市也会相应地上涨。相反，由季节性情感障碍和缺乏光照引发的负面情绪会导致更少的风险承担、更悲观的观点、更低的股票回报率、更高的股市波动性以及更高的买卖价差。空气污染对股市也有很大的影响，较低的股票回报率、较高的股市波动性和较差的投资决策会随之产生。花粉等过敏源会给投资者带来认知损伤。总体而言，自然灾害和恐怖袭击会导致投资者更加厌恶风险。

思考题

1. 天气如何影响情绪？
2. 天气如何影响金融决策？
3. 空气污染如何影响我们的大脑？
4. 空气污染如何影响股票市场？

注释

[1] Howarth, M. S. Hoffman. A multidimensional approach to the relationship between mood and weather. British Journal of Psychology, 1984, 75(1): 15-23.

[2] Aniko Hannak, Eric Anderson, Lisa Feldman Barrett, et al. Tweetin' in the rain: Exploring societal-

scale effects of weather on mood. In Sixth International AAAI Conference on Weblogs and Social Media, 2012, May.

[3] Jeffrey L. Sanders, Mary S. Brizzolara. Relationships between weather and mood. Journal of General Psychology, 1982, 107(1): 155-156.

[4] Bruce Rind, David Strohmetz. Effect of beliefs about future weather conditions on restaurant tipping. Journal of Applied Social Psychology, 2001, 31(10): 2160-2164.

[5] John M. Eagles. The relationship between mood and daily hours of sunlight in rapid cycling bipolar illness. Biological Psychiatry, 1994, 36(6): 422-424.

[6] Glen H. Tietjen, Daniel F. Kripke. Suicides in California (1968—1977): Absence of seasonality in Los Angeles and Sacramento counties. Psychiatry Research, 1994, 53(2): 161-172.

[7] Anna Bassi, Ricccardo Colacito, Paolo Fulghieri. 'O sole mio: An experimental analysis of weather and risk attitudes in financial decisions. Review of Financial Studies, 2013, 26(7): 1824-1852.

[8] David Hirshleifer, Tyler Shumway. Good day sunshine: Stock returns and the weather. Journal of Finance, 2003, 58(3): 1009-1032.

[9] William N. Goetzmann, Dasol Kim, Alok Kumar, et al. Weather-induced mood, institutional investors, and stock returns. Review of Financial Studies, 2014, 28(1): 73-111.

[10] Carolina Johansson, Christina Smedh, Timo Partonen, et al. Seasonal affective disorder and serotonin-related polymorphisms. Neurobiology of Disease, 2001, 8(2): 351-357.

[11] Raymond W. Lam, Robert D. Levitan. Pathophysiology of seasonal affective disorder: A review. Journal of Psychiatry and Neuroscience, 2000, 25(5): 469.

[12] Norman E. Rosenthal, David A. Sack, J. Christian Gillin, et al. Seasonal affective disorder: A description of the syndrome and preliminary findings with light therapy. Archives of General Psychiatry, 1984, 41(1): 72-80.

[13] Robert M. Cohen, Michael Gross, Thomas E. Nordahl, et al. Preliminary data on the metabolic brain pattern of patients with winter seasonal affective disorder. Archives of General Psychiatry, 1992, 49(7): 545-552.

[14] Jeanne Molin, Erling Mellerup, Tom Bolwig, et al. The influence of climate on development of winter depression. Journal of Affective Disorders, 1996, 37(2-3): 151-155.

[15] Lisa A. Kramer, J. Mark Weber. This is your portfolio on winter: Seasonal affective disorder and risk aversion in financial decision making. Social Psychological and Personality Science, 2012, 3(2): 193-199.

[16] Guy Kaplanski, Haim Levy, Chris Veld, et al. Do happy people make optimistic investors? Journal of Financial and Quantitative Analysis, 2015, 50 (1-2) : 145-168.

[17] Mark J. Kamstra, Lisa A. Kramer, Maurice D. Levi. Winter blues: A SAD stock market cycle. American Economic Review, 2003, 93 (1) : 324-343.

[18] Ian Garrett, Mark J. Kamstra, Lisa A. Kramer. Winter blues and time variation in the price of risk. Journal of Empirical Finance, 2005, 12 (2) : 291-316.

[19] NYSE Internal Database and Consolidated Tape Statistics. [2019-03-31] http://www.nyse.com/markets/nyse#marketquality.

[20] Robert A. Clark, John J. McConnell, Manoj Singh. Seasonalities in NYSE bid-ask spreads and stock returns in January. The Journal of Finance, 1992, 47 (5) : 1999—2014; Richard D. Fortin, R. Corwin Grube, O. Maurice Joy. Seasonality in NASDAQ dealer spreads. Journal of Financial and Quantitative Analysis, 1989, 24 (3) : 395-407.

[21] Hans R. Stoll. The supply of dealer services in securities markets. Journal of Finance, 1978, 33 (4) : 1133-1151.

[22] Ramon P. DeGennaro, Mark J. Kamstra, Lisa A. Kramer. Does risk aversion vary during the year? Evidence from bid-ask spreads. Working Paper, University of York, 2008.

[23] Mark J. Kamstra, Lisa A. Kramer, Maurice D. Levi, et al. Seasonal asset allocation: Evidence from mutual fund flows. Journal of Financial and Quantitative Analysis, 2017, 52 (1) : 71-109.

[24] Lazaros Symeonidis, George Daskalakis, Raphael N. Markellos. Does the weather affect stock market volatility? Finance Research Letters, 2010, 7 (4) : 214-223.

[25] Steven D. Dolvin, Mark K. Pyles, Qun Wu. Analysts get SAD too: The effect of seasonal affective disorder on stock analysts' earnings estimates. Journal of Behavioral Finance, 2009, 10 (4) : 214-225.

[26] Kin Lo, Serena Shuo Wu. The impact of seasonal affective disorder on financial analysts. Accounting Review, 2017, 93 (4) : 309-333.

[27] Steven D. Dolvin, Mark K. Pyles. Seasonal affective disorder and the pricing of IPOs. Review of Accounting and Finance, 2007, 6 (2) : 214-228.

[28] Lucio G. Costa, Toby B. Cole, Jacki Coburn, et al. Neurotoxicants are in the air: Convergence of human, animal, and in vitro studies on the effects of air pollution on the brain. BioMed Research International,

2014, 2014 (736385) : 1-8.

[29] Lotte Risom, Peter Møller, Steffen Loft. Oxidative stress-induced DNA damage by particulate air pollution. Mutation Research/Fundamental and Molecular Mechanisms of Mutagenesis, 2005, 592 (1-2) : 119-137.

[30] Kenneth Y. Chay, Michael Greenstone. The impact of air pollution on infant mortality: Evidence from geographic variation in pollution shocks induced by a recession. The Quarterly Journal of Economics, 2003, 118 (3) : 1121-1167.

[31] Aaron J. Cohen, H. Ross Anderson, Bart Ostra, et al. The global burden of disease due to outdoor air pollution. Journal of Toxicology and Environmental Health, 2005, 68 (13-14) : 1301-1307.

[32] Xin Zhang, Xi Chen, Xiaobo Zhang. The impact of exposure to air pollution on cognitive performance. Proceedings of the National Academy of Sciences, 2018, 115 (37) : 9193-9197.

[33] Yulong Chen. Air pollution and academic performance: Evidence from China. Working Paper, Iowa State University, 2018.

[34] Sefi Roth. The contemporaneous effect of indoor air pollution on cognitive performance: Evidence from the UK. Working Paper, London School of Economics, 2016.

[35] Tamir Levy, Joseph Yagil. Air pollution and stock returns in the US. Journal of Economic Psychology, 2011, 32 (3) : 374-383.

[36] Anthony Heyes, Matthew Neidell, Soodeh Saberian. The effect of air pollution on investor behavior: Evidence from the S&P 500. NBER Working Paper No. 22753, 2016.

[37] Gabriele M. Lepori. Air pollution and stock returns: Evidence from a natural experiment. Journal of Empirical Finance, 2016, 35 (1) : 25-42.

[38] Jiekun Huang, Nianhang Xu, Honghai Yu. Pollution and performance: Do investors make worse trades on hazy days? Available at SSRN 2846165, 2017.

[39] Jennifer J. Li, Massimo Massa, Hong Zhang, et al. Behavioral bias in haze: evidence from air pollution and the disposition effect in China. SSRN Working Paper 2993763, 2017.

[40] Christos Pantzalis, Erdem Ucar. Allergy onset and local investor distraction. Journal of Banking & Finance, 2018, 92 (7) : 115-129.

[41] Gennaro Bernile, Vineet Bhagwat, P. Raghavendra Rau. What doesn' t kill you will only make you more risk—loving: Early—life disasters and CEO behavior. Journal of Finance, 2017, 72 (1) : 167-206.

[42] Olivier Dessaint, Adrien Matray. Do managers overreact to salient risks? Evidence from hurricane strikes. Journal of Financial Economics, 2017, 126(1): 97-121.

[43] Benjamin Bennett, Zexi Wang. Costs of natural disasters in public financing. Fisher College of Business Working Paper No. 2019-03-009.

[44] Kenneth R. Ahern. The importance of psychology in economics activity: Evidence from terrorist attacks. NBER Working Paper No. 24331, 2018.

[45] Albert Y. Wang, Michael Young. Forthcoming. Terrorist attacks and investor risk preference: Evidence from mutual fund flows. Journal of Financial Economics.

[46] Vikas Agarwal, Pulak Ghosh, Haibei Zhao. Extreme stress and investor behavior: Evidence from a natural experiment. Working paper, Lehigh University, Pennsylvania, 2019, December.

第十章

成功投资者的人格

人格是“人的特质和特征的综合体”[1]，一些人可能听说过五大人格特质——外向性、宜人性、神经质性、开放性和尽责性。其实我们的每种人格都是由不同权重的人格特质组成的，每种人格特质又都处在两个极端之间。比如，每个人的性格中都有一些外向的特质，这种特质可以被描述为介于极端外向和极端内向之间。一些学者认为，某些人格特质组合对于特定的职业领域（如金融业）是必不可少的。自恋、马基雅维利主义（Machiavellianism）①和精神病态被称为“三大黑暗人格特性”，这些特性在金融业中十分常见。此外，还有一些非认知能力或特质，如自我效能（self-efficacy）和自控力等，也能影响我们的决策。非认知能力或特质通常不包括在我们对认知能力或人格的测量中，但是它们在决策制定和执行中可能是至关重要的。本章就这些人格特征和非认知能力进行探讨，研究它们与金融决策的关系。

① 马基雅维利主义，是指个体利用他人达成个人目标的一种行为倾向，有时也泛指为达目的不择手段的行为倾向。——译者注

五大人格特质与金融决策

五大人格特质

表10.1列出了科斯塔（Costa）和麦克雷（McCrae）所描绘的五大人格特质及其具体特征[2]。**外向性**是指人们具有善于交际、外向、友好、开朗和乐观的特质，具有这些特征的人往往是团体领导者。从表10.1中可以看出，**宜人性**高的人的特征包括：值得信赖、坦率、关心他人、愿意原谅、选择忘记、谦逊、有同情心。符合上述特征的数量越少，宜人性得分也就越低。**神经质性**指的是人们具有焦虑、容易受挫、悲伤、自我意识强、易冲动、易受压力影响的特质。**开放性**指的是具有生动的想象力，能欣赏艺术、诗歌和美，能悦纳自己，愿意尝试新事物，对世界充满好奇心并敢于怀疑。**尽责性**是指人们具有准备充分、有条理、有责任感、可靠、勤奋工作、自律、行动前仔细思考的特质。当你考虑到这些人格特质时，你可能会想到具备某些特质的人确实很适合做金融交易。一个在尽责性方面得分很高的人（准备充分、自律、追求成就）可能比一个神经质水平很高的人（焦虑、沮丧、冲动）更适合成为金融交易员。

表 10.1　五大人格特质及其具体特征

外向性	宜人性	神经质性	开放性	尽责性
自信	利他主义	易怒	尝试新事物	追求成就
寻求刺激	顺从	焦虑	有审美感	审慎
精力充沛	谦逊	沮丧	感知力强	有责任感
积极乐观	坦率	冲动	充满好奇心	有条理
热爱集体	有同情心	敏感	有情有义	自律
热情	值得信赖	脆弱	富有想象力	准备充分

五大人格特质与神经活动

你是否曾试图改变你的个性？比如，试图让自己变得更外向、更有条理或不焦虑？其实这真的很困难，因为你的个性可能已经根植在你的大脑里，做出改变可能要将你的大脑“重写”（rewrite）。研究者利用功能性磁共振成像发现，五大人格特质与前额叶皮层、扣带回皮层、颞叶、枕叶、纹状体和杏仁核在各种任务中的活跃程度有显著关系（关于这些区域的讨论见第四章）[3]。研究者还发现，人格的基本差异与大脑不同区域（前额叶皮层、海马体和小脑）的神经元体积有关，因而这些大脑区域的体积增加可能会改善这些区域的功能，神经元的增加也可以创造出更多的电化学输出。因此，人格特征有可能是与认知功能、记忆、决策和情感等活动相关的[4]。

还有学者探究了人格特征与神经递质、激素之间的关系。比如，外向性往往代表着较高水平的多巴胺，而多巴胺是一种调节认知和情感过程的神经递质，与风险承担倾向又密切相关[5]。神经质性与较高水平的去甲肾上腺素[6]和皮质醇有关[7]，而这两种物质也与风险厌恶存在关联（详见第五章关于荷尔蒙的部分）。

五大人格特质与风险承担实验

尼科尔森（Nicholson）及其同事们研究了人格特质与风险承担的关系，特别是与娱乐、健康、职业、金融、安全等因素相关的人格特质[8]。研究发现，在外向性和开放性方面得分较高而在神经质性、宜人性和尽责性方面得分较低的人表现出更多的风险承担。普林茨（Prinz）及其同事们在“Holt and Laury”博弈任务中研究了人格特质和风险承担的关系[9]。在这项任务中，受试者须在选项A和选项B之间进行选择，其中选项A是随机获得2美元或1.6美元，选项B是随机获得3.85美元或0.1美元。研究发现，除了家庭财富等环境因素外，在开放性方面得分较高、宜人性方面得分较低的人更愿意承担风险。

费尔贝克（Filbeck）及其同事们在预期效用理论的假设下研究了金融风险厌恶和个性之间的关系[10]，预期效用理论对人们在面对不确定性时的风险偏好进行了解释。我们将一次博弈的价值用可获得收益的期望值来衡量，可以发现：虽然很多博弈的价值是相同的，但是风险有可能是不同的。比如，赢得100美元或0美元可能结果（各有50%的概率）的预期价值是50美元（0.5×100美元+0.5×0美元），在200美元和-100美元的回报之间选择的预期价值也是50美元，但第二个选择的变数或风险就要大得多。如果回报为500美元（10%的概率）和0美元（90%的概率），风险会变得更大。通过方差和偏度衡量预期风险水平，我们可以调查受试者为了满足退休需求而愿意承担的风险量。研究发现，在宜人性和开放性方面得分较低、在尽责性方面得分较高的人，更愿意承担风险。

奥勒（Oehler）和韦德利希（Wedlich）进行了一项实验，探索人格特质与风险态度、风险认知和收益预期之间的关系[11]。为了测量风险态度，研究者为受试者提供了两个选择：

A. 一定能获得1美元到9美元之间的某一收益（收益确定为正）。

B. 获得0美元或10美元（收益可能为0）。

为了测量风险认知和收益预期，该研究通过向受试者展示三只股票的五年期股价走势图，让他们预测下一年的股价，并询问他们对该股票在下一年的风险的看法。结果显示：较高的外向性得分和较低的神经质性得分与承担更多风险相关；较高的尽责性得分与更大的风险厌恶和投资风险认定偏高相关。

杜兰德（Durand）及其同事们研究了人格和性别对短视损失厌恶（短视损失厌恶的概念和研究细节见第八章）的影响[12]。

在这项研究中，研究者提供给受试者100美元，然后受试者利用这些资金进行博弈：从袋子中抽球（红色、蓝色和绿色），如果抽中了该回合对应颜色的球就能获得2.5倍赌注。根据博弈进行的频率，将受试者分为频繁组与非频繁组。在频繁组中，受试者逐一进行了9轮博弈；在非频繁组中，受试者虽然也需要进行9轮博弈，但是他们只需要在第1轮、第4轮和第7轮时进行决策，第1轮的赌注与第2轮、第3轮的赌注相同，后面与此类似。

短视损失厌恶理论认为，投资者检查和重新平衡其投资组合的频率越低，他们在交易时的情绪波动水平就越低，从而更愿意承担风险（赌注会更大）。因此，交易不频繁的群体可能会承担更多的风险。此外，有大量的研究表明，女性在社会和金融环境中往往更厌恶风险，比男性更容易受到短视损失厌恶的影响。最初大多数人都认为，女性更有可能像我们前文分析的那样具有短视损失厌恶的偏见。然而，在考虑了五大人格特质后发现，短视损失厌恶与性别关系不大，而与人格特质关系更大。换句话说，较低的外向性得分和较高的神经质性得分可能会导致短视损失厌恶。风险承担方面的性别差异（详见第三章关于性别的部分）可能与生物学或社会规范的差异关系不大，而更多地与人格特质等相关。

五大人格特质与投资实验

杜兰德及其同事们研究了人格特质对投资决策的影响[13]。在大学的投资课程中，一种常见的教学方法是让学生参与模拟股市投资。在课程中，学生在一个学期内用虚拟的钱在模拟盘中构建投资组合。研究者通过这个活动来探究学生的投资决策表现，然后将这些决策与学生的个人信息相匹配。在初次研究中发现以下结果：

- 外向性得分较高和宜人性得分较低的学生倾向于在投资组合中配置更多的股票。
- 外向性得分越高的学生，其投资组合回报率越高。
- 外向性得分较高和尽责性得分较低的学生，其投资组合夏普比率（风险调整后的回报）较高。
- 外向性得分较低的学生倾向于较低频率的交易，投资组合周转率也较低。

在随后的研究（第二个实验）中，杜兰德及其同事们又有如下发现[14]：

- 较低的开放性得分与较高的投资组合多样化有关。
- 宜人性和尽责性得分较低与购买近期收益较高的股票有关。
- 宜人性和尽责性得分与处置效应呈正相关关系。

在杜兰德及其同事们的第三个实验中，他们又对多种过度自信的衡量标准进行了检验。研究发现，当开放性和宜人性得分较高而外向性得分较低时，人们倾向于过度自信并对新闻报道反应过度[15]。

奥勒及其同事们邀请受试者参加了一个为期15天的交易实验[16]。

实验开始时，受试者被分配了3 000美元，他们必须投资于五只相同的股票，这些股票在每个时期都有相同的概率赚取0美元、8美元、28美元或60美元。受试者被要求在与所有其他受试者相同的时期内买入和卖出股票，每只股票在每一时期获得相同的股息，预期股息为24美元［（0美元+8美元+28美元+60美元）÷4］；未投资的现金赚取1.5%的利息。计算可得，每只股票的预期价格为1 600美元。

研究发现，在外向性方面得分较高的人更愿意以溢价（超过1 600美元）购买股票，而在神经质性方面得分较高的人则不太可能持有这种风险资产。

五大人格特质与投资

陶尼（Tauni）及其同事们研究了人格特质对投资建议采纳的影响[17]。该研究通过向中国投资者的交易账户发送一份在线调查问卷，确定投资者的人格特质、交易行为以及从何处获得投资建议等。研究发现，从更可靠的渠道获得投资建议的投资者更有可能采纳此建议进行买卖交易，而通过口口相传获得投资建议的投资者则不太可能利用此建议进行实际交易。然而，与尽责性得分较高的投资者相比，在外向性和宜人性方面得分较高的投资者更有可能忽视信息来源渠道的可靠性。

布乔尔（Bucciol）和扎里（Zarri）利用HRS来研究人格特质和投资者投资组合之间的联系[18]。该数据源于对7 000个年龄在51～61岁之间家庭户主的跟踪调查，其中包括关于他们的性格和退休账户投资组合的数据。研究发现，宜人性和神经质性得分较高的人持有风险较小的投资组合，股票的配置比例也较低。

五大人格特质与公司财务

高（Gow）及其同事们研究了人格特质对公司政策的影响[19]。研究发现，CEO的人格特质与公司行为有关，CEO在开放性方面的得分较高时，公司在研发方面的投资较高，财务杠杆率较低。研究认为，开放性与创造性有关，这可能会影响CEO试图利用这种创造性来创新和开发新产品。研究还发现，较高的尽责性得分与较高的账面市值比有关，这表明CEO对规则的偏好和低适应性导致公司的低增长（较高的账面市值比）。此外，CEO的外向性与公司较低的资产回报率有关，这表明CEO的外向性在商业领域中可能不是一个积极的特质，因为它与过度自信有关。最后，CEO的开放性与公司盈利能力成反比。

赫拉兹迪尔（Hrazdil）及其同事们将人工智能和机器学习算法用于公司电话会议问答部分的语言分析，以衡量公司CEO的个性特征[20]。该研究发现，CEO的外向性和开放性与较高的审计费用呈正相关关系，较高的审计费用通常是由于公司具有较高的风险，这表明公司承担风险水平受到CEO的外向性和开放性的影响。

刘（Liu）研究了公司CEO的个性特征对股价崩盘的影响[21]。他将股价崩盘风险定义为：公司高管在遇到公司负面消息时并不会第一时间对外公布，但是当隐藏的负面消息足够多而一次性全部泄露出来时，公司股价就会崩溃。此前的研究主要分析了盈余管理、收益平稳性和避税等因素在股价崩盘中的作用，而该研究则发现，在宜人性和神经质性方面得分较高、尽责性方面得分较低的CEO更有可能隐瞒坏消息，造成股价崩盘风险的增加。

CEO的个性也可以在公司之外产生影响。贝克尔（Becker）及其同事们研究了CEO的个性对金融分析师预测的影响[22]。研究表明，性格外向的人更善于交际，也更乐观。该研究认为，金融分析师的收益预测并没有我们想象得那么准确，因为性格外向的CEO的乐观情绪会影响金融分析师的判断。与这一观点一致，研究发现，金融分析师对外向性CEO所在的公司做出了更高的收益预测，而且随着预测范围的扩大，这种预测的偏差变得越来越大。

五大人格特质与个人金融

布朗（Brown）和泰勒（Taylor）使用英国家庭调查的数据来研究人格特质对家庭金融的影响[23]。研究者对受试者的个人财务状况进行了分析，比如受试者拥有多少债务以及他们的贷款额度或信用卡额度的使用情况。研究发现，外向性和开放性得分较高、尽责性得分较低的人往往有较高的债务。

帕里斯（Parise）和佩纳布里格（Peijnenburg）使用荷兰蒂尔堡大学的社会科学纵向互联网研究的数据，研究了人格特质对财务困境的影响[24]。这个数据集每年对人们进行多种主题的调查。研究者将关于人格特质的数据与财务困境相关变量相匹配，如租金、抵押贷款、汽车贷款、水电费或其他账单的拖欠情况等。研究发现，在尽责性方面得分较高、神经质性方面得分较低的人，不太可能有拖欠的债务。研究认为，具有较高的尽责性和较低的神经质性的人，情绪更稳定且做事有更充分的准备，这使得他们能够做出更好的财务决策，避免陷入财务困境。

扎玛瑞（Zamarro）研究了五大人格特质和胆量这一非认知特质对退休准备和金融能力上限的影响[25]。扎玛瑞将胆量定义为“对长期目标的毅力和热情”。

该研究向受访者提出了关于金融知识的20个问题，还询问了他们的总净资产以衡量其金融能力。研究者还利用消费者金融保护局的一项调查（询问受访者在多大程度上能够满足当前和未来的金融投资需求）以衡量财务状况。研究者感兴趣的第三个变量是受访者对退休的准备，受访者被问及他们对退休做了何种准备。

该研究发现以下情况：

- 开放性与金融知识呈正相关关系。
- 尽责性和外向性与金融素养呈正相关关系，而宜人性和神经质性则与金融素养呈负相关关系。
- 尽责性、外向性、神经质性和胆量与更好的财务状况和信用分数呈正相关关系。
- 尽责性、外向性和胆量与退休准备工作的充足性呈正相关关系。

三大黑暗人格特性与金融决策

三大黑暗人格特性

三大黑暗人格特性指的是自恋、马基雅维利主义和精神病态的人格特征。三者有相似之处，但又各有特点：自恋的特点是骄傲和以自我为中心；马基雅维利主义的特点是具有操纵欲，注重自我利益；精神病态的特点是反社会、冲动、冷酷无情和不知悔改。三大黑暗人格特性都是恶性的品质，而且这些特性似乎对商业和金融的影响甚深。

三大黑暗人格特性与商业

三大黑暗人格特性在商业中比在大多数其他行业中更为常见。例如，在美国，真正的精神病患者约占人口的1%；然而大约4%的企业高管是精神病态者[26]。拜尔（Bayer）是一位为华尔街专业人士提供心理咨询的心理学家，他认为，在华尔街工作的人近10%有心理问题[27]。研究精神病学的专家黑尔（Hare）也曾戏称："一个心理学家如果不是在研究监狱里的那些精神病患者，那么他一定是在研究证券交易所的交易者们。"[28]此外，研究者发现，犯有庞氏骗局、挪用公款或内幕交易等经济罪的人，在精神病态测试中的得分比暴力犯罪者还要高[29]。

研究者发现，商科专业的学生比卫生专业的学生有更强的精神病态倾向[30]，其三大黑暗人格特性的得分都比心理学、法律和政治学专业的学生更高[31]。研究还发现，想从事商业领域相关工作的人比起其他领域的人，黑暗人格特性得分更高[32]。为什么在黑暗人格三要素方面得分较高的人更倾向于从事商业类工作？一些学者认为，这是因为商科课程可能会引导学生产生不道德的行为[33]。M. 施奈德（M. Schneider）和普拉索（Prasso）认为，商科课程使学生的关注点从公司创造优秀产品和服务的观点转向了股东财富最大化[34]。还有人认为，金融业的主流文化也可能会导致精神病态[35]。

心理学家将精神病患者区分为成功型和不成功型。成功型精神病患者虽然具有精神病态特性，但他们能够避免入狱并过上成功的生活。与入狱的精神病患者相比，这些成功型精神病患者已经找到了一种方法——以自利的方式利用他们潜在的精神病倾向。

为什么三大黑暗人格特性在商业中比在其他行业中更普遍呢？希尔（Hill）将许多精神病态特性与企业高管的卓越管理技能联系起来，研究了那些爬上企业高管职位的人的精神病态倾向[36]。精神病态的人在商业界可能表现出具有战略头脑、有远见、有勇气、能够做出艰难的决定并与之共存、善于分析、乐于承担风险以及自信等特点。此外，精神病态的CEO往往是具有创造性和出色沟通技巧的战略思想家。当然，他们也倾向于有较差的合作和管理能力[37]。因此，如果一个精神病态的人能够抑制一些不受外界欢迎的特征，如冲动和不擅长合作，他就能够将自己的个性发挥到极致。

三大黑暗人格特性的内在基础

三大黑暗人格特性其实也可以与神经系统相联系。研究者发现，三大黑暗人格特性显著的人，其杏仁核和前额叶皮层在结构和功能上与正常人存在差异[38]，精神病态也与神经递质的不平衡有关[39]。这些生物性差异会对大脑的部分区域产生损伤，使人们变得更加追求风险，表现出较少恐惧，并容易做出冷酷无情和离经叛道的行为。

除了精神病态的生物学研究之外，研究者还探究了养育方式是否会导致心理变态行为。布兰查德（Blanchard）和里昂（Lyons）发现，消极的养育方式与精神病态特性有关。但这其中似乎还有性别差异：如果男性有一个控制欲强的母亲，但这个男性本人又极力避免成为情感上的依恋者（称为回避型依恋），他就容易产生精神病态；女性精神病态似乎与父母的养育方式没有什么关系。

三大黑暗人格特性对金融决策的影响

关于精神病态对金融决策影响的研究有限，尚克及其同事们研究了精神病态特性对风险偏好和时间偏好的影响[40]。

研究者对受试者使用了变态人格问卷调查，并将他们的得分与估计偏好的动态实验相匹配，以获得他们的风险偏好和时间偏好。其中，涉及风险决策的问题是："你更喜欢博弈A——有50%的机会赢得100美元、50%的机会输掉15美元，还是博弈B——有90%的机会赢得40美元、10%的机会赢得10美元？"在这个问题中，博弈A的期望值要高得多，为42.5美元［0.5×100美元+0.5×（−15）美元］，博弈B的期望值只有37美元（0.9×40美元+0.1×10美元）。但是博弈A有负收益的风险，这种风险在博弈B中是不存在的。这个问题的本质其实是你是否愿意放弃5.5美元以保证收益一定为正。涉及时间偏好的问题是："你愿意今天收到250美元还是一个月后收到300美元？"

该项研究有两个关键的发现：

- 当决策涉及风险时，具有三大黑暗人格特性的人反而更能做出理性的金融决策。
- 当涉及时间偏好和延迟付款时，具有三大黑暗人格特性的人却容易冲动和做出非理性决策。

尚克还研究了精神病态对大学生欺骗行为的影响。这些学生先接受了变态人格问卷调查，然后参加了两个诱发欺骗行为的实验[41]。此外，该研究还用商科学生（据说他们比非商科学生更有精神病态倾向）和健康科学专业的学生进行对比。

第一个实验是廉价谈话（cheap talk）实验。在这个实验中，一个学生被告知选项A和选项B的潜在报酬，并有义务告诉另一个学生（他的伙伴）哪个选项更有价值，以便这个学生做出决定。例如，第一个学生被告知：选项A将使他获得5美元，他的伙伴获得15美元；而选项B将使他获得15美元，他的伙伴获得5美元。第一个学生可以选择给第二个学生什么样的投资建议。如果第一个学生撒谎，告诉他的伙伴选项B将会赚取更多的钱，他的伙伴永远不会知道这个学生在撒谎。

研究发现，商科学生更有可能为了自己赚取更多的钱而对他的伙伴撒谎；精神病态与向伙伴发送欺骗信息之间存在正相关关系。

第二个实验涉及一项道德观点调查，这项调查向学生提出了以下问题：

约翰逊先生即将完成一笔交易——以1 200美元的价格出售他的汽车。其实这辆车的发动机油泵不好用，约翰逊先生虽然自己知道，但是如果买方知道了这件事，他将不得不把价格降低250美元（修理油泵的费用）。如果约翰逊先生不告诉买方，在天气变热的时候，发动机就会因为过热而损坏，导致买方花费250美元修理。由于现在是冬天，买方能知道这件事的唯一方法就是约翰逊先生告诉他。否则，买方可能只有等到夏天的时候才会知道。但是，约翰逊先生并不打算告诉买方关于油泵的问题。

你怎样看待约翰逊先生的行为呢？是完全合理、合理、不合理还是十分不合理？

在学生完成上述场景的作答后，该项调查又抛出下面的问题，让学生作答，答案同样涉及四个选项——完全合理、合理、不合理、十分不合理：

如果油泵的修理费是1 000美元而不是250美元，你又会如何看待约翰逊先生的行为呢？

在这个问题上，研究发现，与非商科学生相比，商科学生更有可能认为这种欺骗行为是完全合理或合理的；精神病态也与相信这种情况合理的观点存在正相关关系。

鉴于与三大黑暗人格特性和不道德行为的联系，哈姆（Ham）及其同事们研究了CFO自恋对财务报告质量的影响[42]。研究发现，CFO自恋的公司更有可能对盈余进行管理，对公司损失的确定更迟缓，内部控制质量较低，财务重述概率较高。这些结果表明，自恋型人格与不道德的高管行为之间存在一致性关联。同样，阿克塔斯（Aktas）及其同事们研究了CEO自恋对并购过程的影响[43]。为了衡量自恋程度，研究者使用了CEO在演讲中使用“我”等人称代词的频率。研究发现：

- 自恋的CEO获得了更高的投标溢价。
- 当目标公司（被收购公司）的CEO自恋程度较高时，投资者对其收购公告的反应更差。
- 当收购公司的CEO在自恋程度量表上的测量值较高时，收购的启动和谈判都比较快。
- 无论收购方还是被收购方的CEO的自恋都会降低并购成功的概率。

布林克（Brinke）及其同事们研究了表现出精神病态行为的对冲基金经理的交易业绩[44]。研究者通过观看对冲基金经理的访谈，确定与三大黑暗人格特性有关的语言和非语言行为，他们将这些人格特征与基金的十年业绩相匹配。研究发现，在这十年期间，精神病态和自恋程度较高的对冲基金经理每年的收入低于基准水平约88个基点；精神病态和自恋与较低的风险调整后回报（夏普比率）有关。

非认知能力与金融决策

非认知能力

非认知能力①与个性特征一样，也是非常重要的品质。如果你的公司要招聘一名新员工，你是愿意与一个勤奋敬业的人共事还是选择一个懒惰的人？正如你所认知的那样，许多非认知能力都与成功有关，不论这个人智力水平如何。研究发现，非认知能力对成功的重要性不亚于认知能力[45]。

赫克曼和鲁宾斯坦（Rubinstein）研究了非认知能力、高中教育和工作表现之间的关系[46]。研究者认为，高中毕业生比仅获得普通教育发展证书（GED）的高中辍学者有更高的认知能力。此外，获得普通教育发展证书的人又比没有获得该证书的人有更高的认知能力。但是有趣的事情是，获得普通教育发展证书的人的平均工资比没有获得该证书的人更低。研究发现，没有获得普通教育发展证书的高中辍学者有更强的非认知能力，如更多的工作经验和更少的非法药物使用情况。

非认知能力与商业能力

布劳（Brau）及其同事们研究了与金融专业相关的非认知能力[47]。在实施大类招生的大学里，学生在入学前是不能申报具体专业的，在大一之后，他们可以申请一个专业。这就消除了样本选择偏差，因为样本中没有学生被

① 非认知能力是指与认知无关的能力，社会交往技能、某些特定的人格和个性特征、动机和志向，甚至所谓的情商和软实力等，都可以被纳入非认知能力范畴。——译者注

金融专业录取过。研究者分析了申请金融专业的学生与申请其他专业的学生之间的差异。结果发现，与申请非金融专业的学生相比，申请金融专业的学生有更明确的动机、更远大的职业目标，并表现出更强的职业道德。

过度自信、乐观主义和金融决策

研究最多的非认知特质之一是过度自信——这种特质似乎在企业高管中盛行。马尔门迪尔（Malmendier）和泰特（Tate）研究了过度自信的CEO和企业投资之间的关系[48]。他们通过CEO决定行使公司股票期权的时间以及购买公司股票行为来定义和衡量自信。研究认为，过度自信的CEO会很晚才行使他的期权，并持有更多的公司股票，因为CEO相信自己可以在公司一展宏图。如果公司业绩不佳，股价下跌，这将对CEO的个人投资组合产生负面影响，并降低他的期权价值。研究发现，过度自信的CEO过分高估了新项目的盈利能力。

马尔门迪尔和泰特还研究了过度自信的CEO对公司收购的影响[49]。研究者发现，过度自信的CEO为目标公司支付了过高的价格，从而破坏了收购的利益和价值。过度自信的CEO收购公司的倾向也比非过度自信的CEO高65%。此外，投资者对这些收购的市场反应不佳，因为过度自信的CEO执行收购后的公司股价比非过度自信CEO的公司低100个基点。

金（Kim）及其同事们研究了过度自信的CEO对股价崩盘风险的影响[50]。研究者认为，过度自信的CEO持续高估项目的利润，这将导致长期业绩不佳，最终导致公司股价崩盘。此外，由于过度自信的CEO比大多数CEO持有更多的股票，他们可能不太认同公司项目会失败，因为这将对他们自己的投资组合产生不利影响。与这些观点一致，研究者发现，CEO过度自信的公司更有可能发生股价崩盘。

如果拥有一个过度自信的CEO会对公司产生不利影响，那么为什么还要雇用他们呢？赫舒拉发（Hirshleifer）及其同事们在公司创新方面对这个问题进行了探究[51]。研究发现，过度自信的CEO所在的公司在创新研发上的投资额更多，公司专利数量也更多，因而过度自信的CEO对某些行业的公司来说可能会更好。

乐观主义和过度自信相似。过度自信往往会带来对自身能力的关注，而乐观主义则倾向于关注结果。尽管如此，两者可能导致类似的商业决策。希顿（Heaton）研究了乐观的管理者对企业决策的影响[52]。当管理者过于乐观时，他们会高估项目产生积极结果的概率，并认为外部投资者低估了他们公司的价值。这种信念导致管理者倾向于使用公司内部资金来投资项目，而这可能会产生较高的项目成本和风险。也就是说，乐观的管理者遇到好项目时更有可能拒绝外部融资的请求，因为他们认为外部资金的成本太高，而实际上是内部融资成本更高。此外，与过度自信的管理者类似，乐观的管理者也倾向于高估新项目的盈利能力。

非认知能力对金融决策的影响

库宁和梅尔泽（Melzer）利用美国青年纵向调查（NLSY）研究了自我效能①这一非认知特质对金融犯罪的影响[53]。美国青年纵向调查包含参与者从童年到成年的相关情况，包括认知和非认知特质以及财务经验（如债务拖欠、储蓄、保险购买、信贷申请）和退休准备等。研究发现，具备自我效能的人更不可能出现债务支付延期、资产被收回、申请破产以及贷款被拒绝等状况。此外，他们也更有可能在其储蓄账户中拥有应急资金，购买健康保险，

① 自我效能指的是人对自己能否实现特定目标所持有的信心或信念。——译者注

并为退休做好准备。

约有15%的大学生拒绝了国家提供的财政援助——无息贷款。卡德纳（Cadena）和凯恩斯（Keys）利用美国学生援助研究（NPSAS）探究了这些大学生为什么拒绝零利率贷款[54]。研究认为，自我效能强的学生拒绝贷款以避免随意花钱的诱惑。

有些人认为，股票市场本质上是一种合法的赌博。嘉德罗（Jadlow）和莫文（Mowen）研究了投资者和赌徒的非认知特质的相似性[55]。研究者提供了一份在线调查，询问参与者的某些特征以及他们的投资和赌博习惯等。研究发现，赌徒和投资者有共同的特征：竞争、迷信、保守、量化能力强和赚钱欲望大。另外，赌徒还具有延迟满足、情绪不稳定和易冲动等特性，而投资者则与赌徒相反。

本章小结

人格特质和其他非认知能力在经济决策中发挥着重要作用。外向性的人格特质与风险承担始终呈正相关关系，而神经质性与风险承担呈负相关关系。此外，外向性与较高的投资组合收益有关。精神病态或其他黑暗人格特性在金融业很普遍，这通常对公司业绩产生负面影响。最后，过度自信和乐观会导致CEO做出非理性决策。总而言之，一些人格特质和其他非认知特质与成功的金融决策密切相关。

思考题

1. 什么是非认知能力？请举几个例子。
2. 五大人格特质与投资者和企业高管的财务决策有何关系？

3. 三大黑暗人格特性在商业、经济决策中有着何种影响？

4. 过度自信和乐观与经济决策有什么关系？

注释

［1］ “Personality”. See Merriam-Webster.com. ［2019-07-01］http://www.merriam-webster.com/dictionary/personality.

［2］ Paul T. Costa, Robert R. McCrae. The five-factor model and the NEO inventories. In James N. Butcher (Ed.), Oxford Handbook of Personality Assessment, New York, Oxford University Press, 2009: 299-322.

［3］ Mitzy Kennis, Arthur R. Rademaker, Elbert Geuze. Neural correlates of personality: An integrative review. Neuroscience & Biobehavioral Reviews, 2013, 37(1): 73-95.

［4］ Colin G. DeYoung, Jacob B. Hirsh, Matthew S. Shane, et al. Testing predictions from personality neuroscience brain structure and the big five. Psychological Science, 2010, 21(6): 820-828.

［5］ Richard A. Depue, Paul F. Collins. Neurobiology of the structure of personality: Dopamine, facilitation of incentive motivation, and extraversion. Behavioral and Brain Sciences, 1999, 22(3): 491-517.

［6］ J. Hennig. Personality, serotonin, and noradrenaline. In Robert M. Stelmack (Ed.), On the Psychobiology of Personality: Essays in Honor of Marvin Zuckerman, New York, Pergamon, 2004: 379-395.

［7］ Petra Netter. Personality and hormones. In R. M. Stelmack (Ed.), On the psychobiology of personality: Essays in honor of Marvin Zuckerman, New York, Elsevier, 2004: 353-377.

［8］ Nigel Nicholson, Emma Soane, Mark Fenton-O' Creevy, et al. Personality and domain-specific risk taking. Journal of Risk Research, 2005, 8(2): 157-176.

［9］ Suzanne Prinz, Gerhard Gründer, Ralf-Dieter Hilgers, et al. Impact of personal economic environment and personality factors on individual financial decision making. Frontiers in Psychology, 2014, 4(5): 158.

［10］ Greg Filbeck, Patricia Hatfield, Philip Horvath. Risk aversion and personality type. Journal of Behavioral Finance, 2005, 6(4): 170-180.

［11］ Andreas Oehler, Florian Wedlich. The relationship of extraversion and neuroticism with risk attitude, risk perception, and return expectations. Journal of Neuroscience, Psychology, and Economics, 2018, 11(2): 63-92.

[12] Robert B. Durand, Lucia Fung, Manapon Limkriangkrai. Myopic loss aversion, personality, and gender. Journal of Behavioral Finance, 2019, 20 (3) : 339 - 353.

[13] Robert B. Durand, Rick Newby, Jay Sanghani. An intimate portrait of the individual investor. Journal of Behavioral Finance, 2008, 9 (4) : 193 - 208.

[14] Robert B. Durand, Rick Newby, Leila Peggs, et al. Personality. Journal of Behavioral Finance, 2003, 14 (2) : 116 - 133.

[15] Robert B. Durand, Rick Newby, Kevin Tant, et al. Overconfidence, overreaction and personality. Review of Behavioral Finance, 2013, 5 (2) : 104 - 133.

[16] Andreas Oehler, Stefan Wendt, Florian Wedlich, et al. Investors' personality influences investment decisions: Experimental evidence on extraversion and neuroticism. Journal of Behavioral Finance, 2018, 19 (1) : 30 - 48.

[17] Muhammad Zubair Tauni, Zia-ur-Rehman Rao, Hong-Xing Fang, et al. Does investor personality moderate the relationship between information sources and trading behavior? Evidence from Chinese stock market. Managerial Finance, 2017, 43 (5) : 545 - 566.

[18] Alessandro Bucciol, Luca Zarri. Do personality traits influence investors' portfolios? . Journal of Behavioral and Experimental Economics, 2017, 68 (7) : 1 - 12.

[19] Ian D. Gow, Steven N. Kaplan, David F. Larcker, et al. CEO personality and firm policies. National Bureau of Economic Research WP No. 22435, 2016.

[20] Karel Hrazdil, Jiri Novak, Rafael Rogo, et al. Measuring CEO personality using machine-learning algorithms: A study of CEO risk tolerance and audit fees. Kelley School of Business Research Paper No. 18 - 10, 2018.

[21] Ming Liu. CEO big five personality and stock price crash risk. Available at SSRN 3312426, 2019.

[22] Jochen Becker, Josip Medjedovic, Christoph Merkle. The effect of CEO extraversion on analyst forecasts: Stereotypes and similarity bias. Financial Review, 2019, 54 (1) : 133 - 164.

[23] Sarah Brown, Karl Taylor. Household finances and the "Big Five" personality traits. Journal of Economic Psychology, 2014, 45 (12) : 197 - 212.

[24] Gianpaolo Parise, Kim Peijnenburg. Noncognitive abilities and financial distress: Evidence from a representative household panel. Review of Financial Studies, 2019, 32 (10) : 3884 - 3919.

[25] Gema Zamarro. Forthcoming. Alternative measures of non-cognitive skills and their effect on retirement

preparation and financial capability. Journal of Pension Economics & Finance.

[26] Robert D. Hare. The Hare Psychopathy Checklist-Revised, 2e. Toronto, ON, Multi-Health Systems, 2003.

[27] Sherree DeCovny. The financial psychopath next door. CFA Magazine, 2012, 23(2): 34-35.

[28] Paul Babiak, Robert Hare. Snakes in suits: When psychopaths go to work. New York, Regan Books, 2006.

[29] Laurie L. Ragatz, William Fremouw, Edward Baker. The psychological profile of white-collar offenders: Demographics, criminal thinking, psychopathic traits, and psychopathology. Criminal Justice and Behavior, 2012, 39(7): 978-997.

[30] Corey A. Shank. Deconstructing the corporate psychopath: An examination of deceptive behavior. Review of Behavioral Finance, 2018, 10(2): 163-182.

[31] Anna Vedel, Dorthe K. Thomsen. The dark triad across academic majors. Personality and Individual Differences, 2017, 116(10): 86-91.

[32] Christopher Marcin Kowalski, Philip A. Vernon, Julie Aitken Schermer. Vocational interests and dark personality: Are there dark career choices? Personality and Individual Differences, 2017, 104(1): 43-47.

[33] Clinton H. Richards, Joseph Gilbert, James R. Harris. Assessing ethics education needs in the MBA program. Teaching Business Ethics, 2002, 6(4): 447-476.

[34] M. Schneider, S. Prasso. How an MBA can bend your mind. Bloomberg, 2002, March 31.

[35] Alain Cohn, Ernst Fehr, Michel André Maréchal. Business culture and dishonesty in the banking industry. Nature, 2014, 516(12): 86-89.

[36] Dallas Leigh Hill. Climbing the corporate ladder: Desired skills and successful psychopaths. University of Ontario Institute of Technology master's thesis, 2018.

[37] Paul Babiak, Craig S. Neumann, Robert D. Hare. Corporate psychopathy: Talking the walk. Behavioral Sciences and the Law, 2010, 28(2): 174-193.

[38] Kent A. Kiehl, Andra M. Smith, Robert D. Hare, et al. Limbic abnormalities in affective processing by criminal psychopaths as revealed by functional magnetic resonance imaging. Biological Psychiatry, 2001, 50(9): 677-684; Robert James R. Blair. The amygdala and ventromedial prefrontal cortex in morality and psychopathy. Trends in Cognitive Sciences, 2007, 11(9): 387-392; Robert James R. Blair. The cognitive neuroscience of psychopathy and implications for judgments of responsibility. Neuroethics, 2008, 1(3): 149-157; Andrea L. Glenn, Adrian Raine, Robert A. Schug. The neural correlates of moral decision-making in psychopathy. Molecular

Psychiatry, 2009, 14 (1) : 5 - 6; Yaling Yang, Adrian Raine, Kather ine L. Narr, et al. Localization of deformations within the amygdala in individuals with psychopathy. Archives of General Psychiatry, 2009, 66 (9) : 986 - 994.

[39] Pamela R. Perez. The etiology of psychopathy: A neuropsychological perspective. Aggression and Violent Behavior, 2012, 17 (6) : 519 - 522.

[40] Corey A. Shank, Brice V. Dupoyet, Robert B. Durand, et al. The relationship between psychopathy and financial risk and time preferences. Available at SSRN 3355774, 2019.

[41] Corey A. Shank. Deconstructing the corporate psychopath: An examination of deceptive behavior. Review of Behavioral Finance, 2018, 10 (2) : 163 - 182.

[42] Charles Ham, Mark Lang, Nicholas Seybert, et al. CFO narcissism and financial reporting quality. Journal of Accounting Research, 2017, 55 (5) : 1089 - 1135.

[43] Nihat Aktas, Eric De Bodt, Helen Bollaert, et al. CEO narcissism and the takeover process: From private initiation to deal completion. Journal of Financial and Quantitative Analysis, 2016, 51 (1) : 113 - 137.

[44] Leanne ten Brinke, Aimee Kish, Dacher Keltner. Hedge fund managers with psychopathic tendencies make for worse investors. Personality and Social Psychology Bulletin, 2018, 44 (2) : 214 - 223.

[45] James J. Heckman, Jora Stixrud, Sergio Urzua. The effects of cognitive and noncognitive abilities on labor market outcomes and social behavior. Journal of Labor Economics, 2006, 24 (3) : 411 - 482.

[46] James J. Heckman, Yona Rubinstein. The importance of noncognitive skills: Lessons from the GED testing program. American Economic Review, 2001, 91 (2) : 145 - 149.

[47] J. Brau, A. Holmes, M. Ringold. Factors of the desire to become a finance major: An empirical analysis. Working Paper, Brigham Young University, 2019.

[48] Ulrike Malmendier, Geoffrey Tate. CEO overconfidence and corporate investment. Journal of Finance, 2005, 60 (6) : 2661 - 2700.

[49] Ulrike Malmendier, Geoffrey Tate. Who makes acquisitions? CEO over confidence and the market' s reaction. Journal of Financial Economics, 2008, 89 (1) : 20 - 43.

[50] Jeong-Bon Kim, Zheng Wang, Liandong Zhang. CEO overconfidence and stock price crash risk. Contemporary Accounting Research, 2016, 33 (4) : 1720 - 1749.

[51] David Hirshleifer, Ankie Low, Siew Hong Teoh. Are overconfident CEOs better innovators? Journal of Finance, 2012, 67 (4) : 1457 - 1498.

[52] J.B. Heaton. Managerial optimism and corporate finance. Financial Management, 2002, 31(2): 33-45.

[53] Camelia M. Kuhnen, Brain T. Melzer. Noncognitive abilities and financial delinquency: The role of self-efficacy in avoiding financial distress. Journal of Finance, 2018, 73(6): 2837-2869.

[54] Brain C. Cadena, Benjamin Keys. Can self-control explain avoiding free money? Evidence from interest-free student loans. Review of Economics and Statistics, 2013, 95(4): 1117-1129.

[55] Janice W. Jadlow, John C. Mowen. Comparing the traits of stock market investors and gamblers. Journal of Behavioral Finance, 2010, 11(2): 67-81.

第十一章

智力与投资绩效

亿万富翁沃伦·巴菲特（Warren Buffett）认为，拥有卓越的智力水平（智商在120至140之间）对投资很重要。其实你并不需要成为一个智商超过140的天才，正如巴菲特所说，“你不需要成为一个火箭科学家，投资不是一个智商160的人打败智商130的人的游戏”[1]。做出合理的投资决定是复杂的，因为它涉及对风险、不确定性、预期收益和资产相关性的一系列评估，然后再与个人风险态度和投资目标进行匹配。当然，在金融工具日益复杂和市场全球化程度不断加深的情况下，投资复杂度也在不断上升，智力开始成为优秀金融决策者的基本属性。我们对认知能力最常用的衡量标准是上述巴菲特所使用的智商，其实为了全面衡量认知能力的不同特点，还存在其他一些标准。那么，不同类型的认知能力是如何影响投资和其他经济决策的呢？本章将对这一话题进行探讨。

认知能力的类型

什么是智力？人们一般认为，智力是学习和应用知识的技能。然而，对认知能力的衡量可能并没有这么简单。比如，一个没受过什么正规教育的人却是“街头聪明人”（street smart），而有的物理学天才似乎对一些生活常识总感到困惑，这种分歧性就可以通过区分不同的认知能力来理解。学者们已经确定了三种不同的智力类型：流体智力、认知性反思和心智理论。有的人在智力测度的某一个方面有很强的能力，但这并不意味着他在智力测度的其他方面也有很强的能力。

- 流体智力是传统的智力衡量标准，通常用智商来衡量。智商是衡量个人推理能力的标准，智商较高的人适合处理金融和投资的复杂事件。
- 认知性反思是指一个人在评估一种情况时，比其他人投入更多时间和精力的倾向。它是一种分析性的思维模式。与认知性反思完全对立的就是我们的直觉，直觉就是使用启发式思维和心理偏差来提升决策速度。从事分析性推理工作的人更有可能避免行为上的偏差，做出更理性的决定。
- 心智理论指的是一个人推断他人意图的能力。人们获取信息的途径不同、智慧不同，分析能力也不同。由于投资领域涉及很多人（CEO、分析师、经纪人、投资组合经理、投资者等），因此，观察其他人的行动和言论，对推断有价值的信息是非常重要的。也有些人称这为“街头智慧”。

认知能力与投资

智商与投资决策

流体智力较高的投资者是否更有可能在股票市场中成功？答案似乎是

“是的”。下面有一个来自芬兰的涉及智商和投资成功之间关系的具体例子——芬兰对青年男子施行强制兵役制，作为这项服务的一部分，所有芬兰男子都要完成一项智商测试。格林布拉特及其同事们将智商数据与大约16万名芬兰男子的纳税申报合并起来，研究智力和股市参与之间的关系[2]。

他们的研究将男性分为九个智商类别，这些类别遵循标准九分（stanine）：第一类（第九类）体现了人口中智商最低（最高）的后（前）4%；第二类和第八类各占人口的7%；第三类和第七类各占人口的12%；第四类和第六类各占人口的17%；第五类占人口的20%。研究结果显示，智商评分和股市参与度之间呈正相关关系。如图11.1所示，在智商第二高的类别中，有42.5%的人参与了股市，而在智商第二低的类别中，这一比例只有13.1%。上述统计分析表明，智商能对芬兰股市参与度的大部分差异进行解释，这是收入、财富或其他特征等解释因素无法替代的。事实上，对芬兰男性的财富值进行分组后的分析表明，智商在股市参与中的作用在每个群体中都大致相同。总之，个人的智商比财富更能推动其参与股市，高智商的男性会选择更加多样化的优秀投资组合。智商测试时的不同测试模块能够对智商能力进行细分，一个有趣

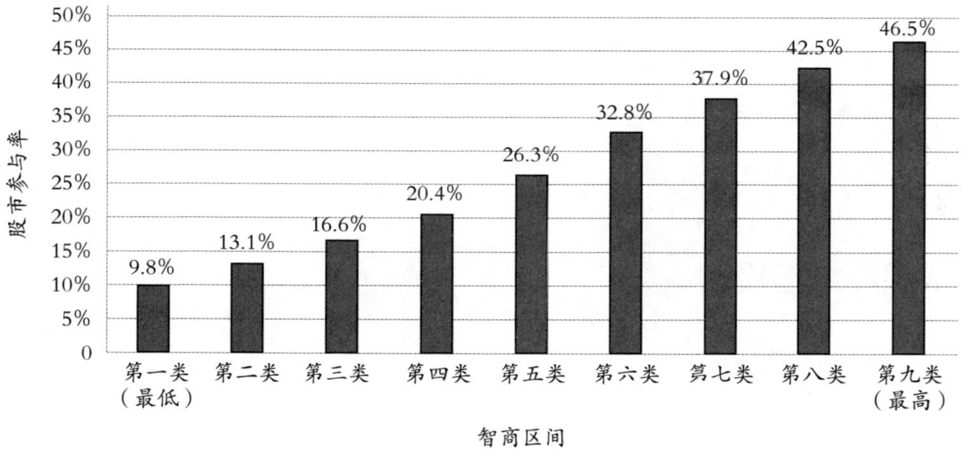

图 11.1　智商与股市参与度

的现象是，虽然逻辑能力、语言能力和数学能力都发挥了作用，但数学能力对股市参与的影响尤其大。

在另一项研究中，格林布拉特及其同事们将芬兰男性的智商数据与股票交易投资组合数据进行了匹配，以此研究智商是否会对投资回报产生影响[3]。研究发现，高智商投资者每年的投资组合收益比低智商投资者的投资组合收益多出4.9个百分点，这源于高智商投资者更强的购买时机选择能力，以及比低智商投资者更有效的选择税费抵减时卖出的能力。换句话说，高智商的投资者更善于低买高卖（市场时机选择），买入表现更好的股票（选股技巧），并在年底卖出亏损的股票以降低税费（税费抵减）；低智商的投资者更容易出现处置效应，即倾向于过久地持有亏损股，并过早地卖出盈利股。这表明投资偏差和智力之间存在反向关系。

上述芬兰智商数据也可以与基金选择进行匹配[4]。基金费率的高低是预测基金回报表现的一个重要因素。平均而言，低费率的基金比高费率的基金取得的回报更高。基金投资者支付的费用是高还是低取决于几个因素：首先，主动管理型基金比被动管理型基金收费更高；其次，专注于小市值股票或新兴市场股票的基金比专注于大市值股票的基金收费更高；最后，购买基金的方式也很重要，直接从基金发行方购买比通过零售网络购买更便宜，因为后者包括销售费用。研究发现，高智商的投资者支付的基金费用较低，他们可以通过一些方式避免基金的高费率：

- 高智商投资者会避免过多买入主动管理型基金。
- 高智商投资者避免了高成本类别的基金。比如，他们没有购买因同时投资于股票和债券而管理费用较高的混合型基金，而是通过购买一只低成本的股票型基金和一只低成本的债券型基金来创建一个“自制”的混合型基金。

- 高智商投资者购买基金时，更有可能直接向基金公司购买，而不是通过昂贵的零售网络进行购买。低智商投资者更有可能通过零售网络进行投资，因为他们需要更多的建议和服务，这会增加相应的购买费用。
- 即使基金类别或投资理念相同时，高智商投资者也会购买低费率的基金。例如，在主动管理的、投资于大型公司的股票型基金中，高智商投资者倾向于选择管理费率最低的基金。

通胀预期在推动人们的消费、储蓄和借贷决策方面发挥着重要作用。如果你预测到未来会发生较高程度的通胀，你可能会改变你现有投资组合的配置，并趁手头资金还有较高的购买力时去购买更多的商品。研究者将Finish数据库与芬兰统计局的消费者调查数据相结合，以评估认知能力在通胀预测中起到什么作用。该调查从2001年到2015年每个月向大约1 500名芬兰人询问个人经济状况及预期（包括通胀预期）。通过比较通胀率的预测值与实际值之间的差异，可以计算出预测误差。

达昆托（D'Acunto）及其同事们研究了这种通胀预测与流体智力的关系[5]。比如，考虑一下预测本身的价值：预测本身的数值是否合理？它是否通过采取0.5的倍数的形式（如2、2.5、3等）来显示出一些共有的偏见？预测的误差有多大？智商高于中位数的男性被称为高智商男性。研究发现，高智商男性的预测误差比低智商男性低50%，10%的智商最低的人的平均绝对预测误差为4.3%，10%的智商最高的人的预测误差仅为0.6%。研究还发现，低智商男性更有可能对预测值四舍五入取整数，预测的准确性较低。此外，当市场预期通胀率将急剧上升时，只有高智商男性认为应该增加当前的消费。

利用欧洲6个国家对国民健康、老龄化和退休情况的调查数据，研究者对流体智力和投资的关系进行了进一步探索[6]。克里斯特里斯（Christelis）及其同事们的调查包括对6个国家的19 548个家庭和32 405名50岁及以上个人进行访谈，话题涉及从健康到财富的各个方面。访谈包含了与智商有关的问题，特别是计算能力、执行技能和记忆。执行技能是一种自我管理的技能，帮助人们管理情绪、组织工作，并对环境的变化做出适应性调整。该研究为证明流体智力是股市参与的重要驱动力提供了有力证据。也就是说，较高的智商与直接拥有股票和通过基金间接拥有股票都有关系，而且这一结果不是由教育水平或年龄差异造成的，结论并不受受教育程度以及是否在65周岁以下这两个变量的影响。

多门（Dohmen）及其同事们对952名德国成年人进行调查，研究风险厌恶或缺乏耐心的特性是否与认知能力有系统性关联[7]。以常见的智力测验为例，对认知能力的测度有两个方面：语言和非语言。

该研究使用博弈实验来测验风险承担意愿和时间偏好。风险承担意愿是用涉及风险博弈和安全支付的20个选择来估计的。比如，受试者必须在300欧元或0欧元（各有50%的概率）的博弈和安全收益之间进行选择。博弈的选项始终是一样的，但安全收益随着问题的递进而稳步增加：以0欧元为起点，10欧元为单位，在第20个问题中安全收益将达到190欧元。受试者可以在第一个问题中选择博弈，并继续进行博弈，直到选择切换到“选择安全收益”选项，这时将显示出他们的风险厌恶程度。受试者的耐心程度衡量是在现在接受100欧元和12个月后接受x欧元之间做出选择。对于第一个问题，x等于100，因而所有受试者都选择了立即接受100欧元，而不是选择等待一年。每一个连续的问题都使收益增加2.5%。最终，受试者选择等待12个月以获得更大的收益，显示了他们的耐心程度。

研究发现，流体智力较低的人更厌恶风险，也更不耐烦，此研究结果在控制个人特征、受教育程度和收入等因素后依旧是稳健的。

这些研究表明智商和投资之间的关系是什么样的呢？总结来看，相对于低智商的人，高智商的人具有以下特点：

- 更有可能投资于股票市场。
- 更善于把握市场时机。
- 选择股票的能力更强。
- 更善于构建投资组合。
- 擅长税费抵减。
- 对通胀的预测更加精准。
- 表现出较低的风险厌恶。
- 表现出更多耐心。

分析性思维与直觉性思维的差别

诺贝尔奖得主丹尼尔·卡尼曼将认知推理模式分为两种。当获得2002年诺贝尔经济学奖时，他在斯德哥尔摩的诺贝尔经济学奖获奖演讲中概述了这些模式，并在2011年出版的《思考，快与慢》一书中进一步探讨了这些思维过程[8]。“慢性思考”是指分析性思维模式或卡尼曼所说的推理思维，比如在我们计算13×157这类乘法问题时的思维就属于此类。快速思考指的是直觉性思维模式，直觉性思维依靠感觉、启发式思维和联系过去的经验来形成意见和做出决定。分析性思维是深思熟虑的，需要付出努力（慢）；而直觉性思维是自发的，毫不费力（快）。每个人都可以用这两种模式思考，但大多数人倾向于默认其中一种模式——人们喜欢凭直觉做出大多数判断和选择，因为它毫不费力。

例如，当司机与乘客一起开车上路时，大部分时间的驾驶只需要直觉式的认知能力，在这些时候，司机可以边开车边进行小范围的交谈。当驾驶或谈话变得更加复杂时，司机需要使用更多的认知能力。因此，对气候变化进行辩论或在侧方停车会使司机进入分析性思维模式。如果司机正在辩论，那么他就会成为一个分心的司机；如果司机正在侧方停车，那么谈话就会被打断。金融决策需要更多的认知能力，因为它们往往需要处理不确定性、多样化、资产配置、市场效率和风险等复杂问题。因此，这些决定更适合于分析性思维模式。另外，直觉性思维者倾向于使用更多的启发式方法来促进快速思考，遗憾的是，启发式方法是与行为偏差相关的，这会降低金融决策的质量。

测量分析性和直觉性倾向：认知性反思

认知性反思是指在行动之前刻意花时间进行反思的能力。弗雷德里克（Frederick）设计了一个测试，以衡量个人具备分析性思维的程度，这个测试被称为认知性反思测试（CRT）[9]。CRT使用了容易诱导出冲动回答而又容易出错的问题，所以为了得到正确的答案，受试者需要进行更多认知处理。直觉性思维倾向于给出一个快速、冲动的回答，将这种思维带到CRT中很容易得到一个错误的答案。只有花时间切换到分析性思维模式，才更有可能得到正确的答案。CRT一共提供了三个问题，全部回答正确代表有很强的分析性思维，而全部回答错误则表示有很强的直觉性思维。CRT的问题是：

1. 如果5台机器需要5分钟来制作5个小部件，那么100台机器需要多长时间来制作100个小部件？

2. 在一个湖里，有一片荷花。每天这片荷花的叶面积都会增加1倍。如果需要48天才能覆盖整个湖面，那么需要多长时间能覆盖半个湖面？

3. 一根球棒和一个球共花费1.10美元。球棒的价格比球的价格高1美元。球的价格是多少？

注意第一个问题题干中的数字规律：5、5、5之后是100、100，这种对称性导致人们容易给出100这个冲动的答案。然而，这并不是正确答案，正确答案还是5分钟。在第二个问题中，“1倍”和“半个”这两个词导致人们将48天的一半24天作为答案，这个冲动的答案并不正确；荷叶必须在第47天覆盖一半的湖面，才能在第48天增加1倍覆盖整个湖面。在第三个问题中，1.10美元和1美元的成本引发人们得出0.10美元的冲动答案；其实球的价格必须是0.05美元，球棒的价格是1.05美元，才能有1美元的差距。上述问题正确答案的数量决定了CRT的得分。CRT得分为0或1，表明此人是直觉性思维者；而CRT得分为2或3，则将这个人归为分析性思维者。

上述三个CRT问题如今已经变得太有名了，因此可能失去了它应有的作用。我们又设计了四个问题，这四个问题既可以单独使用，也可以和原来的三个问题一起使用。这四个问题是[10]：

1. 如果小明6天能喝一桶水，小黄12天能喝一桶水，那么他们一起喝一桶水需要多长时间?

2. 小明考试得了全班第15名，同时也是倒数第15名。全班有多少名学生?

3. 一个人以60美元买了一头猪，以70美元卖出，以80美元买回，最后以90美元卖出。他赚了多少钱?

4. 2008年初的一天，小蒙决定在股市中投资8000美元。在他投资6个月后，即7月17日，他所购买的股票下跌了50％。幸运的是，从7月17日到10月17日，他购买的股票又上涨了75％。最后的情况是：

A. 盈亏平衡

B. 总体盈利

C. 总体亏损

上述问题的正确答案分别为：4、29、20、C。回答出正确答案较多代表了分析性思维倾向，而错误答案较多则代表了直觉性思维倾向。

认知性反思和行为偏差

直觉性思维模式或分析性思维模式与投资行为偏差有关吗？直觉性思维模式比分析性思维模式使用更多的启发式方法，因此更容易受到心理偏差的影响。霍普（Hoppe）和库斯特雷（Kusterer）对414名大学生的调查就说明了这一点。该调查测量了认知性反思以及他们对基率谬误（base rate fallacy）和保守主义偏差的敏感性[11]。当一个人对最初或基本的可能性事件太不重视，而对最近发生或短暂的事件太重视时，他就犯了基率谬误。当一个人坚持他以前的意见或预测而无视新的信息时，就会出现保守主义偏差。思考一下下面这个问题：

在一个有100名罪犯和10万名正常市民的城市里，装着一个带有自动人脸识别软件的监控摄像头。如果摄像头看到一个已知的罪犯，触发警报的概率为99％；看到一个正常市民，触发警报的概率为1％。当警报被触发时，摄像头拍摄到罪犯的概率是多少?

最常见的回答是概率大于90%，这代表了一种快速而直观的答案。但是这些人只关注到了小部分人群（罪犯）的识别概率（99%），而没有充分考虑到更大群体（无辜者）的小概率。拍到正常市民而发出的警报其实是一个假警报，而且可能触发假警报的人数远远多于实际的罪犯人数。假警报的预期数量是10万的1%，也就是1 000；而罪犯只有100人，监控系统的真警报预期数量是100名罪犯中的99%，也就是99。因此，如果每个人都从摄像头前走过，就会触发警报1 099次，触发者中只有99人会是罪犯。1 099次中正确的99次只代表9%，这就是拍摄到罪犯的概率。这个答案的计算方法是：（0.99×100）÷（0.99×100+0.01×100 000）×100%=9%。得到正确的答案需要一个认知性反思的过程。事实上，对于这项研究来说，那些回答概率为10%或更低的人，CRT得分更高。

与上述行为偏差类似的是保守主义偏差，即不能根据新的证据调整先前的信念。在这个问题中，研究者告诉受试者有两个桶（A和B）。A桶里有7个红球和3个蓝球。B桶里有3个红球和7个蓝球。受试者从一个没有标签的桶中抽出12个球，并随机挑一个桶进行球的替换——将这12个球中的10个和A（或B）桶中的10个球进行替换。问题是："当观察到8个红球和4个蓝球的结果时，替换的是A桶的概率是多少？"

这里的基准比率是50%，因为如果不给出随机抽出的12个球的颜色，就有各50%的机会来自A桶或B桶。然而，颜色的分布表明，这些球很可能是从A桶抽出的，因为它的红球比例较高，增加了红球被抽出的概率。然而，从A桶抽出的概率是多少呢？答案是97%。回答89%以上的人的CRT平均分数高于回答90%以下的人的CRT平均分数。最常见的答案是50%的基准比率。这些受试者没能用A桶和B桶内球的新信息来更新基准比率，他们的CRT分数也较低。

之前的研究调查了学生，那么训练有素和经验更丰富的投资者会有怎样的表现呢？诺夫辛格和瓦尔马（Varma）对108名理财规划师进行了调查，以确定他们的思维模式与风险规避和行为偏差的关系[12]。在进行CRT测试后，研究者将理财规划师的答案分为直觉型和分析型进行分组分析。此后，对他们的风险规避、耐心和前景理论行为等进行分析。前景理论指出，当问题以积极的方式提出时，人们倾向于选择确定的选项；而当问题以消极的方式提出时，人们则倾向于选择有风险的选项。基于此，我们看下面两个问题：

1. 你会选择A和B中的哪种获利方式？

A. 收到确定性的100美元

B. 有50％的机会赚到300美元，50％的机会什么都没有赚到

2. 你会选择C和D中的哪种损失方式？

C. 损失确定性的100美元

D. 有50％的机会损失300美元，50％的机会什么都不损失

第一个问题对获利进行了积极描述，请注意，A的100美元确定性回报低于B的预期值150美元（0.5×300美元+0.5×0），50美元的差额可被认定为风险溢价，这是承担风险的回报。第二个问题对损失进行了消极描述，C的预期值（-100美元）比D（-150美元）高。对于积极描述的第一个问题，63.4%的直觉型理财规划师选择了A；然而在涉及损失的第二个问题中，大多数人选择了带有风险的D。虽然这种行为符合前景理论，但分析型理财规划师会做出相反的行为，他们在积极描述领域选择了有风险的B（57.9%），在消极描述领域选择了确定性的C（57.9%），上述结果是重要的行为金融学发现。研究发现，所有理财规划师都表现出对风险厌恶的不一致性——他们在一种情况下寻求风险，而在另一种情况下厌恶风险。此外，与拥有分析性思维的人相比，拥有直觉性思维的人更有可能按照前景理论行事。

这项研究还考察了认知性反思影响理财规划师决策的其他方面，比如时机选择。时机选择指的是一个人在不同时间点做出的决定，这个经济术语描

述了一个人当前的决定是如何影响未来的选择的。当理财规划师被问及是选择3个月后收到3 400美元还是6个月后收到3 800美元时，68.4%的分析型理财规划师认识到这个跨时选择问题代表了等待的高回报率（复合年化收益率为56%），并选择了延迟收款。只有不到一半的直觉型理财规划师选择了延期的3 800美元。另外，当被问及他们愿意花多少钱来让订购的书籍更快到货时，直觉型理财规划师回答的平均花费是10.03美元，而分析型理财规划师回答的平均花费是2.63美元。对这两个问题的回答说明，拥有分析性思维的人比拥有直觉性思维的人更有耐心。奥赫斯勒（Oechssler）及其同事们在由德国学生组成的样本中得出了同样的结论[13]。

托马（Thoma）及其同事们对专业交易员、金融工作者和非金融行业人士这三类人进行了比较研究，该研究的调查对象包括44名来自英国投资银行和贸易公司的交易员、53名银行金融工作者，以及57名非金融工作人员[14]。交易员在三个问题的CRT测试中得分最高，平均为2.7分（总分3分），而银行金融工作者为1.6分，非金融工作人员为1.33分。由于很多人都以为交易的本质是对市场动态的直觉反应，所以上述结果可能会让我们感到惊讶。有经验的交易员在认知性反思方面的得分很高。在某种程度上，这个结果可能是自然选择的结果。也就是说，交易员可能需要在认知上进行反思才能在这个行业中长期生存下去。该研究还显示，交易员比银行金融工作者和非金融工作人员更愿意承担金融风险。与在其他地方工作的人相比，受过金融培训的银行员工愿意承担更多的金融和非金融风险。证据表明，认知性反思较少的人（直觉性思维者）不太愿意承担金融风险。

心智理论与投资决策

近年来，德州扑克变得很流行，这种形式的扑克和其他所有扑克一样，靠脑力和智力取胜。较高的流体智力有助于计算每次揭牌时所持各种牌的获胜概率。一个有趣的现象是：扑克是人和人的游戏，精英玩家可以通过对手的下注和其他行为来推断对手持有什么牌。这里，评估对手牌的过程便是心智理论过程，心智理论是指推断他人意图的能力。

为了确定人们在参与金融市场时是否存在心智理论过程，布鲁吉尔（Bruguier）及其同事们进行了一项实验，实验中的受试者参加了一项内部交易[15]。

在交易游戏开始时，每个人都有不同数量的现金，以及两种风险资产，每种资产的股息在0至0.5美元之间。两种风险资产的股利具有负相关关系，其中一种资产的股利随着另一种资产的股利的减少而增加，反之亦然。然而，研究者只给了一部分人关于风险资产股息的内部消息。比如，一个受试者知道资产B的股息将高于0.35美元，因而资产B会更有价值；资产A的股息会很低，价值也相应较低。拥有内部消息的交易者会买入更多的资产B，而不是资产A。其他受试者虽然没有这个消息，但却被告知市场上存在知道内部消息的人；如果其他受试者发现一个交易员买了相当数量的资产B，他们可以推断出该交易员知道资产B的价值高于其当前价格，然后自己也进行相应的交易。这种信息推断便是心智理论处理。

在对20名不同的受试者进行了13次这样的实验后，研究者得出结论：

这些人尽管缺乏正式的金融培训，但是相当擅长从订单流中推断内部消息。没有内部消息的受试者在2/3的时间里正确预测了价格方向，这说明他们准确地识别了知情交易者并相应地调整了自身的交易。

此外，布鲁吉尔及其同事们用IQ测试来测量流体智力，用CRT来测量认知性反思水平。他们用两个传统的测试来测量心智理论。第一个测试是，利用几何形状模仿人类互动的电影片段，该片段每隔五秒就会停止一次，继而受试者被要求预测这些形状的下一次运动。第二个测试是，基于人们眼睛注视的图片，受试者被要求在注视图片后所提供的四种心理状态描述中挑选最接近自己的一项。

有趣的是，该研究报告发现：IQ测试中的数学测试与价格预测成功率无关；在推断交易者所持有的信息方面的成功来自心智理论，而不是流体智力。最后，该研究还用功能性磁共振成像进行了大脑成像，发现心智理论源自大脑最发达的部分，即大脑皮层的前部和中部。

智力类型对投资决策的差异性影响

流体智力、认知性反思和心智理论都被证明会影响投资决策。它们是影响交易过程的同一个部分，还是有各自单独的影响？研究者围绕他们认为有影响的因素对研究实验进行了设计，同时控制其他方面，以确保研究结果不被干扰。科尔涅（Corgnet）及其同事们指导167名受试者参与了一项计算机化的17轮模拟交易，并产生了2 839个利润结果[16]。在每一轮交易中，每个受试者都有机会交易一种资产。每种资产给出了三种可能的价值，但他们不知道该资产到底属于这三种可能中的哪一种。每个受试者都有关于真实价值的一份私人信息，该私人信息是排除资产三种可能价值中的一种。受试者也可以通过他们的交易来推断其他人的信息。

为了取得成功，交易员需要三种技能来对资产进行估值：数理统计估值、评估市场信号和避免行为偏差。换句话说，交易员需要利用现有的信息对资产进行估值，以确定当前的价格是否有机会交易；同时还需要推断出其他人的交易背后所蕴含的私人信息，以执行理性的交易决策。研究者测量了每个受试者的流体智力、认知性反思和心智理论，并将其与交易和利润联系起来。主要研究结果如下：

- 流体智力为交易者提供了建立资产价值模型的计算技能。
- 认知性反思帮助交易者避免行为偏差，并有助于重建他们先前的信念以做出更好的交易。
- 心智理论使交易者能够评估其他交易者订单的信息内容。
- 认知性反思和心智理论是相辅相成的，因为当交易者做出交易决策时，他们会从解释市场信号中受益。

本章小结

有三种截然不同的智力：流体智力、认知性反思和心智理论。流体智力是衡量一个人推理能力的传统标准，通常由智商来衡量。认知性反思是指在评估情况时花更多的时间和精力（分析模式），而不是自发和轻易地做出决定（直觉模式）。心智理论指的是一个人推断他人意图的能力。

智商较高的投资者更有可能投资于股市，并在低买高卖（市场时机选择）、买入表现较好的股票（选股技巧）、在年底卖出亏损的股票以降低税费（税费抵减）等方面具备计算能力优势。智商较低的投资者更容易出现行为偏差，如处置效应。

分析性思维模式更适合处理不确定性、多样化、资产配置、市场效率和风险等复杂问题。直觉性思维模式使用更多的启发式方法来促进快速思考，这与行为偏差有关。CRT衡量了分析性思维与直觉性思维的程度，CRT得分高的人（分析性思维者）更愿意承担金融风险，做出更好的交易选择；CRT得分低的人（直觉性思维者）使用的贴现率较高，更容易受到前景理论、基率谬误和保守主义偏差的影响。

心智理论过程是推断他人意图的过程。心智理论程度高的人更能评估交易者的订单所隐藏的信息内容，并做出更好的投资预测。认知性反思和心智理论是相辅相成的，因为交易者更好地解读市场信号后，会做出更好的交易决策并从中受益。

思考题

1. 衡量智力的三种不同方法是什么？
2. 流体智力如何影响金融决策？
3. 认知性反思与金融决策有什么关系？
4. 心智理论和投资决策有什么关系？

注释

[1] Carol Loomis. Tap Dancing to Work: Warren Buffett on Practically Everything, 1966—2012. New York, Penguin, 2012.

[2] Mark Grinblatt, Matti Keloharju, Juhani T. Linnainmaa. IQ and stock market participation. Journal of Finance, 2011, 66(6): 2121-2164.

[3] Mark Grinblatt, Matti Keloharju, Juhani T. Linnainmaa. IQ, trading behavior, and performance. Journal of Financial Economics, 2012, 104(2): 339-362.

[4] Mark Grinblatt, Seppo Ikäheimo, Matti Keloharu, et al. IQ and mutual fund choice. Management Science, 2016, 62(4): 924-944.

[5] Francesco D'Acunto, Daniel Hoang, Maritta Paloviita, et al. IQ, expectations, and choice. National Bureau of Economics Research, NBER No. 25496, 2019.

[6] Dimitris Christelis, Tullio Jappelli, Mario Padula. Cognitive abilities and portfolio choice. European

Economic Review, 2010, 54 (1) : 18-38.

[7] Thomas Dohmen, Armin Falk, David Huffman, et al. Are risk aversion and impatience related to cognitive ability? American Economic Review, 2010, 100 (3) : 1238-1260.

[8] Daniel Kahneman. Thinking, fast and slow. New York, Farrar, Straus and Giroux, 2011.

[9] Shane Frederick. Cognitive reflection and decision making. Journal of Economic Perspectives, 2005, 19 (4) : 25-42.

[10] Maggie E. Toplak, Richard F. West, Keith E. Stanovich. Assessing miserly information processing: An expansion of the cognitive reflection test. Thinking & Reasoning, 2014, 20 (2) : 147-168.

[11] Eva I. Hoppe, David J. Kusterer. Behavioral biases and cognitive reflection. Economics Letters, 2011, 110 (2) : 97-100.

[12] John Nofsinger, Abhishek Varma. How analytical is your financial advisor? . Financial Services Review, 2011, 16 (4) : 245-260.

[13] Jörg Oechssler, Andreas Roider, Patrick W. Schmitz. Cognitive abilities and behavioral biases. Journal of Economic Behavior & Organization, 2009, 72: 147-152.

[14] Volker Thoma, Elliott White, Asha Panigrahi, et al. Good thinking or gut feeling? Cognitive reflection and intuition in traders, bankers and financial non-experts. PLoS ONE, 2015, 10 (4) : 1-17.

[15] Antoine J. Bruguier, Steven R. Quarz, Peter Bossaerts. Exploring the nature of "trader intuition". Journal of Finance, 2010, 65 (5) : 1703-1723.

[16] Brice Corgnet, Mark DeSantis, David Porter. What makes a good trader? On the role of intuition and reflection on trader performance. Journal of Finance, 2018, 73 (3) : 1113-1137.

第十二章

认知功能受损和决策能力减弱

大多数发达国家正在经历人口老龄化，研究认知老化与金融决策关系的重要性从未如此之大。比如，在美国，婴儿潮一代正在逐渐老去，如今每天约有1万人达到65岁。欧洲的人口年龄分布情况与美国相似。日本人口的老龄化甚至更进一步，老年人占总人口的比例远高于其他国家。

正在逐渐老去的这一代拥有当今社会财富的很大一部分，这也说明了研究认知老化和金融决策关系的重要性。如果一个人在进入老年后认知能力发生变化，因衰老影响投资决策，可能会对财富和收入产生重大负面影响。此外，由于美国社会从固定收益型养老金计划[①]（defined benefit retirement plans，DB计划）过渡到固定缴费型养老金计划[②]（defined contribution retirement plans，DC计划），投资决策因此变得更加重要。另外，由于寿命逐

① 固定收益型养老金计划是企业雇主资助的退休计划，公司考虑员工的就业时间、工资情况等来对其进行资助。公司负责管理计划的投资和进行风险管理，通常会聘请外部投资经理来执行此操作。用该计划的退休收入进行的投资，由公司提供担保。——译者注

② 固定缴费型养老金计划是一种通常可以延迟缴税的退休计划，公司员工将固定金额或一定比例的薪水存入养老金账户，公司有时会给部分员工补充缴纳来作为额外福利。用该计划的退休收入进行的投资，公司不提供担保，员工自愿参与。——译者注

渐延长，人们的投资决策也需要规划更长时间维度内的投资计划[1]。鉴于婴儿潮一代的人口规模和财富积累，他们的投资行为可能会对股票市场产生影响。

老龄化与认知能力

人类的认知能力随着时间的推移而下降是衰老的正常体现。认知老化是指随着年龄的增长，人们的记忆力、概念推理能力和信息处理速度逐渐下降。认知老化的一个重要影响是金融决策水平的下降，这是目前所有人都面临的一个问题。尽管老年人能普遍意识到自身认知的老化，但他们似乎并没有将此与资产管理能力联系起来[2]。研究发现，人的认知能力在20岁左右达到顶峰，然后每年下降1%，直到80岁。这表明一个人在一生中最终会失去60%的认知能力[3]。然而，由于金融知识和投资经验的增加，做出合理的金融决策并不完全依赖于认知能力。年轻人可能有非常强的认知能力，但他们也缺乏经验，而获得投资知识和经验可以大大降低金融投资错误的发生率。我们的经验会提升金融决策的质量，这一效用在50岁左右达到最大，所以50岁左右的这个高峰期代表着在拥有良好认知能力的同时也是经验最丰富的时期。随后，由于认知的持续老化和经验吸取速度的下降，金融决策错误的发生率再次上升。这种模式被称为错误随时间变化的U形曲线（见图12.1）。请注意，尤其在70岁以后，金融决策错误的发生率会进一步上升。

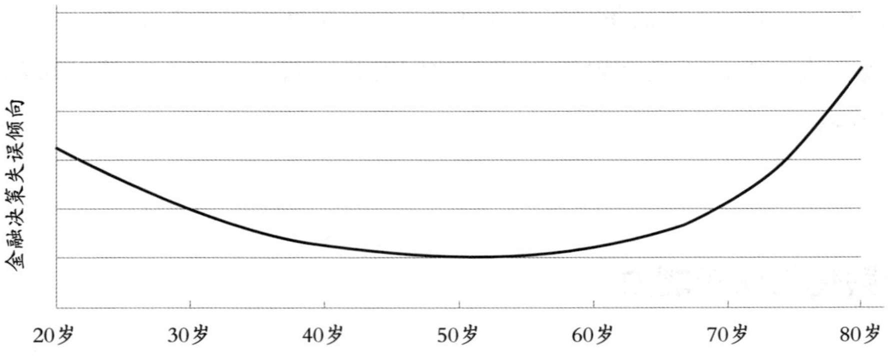

图 12.1　金融认知能力与年龄

老龄化与决策制定

研究者使用功能性磁共振成像和其他工具，研究货币激励实验中不同年龄段对收益不确定以及损失的大脑皮层下反应。当人们预期获得收益时，老年人和年轻人在内侧前额叶皮层和腹侧纹状体中[4]表现出相似的皮层下纹状体反应[5]和神经反应。在对金钱损失的预期方面，年轻人和老年人之间出现了非常不同的反应模式。与年轻人相比，老年人在预期产生损失时展现出较低的预期性消极唤醒（anticipatory negative arousal）程度——背侧纹状体和前岛叶的反应性降低[6]。这种与年龄有关的预期收益损失不对称性与研究发现的人在成年后会减少消极态度是密切相关的[7]。

还有研究使用功能性磁共振成像和类似设备探究了金融风险厌恶和年龄之间的关系。先前的研究表明，老年人可能比年轻人更厌恶风险。然而，一些研究发现，在风险厌恶方面，老年人和年轻人其实并没有差异。这些研究结果的差异似乎是因为实验时的风险测量需要临时学习，而老年人较低认知能力产生的学习困难导致其倾向于选择风险较小的选项[8]。事实上，神经影像学研究发现，年轻人和老年人在纹状体[9]和前额叶[10]的神经活动模式相似。在学习任务中，老年人和年轻人之间的处理差异似乎来自内侧前额叶皮层与腹侧纹状体的连接，这些连接的退化可能影响奖励学习（reward learning）和风险承担。

研究者现在可以使用弥散张量纤维束成像（diffusion tensor imaging tractography）完整地展现大脑皮层下结构。山姆尼兹-拉金（Samanez-Larkin）及其同事们检查了一组年轻人、中年人和老年人奖励回路的结构完整性[11]。研究发现，在老年人中，连接①丘脑到前额叶皮层和②前额叶皮层到腹侧纹状体的路径完整性降低，这使得认知处理时间更长，并增加了认知所需努力的程度；完整性的降低也与奖励学习的退化有关。因此，认知处理任务增加叠加前额叶网络年龄差异是老年人认知产生缺陷的原因之一。

同样重要的一点是，在所有的决策场景中，老年人的表现并不逊色于年轻人，尤其在那些不需要完全重新开始学习，而是需要经验积累或进行情感和动机处理的决策场景中，老年人的表现通常更胜一筹。

老龄化与金融知识

金融知识

芬克（Finke）及其同事们对消费者金融月度（Consumer Finance Monthly，CFM）调查中的3 873名60岁以上老年人金融知识水平的下降情况进行了分析[12]。CFM中包含了一项金融知识评估测试，在基本信息、信贷、投资和保险等类别中各问了4个问题，共计16个问题。比如，其中一个问题是：“一个愿意承担中等风险以获得高于平均增长率的收益的年轻投资者最感兴趣的投资标的是什么？①国库券，②货币市场基金，③平衡型股票基金。”

如图12.2所示，随着年龄的增长，金融知识水平会严重下降。在60～69岁年龄组中，金融类知识测评的正确率是62%；70～79岁组中，正确率下降到49%；80岁及以上的老人则下降到近30%。投资类知识的正确率从60～69岁年龄组的57%下降到80岁及以上年龄组的25%，下降了一半以上。更值得我们关注的是，当问及他们对管理自己的财务有多大信心时，他们的信心随着年龄增长从72%增加到74%，老年人没有意识到衰老会影响他们的资产管理能力。

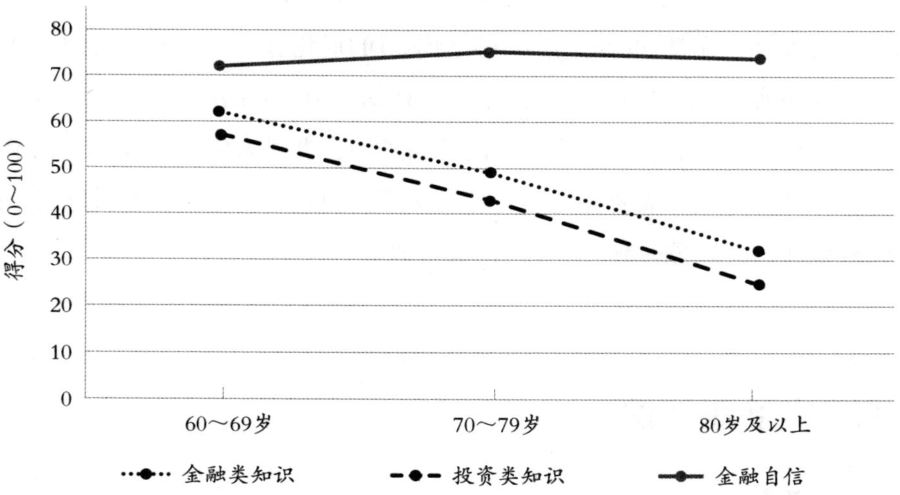

图 12.2　金融知识与自信

这种金融知识水平的下降与认知的老化有关吗？消费者金融月度调查并没有包含认知能力问题。因此，芬克利用HRS进行进一步研究，该调查是由密歇根大学社会研究所与美国国家老龄化研究所合作管理的一个全国性小组主导的，涉及智力评估和金融知识测评。利用上述调查数据并对60岁以上老人分组研究后发现，认知能力的衰退很大程度上解释了金融知识水平的下降。

卢萨尔迪（Lusardi）及其同事们也使用了HRS来探究美国老年人群的金融知识水平[13]。此外，他们还改变了金融知识问题的措辞，以研究描述框架是否影响回答。最后，研究者还探究了给出“我不知道”答案的倾向性。研究发现，受教育程度低的妇女和75岁以上的老人对金融问题的了解明显不足。尤其是使用金融术语时，妇女对金融问题的理解会发生较大变化，她们受框架性偏见的影响较严重。

上述研究又拓展到在固定时间维度下不同年龄段的人群，以此探究认知能力和金融知识的变化。这项研究可能存在瑕疵，因为研究结果受到教育和经验的代际差异影响，而不一定是由年龄变化引起的。因此，甘布勒（Gamble）及其同事们对同一人在不同时期的变化进行了研究[14]。该团队使用了拉什记忆力与老龄化项目（Rush Memory and Aging Project）收集的数据，这是一项始于1997年对1 500名芝加哥市民进行的老龄化跟踪研究，参与者每年都会接受风险因素评估和临床评估，其中包括认知测试。当然，并非每个参与者都完成了所有的调查访谈，一些参与者在调查期间离世。在该数据中，575名没有阿尔茨海默症的人至少完成了两次年度评估，样本平均年龄为82.2岁，女性占比为77%。研究者将认知能力变化与金融知识变化相匹配后发现：

- 2/3的参与者经历了认知能力下降。但是如果参与者只参加了两到三年调查的话，此变化就较为温和。
- 在较短的考察期内，参与者的金融知识水平会轻微下降。
- 金融知识水平的下降与认知的老化有关，在语义记忆（semantic memory）的认知测试中，此结果最显著。
- 认知能力的下降与整体自信心下降有关，但参与者对管理自己资产的信心没有下降，对金融知识的信心也没有下降。

- 虽然认知能力的下降增加了他们寻求金融帮助的可能性，但88%的参与者是与配偶共同制定他们的经济策略的，只有25%的人从配偶以外的人那里获得帮助。

寻求投资建议

虽然人们在60岁以后认知能力和金融知识水平会下降，但是研究表明只有1/4到1/3的老年人会寻求投资建议。为了进一步了解这一现象，金（Kim）及其同事们在2016年的HRS中加入了一个投资咨询模块[15]。除了HRS中的常规问题外，这个新模块向50岁及以上的人询问他们是否获得过投资建议，那些没获得过的人会被问到为什么没有。研究者试图探究正在经历认知老化的老年人是否有可能寻求投资建议。此外，他们还评估了投资建议的质量。

研究发现，认知能力和金融知识并不影响寻求投资建议的可能性。也就是说，不管你的认知能力如何，似乎都有相同的可能性去寻求投资建议。然而，认知能力和金融知识确实影响了所得到投资建议的质量。具体来说，认知能力较高的人更有可能寻求较复杂事项的投资建议，如去咨询投资方向的选择而不是如何支付账单；有金融知识和较高认知能力的人也更有可能从专业顾问那里寻求投资建议，而不是从有利益驱动的人那里“免费”咨询。从那些没有寻求投资建议且认知能力较高的人来看，他们往往对金融顾问缺乏信任。

贷款选择

衡量个人金融知识水平的另一个方法是查看个人的贷款选择。在信用违约风险低于平均水平的人群（优质贷款人）中，相比年轻人和老年人，中年人支付的贷款费用较低，贷款的利率也较低[16]。尤其是对于房贷利率，年利率（APR）差异高达0.5%。这看起来虽然不多，但对于20万美元的30年抵押贷款来说，年利率5%的人要比年利率4.5%的人多还贷近2.2万美元，这相当于最初贷款额的11%。此外，金融违约风险和贷款利率在年龄维度下也呈现出类似于图12.1的U形曲线分布。

金融知识的另一个例子是使用“信用卡额度转移优惠”。作为一种营销手段，信用卡公司鼓励你将现有信用卡上的额度转移到他们推行的新卡上。该转移附带一个诱惑利率（teaser rate）——在一个固定的时间段内（比如6个月到1年），有一个非常低的利率（有时甚至是0）。但是，这种典型的诱惑利率交易只适用于从旧卡转移的额度，在新卡上的新消费会被收取较高的利率。

最佳的信用卡使用策略是将旧卡的额度转到新卡上，但在新卡具有诱惑利率期间利用从旧卡转移的额度进行消费。大约有1/3的人从一开始就认识到了这一最佳策略[17]；略微少于1/3的人还会用新卡额度消费，但在1个或多个支付周期后很快认识到了自己的错误；另外1/3的人在转移额度时没有发现最佳策略，而是在整个过渡性利率期间用新卡额度消费。对这种贷款行为和年龄的调查显示，近一半的年轻人和老年人从未发现最佳策略，但只有大约30%的中年贷款人没有使用最佳策略。此外，更多的中年人立即发现了最佳策略，就算没有立即发现，他们也能在诱惑利率期间迅速发现，这再次证明了金融决策中的年龄U形分布。

研究者也对不同年龄个体更长时间内的信用工具选择感兴趣，而不仅仅是信用卡诱惑利率那样的具体信贷选择。李（Li）通过对448名不同年龄段的成年人的信用评分调查，研究了当认知能力下降时，较高的金融知识水平是否能让老年人做出合理的金融决策[18]。研究发现，在控制认知能力变量的情况下，金融知识与信用工具选择能力呈正相关关系。由于金融知识的来源可以归因于金融经验，该研究分别测量了20种不同类型的金融工具（支票账户、信用卡、抵押贷款、基金等）的个人金融经验。在控制了金融经验这一变量后，金融知识对信用评分的影响仍然很强。研究发现，理解金融产品相关知识，而不仅仅是拥有这些产品的使用经验，可以对老年人的认知能力进行补充。这种知识积累极大地减少了对信息认知处理和主动搜索金融知识的需求。有一点需要注意的是，由于认知老化，人们在60岁以后在认知上接受新的金融知识也会越来越困难。

老龄化与金融诈骗

一个人的财富峰值可能出现在即将退休的时候，这源于过去几十年工作的储蓄和投资。这种财富积累和认知的老化使老年人受到金融诈骗的概率大大增加。美国理财规划师认证委员会对其2 649名拥有国际金融理财师（CFP）证书的财务顾问进行了调查，了解他们的老年客户情况[19]。调查发现，老年人会受到不公平、欺骗性或滥用的金融操作的影响，而且这个问题很普遍。大多数CFP顾问都至少有一个客户受到这些行为的影响。虽然客户损失的中位数是5万美元，但有一些客户经历了极端损失，这使极端值偏离中位数的程度达到14万美元。

欺骗性和滥用的金融操作有多种形式，它既来自社会人员，也来自金融专业人士和家庭成员。局外人会利用“无风险高收益投资”等庞氏骗局、亲情诈骗、境外博彩、退伍军人福利欺诈、社会保险或医疗保险欺诈等来诱惑你。庞氏骗局是一种著名的虚假投资运作，诈骗者利用新加入的投资者提供的资金向早期投资者支付回报，而这仅仅是一场数字游戏，并不会进行真正的实体投资。最终，拆东墙补西墙的资金链断裂，该计划也就随之崩溃，投资者将会血本无归。伯尼·麦道夫（Bernie Madoff）可能是这种骗局最知名的实施者，因为他的庞氏骗局从5 000名投资者那里诈骗了大约650亿美元。亲情诈骗主要针对的是具有亲密关系的群体，如教会组织、各类协会或专业团体。如果诈骗者能够成功骗过团体中的少数成员，让他们相信此投资机会是难得且珍贵的，这些成员就会不知不觉地把这个“机会”传给其他成员。当人们认为他们所信任的群体中有其他人已经调查过该投资时，他们往往不会再去亲自调查。此外，来自金融专业人士的常见金融诈骗包括销售变额年金保险、理财性质的保险和终身寿险等，这些保险的费用非常高且收益随投资绩效的变动而变动。不幸的是，随着老年人年龄的增长和认知的老化，他们也更容易受到监护人和家庭成员的财务虐待（financial abuse）。

认知老化和金融诈骗

博伊尔（Boyle）及其同事们试图评估认知老化是否提高了受到金融欺诈的概率[20]。该团队使用了拉什记忆力与老龄化项目收集的数据。此调查追踪的一个关键问题是：在过去的一年中，参与者是否成为金融欺诈的受害者，或被告知他们是受害者。这个问题使研究者能够检查参与者在年度认知测试中的认知能力下降与金融欺诈存在何种关系。研究发现，认知能力下降34%，成为金融欺诈受害者的概率就会增加33%。

认知老化是否影响一个人对欺诈的敏感性？研究者通过六个问题来衡量人们对诈骗的敏感性。前五个问题使用七点量表（seven-point scale）回答，范围从非常不同意到非常同意。第六个问题只需回答“会”或“不会”。这六个调查问题是：

1. 有电话打来我就会接，即使我不知道是谁打来的。
2. 我很难去主动挂电话，即使打来电话的人仅仅是一个推销员。

3. 即使一件事听起来美得不真实，我也相信它是真的。
4. 65岁以上的人经常成为骗子的目标。
5. 即使发现接到了推销电话，我也听一听他要说些什么。
6. 如果手机识别出来电是骚扰电话，你会不会接?

这些回答综合起来形成了一个“易受骗指数”。研究者得出的结论是：认知能力的下降增加了一个人被骗的可能性。

研究者还调查了两种行为偏差：过度自信和为达到收支平衡而承担风险的倾向[21]。参与者表示，他们在上述测试问题上的表现比他们在现实中的表现好，实际情况可能会更糟糕。研究发现，过度自信在成为金融欺诈受害者方面有着至关重要的影响，因为过度自信的程度增加34%，被骗的概率就会增加26%。

此外，研究者探究了欺诈受害者在受骗后的风险偏好是否会变化。在遭受损失后，许多人表现出增加承担风险的意愿，以努力达到受骗前的收支平衡，年龄较大的金融欺诈受害者的这种反应更为强烈。虽然老年参与者的风险厌恶水平比整体样本要高，但其中的欺诈受害者的风险厌恶水平是略低的，这使他们更容易受到第二轮欺诈。事实上，一个常见的连环骗局就是为欺诈受害者提供诱惑机会，让他们以为只要再投一笔钱就能把之前的钱收回来。

老年人的投资决定

老龄化与金融风险规避

一个人的金融风险厌恶会随着这个人接近退休而增加，那么导致这种金融风险态度变化的原因是什么？一种可能性是投资需求和投资目标的变化。比如，合理的投资建议是在接近退休时减少风险暴露（risk exposure），经验法则告诉我们，投资组合中股票配置比例为（100−年龄）×100%，如60岁的老年人投资组合中的股票配置比例为40%。老年人与年轻人不同，老年人的未来时间跨度短且收入需求低，而年轻人的投资是为了资本增长，为未来储蓄。如果股市下跌了40%，25岁的年轻人将有足够的时间在下一个市场周期中把钱赚回来；然而如果有人想在三年内退休，他将没有太多的时间等待股市恢复。因此，接近退休的人不应过度投资于股票，否则会有延迟退休的风险。风险厌恶态度变化的另一个原因是认知能力的变化。研究表明，认知能力较高的人对金融风险的厌恶程度较低，当人们经历认知老化时，其认知能力下降，这可能会导致金融风险厌恶的增加。因此，金融风险厌恶的年龄变化可能源于投资需求的变化和认知能力的下降，或两者兼而有之。

为了研究人们在不同年龄段的金融风险厌恶的差异，金及其同事们利用HRS中股票的所有权（直接持有或通过基金间接持有）、最近购买股票情况、遗产动机和认知评估等信息进行了研究，样本中一共包含6 614名65岁及以上老人的数据[22]。这项研究将参与者给后代留下遗产的动机考虑在内，因为这会影响老年人投资组合的时间范围。其实，投资组合的预期时间跨度并非等同于参与者的预期寿命，其跨度可能比投资者寿命更长，遗产动机也提供了投资股市的动力。然而尽管有遗产动机，认知能力的下降也可能会阻碍股市参与。该研究的另一个创新是对近期股票购买情况的调查，因为持有股票很可能是惯性的结果。HRS通过电话询问问题来衡量参与者的认知能力，问题是围绕精神状态和记忆力展开的，这些问题经常被医学界用来对认知能力下降的人进行分类。涉及遗产动机的问题是：你为你的子女亲属留下1万美元或以上遗产的概率（0至100%）是多少？通过分析老年人在有遗产动机和认知老化的情况下是否会投资于股市，研究者发现：

- 大约1/3的老年参与者持有股票。
- 在持有股票的老年人中，约有36%的人在过去的两年中也购买过股票。
- 认知能力与持股量呈正相关关系。
- 认知能力并不是老年人近期购买股票的影响因素。
- 虽然老年人既有强烈的遗产动机又有较差的认知能力，但认知的老化压倒了遗产动机，导致其持有股票的可能性降低。

另一项研究使用欧洲健康、老龄化和退休调查（SHARE）的数据来区分与年龄相关的投资需求和认知能力分别发挥了什么作用。SHARE涵盖了11个欧洲国家的1.2万多名50岁及以上老年人的相关情况，调查问题包括每个人的年龄、股市参与度、金融风险规避，以及数学、记忆力和语言流畅度等认知能力。邦桑（Bonsang）和多门发现，数学、记忆力和语言这三种认知能力是解释金融风险承担水平以及股市参与度的有力因素[23]。研究发现，在控制了年龄因素之后，认知能力较高的人更愿意承担金融风险。但并不是所有的认知能力对风险承担有相同的影响，以数学为导向的认知能力影响最大。语言流畅度对风险承担也有很大影响，但是认知能力里的记忆测试与风险规避只有很小的关联。研究得出结论，与老龄化有关的金融风险厌恶更多地与认知老化有关，而不是与金融需求的变化有关。

老龄化与投资组合的构建和表现

投资组合的构建和表现取决于一个人的决策能力和风险厌恶态度。认知老化会对决策和风险承受能力产生负面影响，作为认知老化的一种平衡，获得投资经验可以积极影响投资组合的构建决策。科尔尼奥蒂斯（Korniotis）

和库马尔（Kumar）研究了1991—1996年美国一家经纪公司的6万多个投资者账户，以评估随着投资者年龄的增长，到底哪种效应会占主导[24]。这些数据包括投资持有标的和交易情况以及年龄、收入、财富等人口统计信息。研究者还用经纪账户开立时间来衡量投资经验。利用投资组合的持有量和交易数据，该研究考察了各种投资组合的特征，如投资者年龄和经验方面的表现、交易和多样化。此外，该研究使用超过资产定价模型理论价格的年化超额收益来衡量投资者的表现。

图12.3说明了上述研究的结果。有趣的是，投资组合的表现呈现出倒U形，即在40岁左右的时候，人们的投资表现最佳。如此看来，在一个人40岁之前，经验会增强他的投资组合表现，但随着认知的老化，其投资组合表现开始下降。55岁左右开始出现明显的能力下降，在70岁左右，下降速度骤增。投资组合的表现来自选股能力和配置多样化等特征，深入研究这些特征后发现，老年投资者更厌恶风险。经验的增加会产生：①更好的多样化；②更少的交易频率；③更明智的避税策略；④更少的行为偏差（如处置效应等）。在控制了经验因素之后发现，老年投资者的投资决策普遍较差，特别

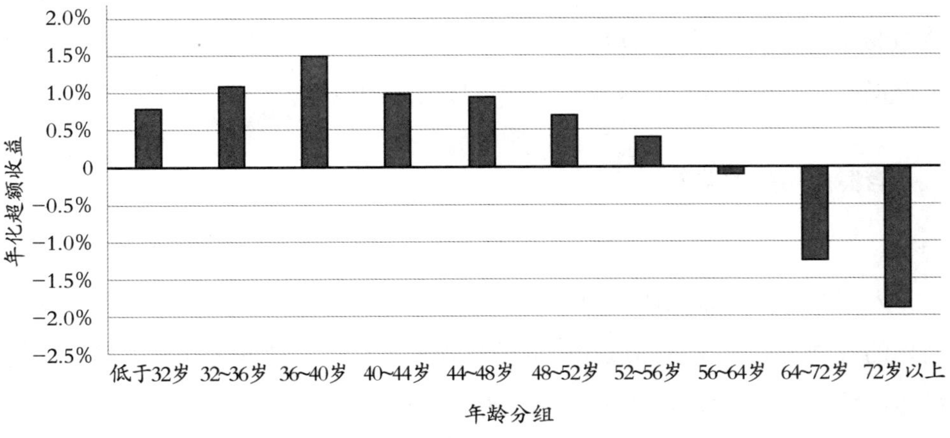

图 12.3　不同年龄下的年化超额收益

是股票选择能力减弱且分散投资能力变差。该研究认为，认知能力的下降导致投资表现以每年3个百分点的速度恶化。这项研究说明了生命周期内投资决策质量的倒U形分布。

研究认知老化在投资组合决策中作用的另一个方法是研究老年人对投资冲击的反应。2007—2008年的金融危机导致股票市场大幅下跌，布朗宁（Browning）和芬克使用HRS的数据探讨了危机期间退休人员在股市中的资产重新配置情况[25]。投资者应该如何应对股市的大幅下跌？买入并持有（buy-and-hold）的投资策略无须重新配置资产。当然，投资者可以买入更多的股票以维持资产配置目标，“抄底”策略也会使得投资者对股票的配置增加。为了减税，投资者也可能会卖掉一些亏损股，随后再买入不同的股票以维持投资组合的配置目标，这也会导致股票具体配置的变化。如果你在股市大幅下跌后改变投资组合配置目标以减少股票投资风险，你可能无法从最终的股市复苏中获益。其实在股市下跌后减少对股票市场的投资通常是不理性的，这是一种情绪反应的结果；要想避免错过绝佳市场时机就需要在决策时克服情绪的影响。在上述研究中，超过57%的样本减少了他们对股市的配置，这超过了投资组合收益所能解释的范围。认知老化的人在交易时可能更容易受到情绪驱动。研究发现，认知能力和退出股市之间存在负相关关系，认知能力下降损害了老年人在投资决策过程中管理情绪的能力。

老龄化与行为偏差

人们在面对复杂的决定时，可能会使用启发式方法来做决定，使用这些简单的规则可以减少认知过程中的信息处理量。随着认知老化的发展，人们可能会采用更多类型的启发式方法，并且这样做的频率越来越高。

为了研究这种可能性，贝塞德斯（Besedeš）及其同事们评估了在不同年龄段使用启发式方法对各种类型决策的影响[26]。

研究者将受试者分为三个年龄组进行分析：18～40岁，41～60岁，以及60岁以上。实验设计从一副100张的牌开始，每张牌显示一个从1到6的数字，受试者被告知100张牌中每个数字的分布。比如，他们知道这副牌中有24张1号牌、8张2号牌、21张3号牌、26张4号牌、12张5号牌和9张6号牌。受试者从提供给游戏的组别中选择一组数字，以保证包含的牌数最多：A组有1、3、5和6，B组有2、3、5和6，C组有1、3和4，D组有1、4和5。A组和B组提供的数字（4个）比C组和D组（3个）多，因此，如果一个受试者使用简单的启发式方法来计算，这个人就会选择A组或B组。计算后可以发现：如果选择A组，获胜的机会是66%；如果选择B组，获胜的机会是50%；如果选择C组，获胜的机会是71%；如果选择D组，获胜的机会是62%。因此，最佳选择其实是C组。我们还可以设置更多的选项来进一步考察。

毫不奇怪，当有更多的选项可以选择时，无论哪个年龄段的人都更难找到最佳选择。从大的干草堆中挑出一根针比从小的干草堆中挑出一根针更难。如图12.4所示，决策能力随着年龄的增长而恶化。比如，40岁以下的受试者中有52%的人选择了最佳方案，但60岁以上的受试者中，这一比例为32%。在某些情况下，选择次优选项其实也无伤大雅。图12.4中显示了次优选项的分布情况，选择次优选项的比例随着年龄的增长而下降——从72%下降到59%。老年人似乎对选项所蕴含的关键信息视而不见，他们倾向于选择包含数字量最大的选项，而不是赢面最大的选项。这种方法类似于选择一家基金公司，倾向于选择可提供基金最多的，而忽略了基金成本和业绩。老年组无法选择最佳数字组的原因是他们依赖于启发式方法，因而老年人也更容易受到描述框架和实验设计的操纵。在上述实验中添加更多的选项也会对老年人产生不成比例的影响。该研究结论在考虑受试者的受教育水平和财产值后依旧是稳健的。

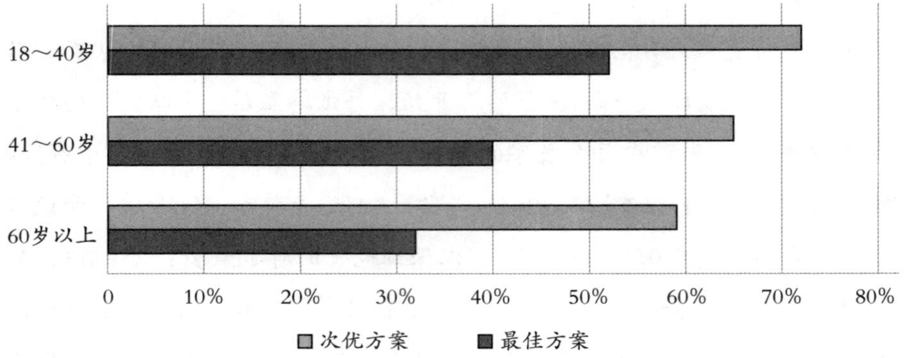

图 12.4　选择最佳方案与次优方案的比例

综上所述，随着年龄的增长，人们更喜欢运用启发式方法进行决策，决策的质量也因此下降。老年人关注的信息片面，做选择时考虑的角度也较少，倾向于计算每个选项所提供的积极属性的数量，而忽略了选项所蕴含的实质信息。

老年人决策的改善

那么，是否可以将决策架构化，使得老年人表现得更好呢？研究表明，风险决策的年龄差异可能与老年人在新环境中的学习能力限制有关。关于提供有针对性的、熟识的决策辅助工具能否改善老年人的金融风险决策质量的问题，山姆尼兹–拉金发现，在实验中将所有选项的预期值展现得更简单、直白，改善了年轻人和老年人的决策[27]。提供预期值信息可以将老年人的表现提高到与未受辅助的年轻人一致的水平。另外，韦斯特布鲁克（Westbrook）及其同事们发现，行为干预对老年人的效果可能有限[28]。在他们的实验中，提供预期值信息在老年人组引起的行为变化比年轻人组少，研究者将此归因于老年人随着时间的推移而偏离所建议策略的趋势。虽然具体而可靠的决策辅助工具还没有被开发出来，但研究表明，将策略简单生动化可能有所帮助[29]。

退休还是工作

认知的老化可以被推迟吗？一直处在认知要求高的环境中可以阻止认知能力的下降吗？正如人们经常鼓励退休人员保持一种需要脑力活动的生活方式一样，一个环境需要多大的挑战性才能让你保持认知能力？事实上，许多游戏和活动都声称可以让你保持认知上的挑战，减少认知能力的下降。那么，到底是每天参与这些游戏就够了，还是需要充分参与到真正需要脑力的活动中？

为了研究退休对认知能力的影响，罗韦德尔（Rohwedder）和威利斯（Willis）的一项研究考察了退休对认知能力下降的作用[30]。受各国政府政策和文化差异的影响，不同国家的法定退休年龄和实际退休年龄都是不同的。比如，在美国，60～64岁男性的就业率和50～54岁男性的就业率的对比数据显示，60岁出头的男性的就业率比50岁出头的男性低1/3。换句话说，大约有1/3的美国男性在60岁出头时退休。然而，在法国和奥地利，60岁出头的男子的就业率比50岁出头的男子低80%以上，也就是说，这些国家的大多数男性在60岁出头时就已经退休了。通过研究美国、英国和11个其他欧洲国家的就业率和认知调查发现，提前退休与认知能力的加速下降相关。因此，留在一个充满刺激的工作环境中能有效抑制认知老化。

退休后保持参加“刺激认知类”游戏可以保持高认知能力吗？其实有很多文献研究这个问题，西蒙斯（Simons）及其同事们整理了这些文献[31]。他们的结论是：有证据表明，保持参加“刺激认知类”游戏会使人玩该游戏的表现得到改善，这可能也会改善人们在与此游戏类似活动中的认知能力。不幸的是，几乎没有证据表明上述大脑训练能改善日常认知表现。

本章小结

世界正在逐渐走向老龄化。在美国，婴儿潮一代近7 400万人将要或正在退休。随着企业支持的固定收益型养老金计划减少，这些退休人员被要求通过个人投资管理他们的退休收入。他们有多大能力取得成功？由于认知老化，他们的金融决策能力面临越来越多的限制。认知能力的下降从成年初期开始，并持续整个人生；然而金融经验积累却在中年时期迅速增加。因此，年轻人由于缺乏经验而容易犯错，老年人则由于认知能力下降而容易犯错。据估计，金融决策能力的巅峰期处于40～50岁，这也形成了所谓的金融决策质量随时间推移的倒U形分布。

老年人的认知能力下降影响着他们的投资管理能力。事实表明，老年人对金融知识的遗忘和学习新知识的减少对经验优势产生了不利影响。虽然老年人似乎意识到自身认知能力的下降，但他们仍对自己的资产管理能力充满信心。认知能力似乎与获得投资建议的可能性没有关系，但当老年人确实要寻求帮助时，认知能力较强的老年人会寻求质量更好的投资建议。认知能力下降对老年人的信用工具选择和信用评级有负面影响，也使老年人更容易遭受金融欺诈。此外，老年人会变得更加厌恶金融风险，这抑制了投资需求。认知能力下降也会导致选股、市场时机选择和多样化配置能力下降，从而导致投资组合表现不佳。最后，认知能力下降损害了退休人员在投资决策过程中管理情绪和克服行为偏差的能力，导致他们在股市震荡后做出错误的决策。

思考题

1. 什么是认知老化?
2. 随着年龄的增长，人们的金融知识和认知能力会出现怎样的变化? 金融知识和认知能力的交互又会对不同年龄段的人产生怎样的影响?
3. 认知老化与金融欺诈是什么关系?
4. 认知老化与金融决策是什么关系?

注释

[1] James M. Poterba. Retirement security in an aging population. American Economic Review: Papers & Proceedings, 2014, 104(5): 1-30.

[2] Keith Jacks Gamble, Patricia A. Boyle, Lei Yu, et al. Aging and financial decision making. Management Science, 2015, 61(11): 2603-2610.

[3] Sumit Agarwal, John C. Driscoll, Xavier Gabaix, et al. The age of reason: Financial decisions over the life cycle with implications for regulation. Brookings Papers on Economic Activity, 2009, 40(2): 51-117.

[4] Brian Knutson, Charles M. Adams, Grace W. Fong, et al. Anticipation of increasing monetary reward selectively recruits nucleus accumbens. Journal of Neuroscience, 2001, 21(RC159): 1-5; Gregory R. Samanez-Larkin, Sasha E. B. Gibbs, Kabir Khanna, et al. Anticipation of monetary gain but not loss in healthy older adults. Nature Neuroscience, 2007, 10(6): 787-791.

[5] Gregory R. Samanez-Larkin, Camelia M. Kuhnen, Daniel J. Yoo, et al. Variability in nucleus accumbens activity mediates age-related suboptimal financial risk taking. Journal of Neuroscience, 2010, 30(4): 1426-1434.

[6] Lisbeth Nielsen, Brian Knutson, Laura L. Carstensen. Affect dynamics, affective forecasting, and aging. Emotion, 2008, 8(3): 318-330.

[7] Laura L. Carstensen, Bulent Turan, Susanne Scheibe, et al. Emotional experience improves with age: Evidence based on over 10 years of experience sampling. Psychology and Aging, 2011, 26(1): 21-33.

[8] Gregory R. Samanez-Larkin, Brian Knutson. Reward processing and risky decision making in the aging brain. In V. Reyna and V. Zayas (Eds.), Bronfen brenner Series on the Ecology of Human Development. The Neuroscience of Risky Decision Making. Washington, DC, American Psychological Association, 2014.

[9] Gregory R. Samanez-Larkin, Rui Mata, Peter T. Radu, et al. Age differences in striatal delay sensitivity during intertemporal choice in healthy adults. Frontiers in Neuroscience, 2011 (126).

[10] S.M. Hadi Hosseini, Maryam Rostami, Yukihito Yomogida, et al. Aging and decision making under uncertainty: Behavioral and neural evidence for the preservation of decision making in the absence of learning in old age. NeuroImage, 2010, 52 (4): 1514-1520.

[11] Gregory R. Samanez-Larkin, Sara M. Levens, Lee M. Perry, et al. Frontostriatal white matter integrity mediates adult age differences in probabilistic reward learning. Journal of Neuroscience, 2012, 32 (15): 5333-5337.

[12] Michael S. Finke, John S. Howe, Sandra J. Huston. Old age and the decline in financial literacy. Management Science, 2017, 63 (1): 213-230.

[13] Annamaria Lusardi, Olivia S. Mitchell, Vilsa Curto. Financial literacy and financial sophistication in the older population. Journal of Pension Economics and Finance, 2014, 13 (4): 347-366.

[14] Keith Gamble, Patricia Boyle, Lei Yu, et al. Aging and financial decision making. Management Science, 2015, 61 (11): 2603-2610.

[15] Hugh H. Kim, Raimond Maurer, Olivia S. Mitchell. How cognitive ability and financial literacy shape the demand for financial advice at older ages, NBER Working Paper No. 2575, 2019.

[16] Sumit Agarwal, John C. Driscoll, Xavier Gabaix, et al. The age of reason: Financial decisions over the life-cycle with implications for regulation, Brookings Papers on Economic Activity, 2009Fall, 51-117.

[17] Sumit Agarwal, Bhashkar Mazumder. Cognitive abilities and household financial decision making. American Economic Journal: Applied Economics, 2013, 5 (1): 193-207.

[18] Ye Li, Jie Gao, A. Zeynep Enkavi, et al. Sound credit scores and financial decisions despite cognitive aging. PNAS, 2015, 112 (1): 65-69.

[19] APCO Insight. Senior financial exploitation study. Certified Financial Planner Board of Standards, November. 2012, http: //www.cfp.net/docs/newsevents—supporting-documents/senior-americans-financial-exploitation-survey.pdf? sfvrsn=0.

[20] Patricia A. Boyle, Lei Yu, Robert S. Wilson, et al. Poor decision making is a consequence of cognitive decline among older persons without Alzheimer' s disease or mild cognitive impairment. PLoS ONE, 2012, 7(8): 1-5.

[21] Keith Jacks Gamble. Challenges for financial decision making at older ages. In Olivia S. Mitchell, P. Brett Hammond, and Stephen P. Utkus (Eds.), Financial Decision Making and Retirement Security in an Aging World, Oxford, Oxford University Press, 2017: 33-45.

[22] Eun Jin Kim, Sherman D. Hanna, Swarn Chatterjee, et al. Who among the elderly owns stocks? The role of cognitive ability and bequest motive. Journal of Family and Economic Issues, 2012, 33(3): 338-352.

[23] Eric Bonsang, Thomas Dohmen. Risk attitude and cognitive aging. Journal of Economic Behavior & Organization, 2015, 112(C): 112-126.

[24] George M. Korniotis, Alok Kumar. Do older investors make better investment decisions? Review of Economics and Statistics, 2011, 93(1): 244-265.

[25] Chris Browning, Michael Finke. Cognitive ability and the stock reallocations of retirees during the great recession. The Journal of Consumer Affairs, 2015, 49(2): 356-375.

[26] Tibor Besedeš, Cary Deck, Sudipta Sarangi, et al. Age effects and heuristics in decision making. Review of Economics and Statistics, 2012, 94(2): 580-595.

[27] Gregory R. Samanez-Larkin, Anthony D. Wagner, Brian Knutson. Expected value information improves financial risk taking across the adult life span. Social Cognitive and Affective Neuroscience, 2011, 6(2): 207-217.

[28] Adam Westbrook, Bruna S. Martins, Tal Yarkoni, et al. Strategic insight and age-related goal-neglect influence risky decision-making. Frontiers in Neuroscience, 2012, 6(68): 1-13.

[29] Darrell A. Worthy, W. Todd Maddox. Age-based differences in strategy use in choice tasks. Frontiers in Neuroscience, 2012, 5(145): 1-10; Rui Mata, Ludmila Nunes. When less is enough: Cognitive aging, information search, and decision quality in consumer choice. Psychology and Aging, 2010, 25(2): 289-298.

[30] Susann Rohwedder, Robert J. Willis. Mental retirement. Journal of Economic Perspectives, 2010, 24(1): 119-138.

[31] Daniel J. Simons, Walter R. Boot, Neil Charness, et al. Do "brain-training" programs work? Psychological Science in the Public Interest, 2016, 17(3): 103-186.